珍藏本
纪念版

汉译世界学术名著丛书

可见的与不可见的

〔法〕莫里斯·梅洛-庞蒂 著

罗国祥 译

商务印书馆
SINCE 1897 The Commercial Press

2017年·北京

Maurice Merleau-Ponty
LE VISIBLE ET L'INVISIBLE

本书根据法国伽利玛出版社 1990 年版译出

汉译世界学术名著丛书
（120年纪念版·珍藏本）
出 版 说 明

2017年2月11日，商务印书馆迎来120岁的生日。120年前，商务印书馆前贤怀揣文化救国的理想，抱持“昌明教育，开启民智”的使命，立足本土，放眼寰宇，以出版为津梁，沟通中西，为中国、为世界提供最富智慧的思想文化成果。无论世事白云苍狗，潮流左右激荡，甚至战火硝烟弥漫，始终践行学术报国之志，无改初心。

迻译世界各国学术名著，即其一端。早在20世纪初年便出版《原富》《天演论》等影响至今的代表性著作，1950年代后更致力于外国哲学和社会科学经典的译介，及至1980年代，辑为“汉译世界学术名著丛书”，汇涓为流，蔚为大观。丛书自1981年开始出版，历时三十余年，迄今已推出七百种，是我国现代出版史上规模最大、最为重要的学术翻译工程。

丛书所选之书，立场观点不囿于一派，学科领域不限于一门，皆为文明开启以来，各时代、各国家、各民族的思想与文化精粹，代表着人类已经到达过的精神境界。丛书系统译介世界学术经典，引领时代思想，为本土原创学术的发展提供丰富的文化滋养，为推动中国现代学术和现代化进程做出了突出的贡献。

为纪念商务印书馆成立120周年，我们整体推出“汉译世界学术名著丛书”120年纪念版的珍藏本，寄望既利于文化积累，又便于研读查考，同时向长期支持丛书出版的译者、编者和读者致以敬意。

两甲子后的今天，商务印书馆又站在了一个新的历史时间节点上。我们不仅要铭记先辈的身影和足迹，更须让我们的步伐充满新的时代精神。这是商务人代代相传的事业，更是与国家和民族的命运始终紧密相连的事业。我们责无旁贷，必须做好我们这代人的传承与创造，让我们的努力和成果不仅凝聚成民族文化的记忆，还能成为后来人可以接续的事业。唯此，才能不负前贤，无愧来者。

商务印书馆编辑部

2017年10月

目　录

告　读　者

莫里斯·梅洛-庞蒂于1961年5月3日去世。在他的文稿中，有一份特别的手稿，这是他两年前开始撰写的一部著作的第一部分。这部著作题为：《可见的与不可见的》。关于这个题目，我们没有找到任何先于1959年3月的痕迹。此前同方案的笔记带有这样说明：《存在与意义》，或《真之系谱》(Généologie du vrai)，再或，最后，《真理的根源》。

手稿

它包含150页大开本纸，上面密密麻麻写满了字，有大量的修改。稿纸正反面都写满了。

在第一页上，出现了1959年3月这个日期；在第83页上，出现了1959年6月1日这个日期。很可能，作者于同一年的春夏之间写了110页。接下来，他于次年秋天又开始其文章的撰写，并全然不顾那已开始了第二章的最后8页(103－110页)。“1960年11月”这个日期是在第二个103页上，在“探究与直觉”这个题目的上方。

本书的结构

写作提纲的标识很少，并且相互间不完全一致。作者肯定是边写作边修改其写作提纲。然而可以推测，这部著作可能有相当可观的规模；我们得到的文字仅仅是它的第一部分，只起导言的作用。*

下面是我们所能找到的几份提纲：

a) 1959 年 3 月，写在手稿的前头：

第一部分。存在与世界。

第一章　反思与探究。

第二章　前客观存在：唯我世界。

第三章　前客观存在：身体间性(l'intercorporéité)。

第四章　前客观存在：世界间性(l'intermonde)。

第五章　古典本体论和现代本体论。

第二部分。自然。

第三部分。逻各斯。

b) 1961 年 5 月，第 1 页上的笔记中：

存在与世界

第一部分：

纵向的世界或发问的存在

---

* 请见我们的《跋》。

沉默的　　　未开化的

　　　　　　原始的

第二部分将是：原始存在与古典本体论。

而在第 2 页上：

第一章　在场的肉身[①]或“有”。

第二章　时间的踪迹，本体发生的演变。

第三章　身体，自然之光与词语。

第四章　交织。[②]

第五章　世界之间与存在。

　　　　世界与存在。

c）1960 年 5 月，在一份笔记中：

I.“存在与世界”

第一部分：纵向世界或原始存在。

---

① “在场的肉身”原文为“la chair du present”，按照法国梅洛-庞蒂研究专家 Pascal Dupond 的解释，la chair 在庞蒂著作中的意思相当于 le corp animé，指的是“正在知觉着的、活动的、带着欲望的或痛苦着的身体”。本书中仍按国内通行的译法。——译者

② “交织”在法文中写作“chiasme”，是源于古希腊文的修辞学名词。指一种相互交错配置的句子结构，如“吃饭是为了活着，活着不是为了吃饭”。交错配置在美学上的意义是“运用已有意义的材料，如语言，给出能知觉所指内部结构的活体”；它是“两组相互对立，但又相互呼应材料的时间过程的颠倒”。这样的结构表明，知觉（情感的）结构是认知的“契点”结构。——译者

第二部分:原始存在和古典本体论:

自然

人

上帝。

结论:基本思维——从原始存在到分化过程。

自然——历史逻各斯。

开化的存在

生产(Erzeugung)

II. 物理与逻各斯

d) 1960 年 10 月,在一份笔记中:

I. 存在与世界

第一部分:反思与探究。

第二部分:纵向世界与原始世界。

第三部分:原始存在与古典本体论。

e) 1960 年 11 月,在一份笔记中:

I. 可见的与自然。

1. 哲学探究。

2. 可见的。

3. 沉默的世界。

4. 可见的与本体论(原始存在)。

II. 言语与不可见的。

f) 在一份笔记中(无日期,但很可能写于 1960 年 11 月或 12 月):

I. 可见的与自然。

哲学探究:

探究与反思;

探究与辩证法;

探究与直觉(我此时之所为)。

可见的。

自然。

古典本体论与现代本体论。

II. 不可见的与逻各斯。

这几个标识不能让人推测出这部著作在内容和形式上可能成为的样子。读者最好读一读我们放在正文后面出版的研究笔记,可从中得到有关印象。至少我们可以利用这些笔记来更清晰地辨别出手稿本身的布局。

事实上,由我们来把握作品中指明的一切,似乎就只需提及第一部分:"存在与世界",以及其第一章:"反思与探究",所有其他的章节划分都出现在同一个计划中,因为它们都一律在前面加了 § 号。而明确和补充了前一个笔记,并且有可能与"探究与直觉"一章(作者明确指出:我此时之所为)同时被撰写的 f 部分的笔记,表明了我们不能保留被砍掉的这一部分。除了第一部分的标题“存在与世界”被放弃并被“可见的与自然”取而代之之外，前面带§号的零散章节也根据其意义被重组；这样就清楚了：最后二章与前面的几章不具同样功能。

于是我们决定按照作者的最后几个标示来重构这部作品。首先，我们将它们整理后分成三章，都放在题为“哲学探究”的栏目下。第一章，“反思与探究”，这一章包括三节，包含对知觉信念、科学主义和反思哲学的批判；第二章，“探究与辩证法”，此章分为二节，包含对萨特思想的分析和对辩证法与探究之间关系的澄清；第三章，“探究与直觉”，主要内容是现象学的批判。

留待确定的是题为“交织”的最后片断——f部分笔记所未提及的交织。我们可以将它或作为“哲学探究”的最后一章，或作为上述第二部分“可见的”的第一章。我们相信，根据基本论据来进行的这种选择应该是合法的。但是，在没有作者明确指出的情况下，基本论据似乎永远难以确定。在这种情况下，我们选择采取最少我们主观干预的解决办法，就是说将这一章仍然留在最后。

本作品的状况

《可见的与不可见的》的手稿花了很多功夫，那些满稿纸的杠杠和涂改证明了这一点。然而仍不能认为它已达到定稿状态。某些重述无疑可能被删除，也不排除有更加丰富的重写。尤其是开头的写作方案使这种推测得以成立，因为那里有一处笔记提到新陈述方式的可能性。作者写道：“可能重写1－13页，同时把全部归类为:1.确定性(事物)(他者)(真理);2.非确定性(皮浪式难题,主题化矛盾);3.不能接受反命题,也不能陷于物质的确定性→向反思过渡。”

另一方面,有意义的是,作者两次利用了保尔·克罗岱尔的同一段文字(请参阅第129页注1和第150页注1),但没有将这次重复告知读者。两个段落中间一段引文的功能使一项重要的重写成为必要。

研究笔记

我们相信,在《可见的与不可见的》文本之后加上某些能阐明其意义的研究笔记是正确的。作者习惯于在稿纸上随手写下一些想法,而不考虑其风格,甚至经常不惜写下不完整的句子。这些有时只有几行,有时长达数页的笔记构成了在第一部分中出现的或将在这部书的续篇中出现的发展的开端。从1958年底开始,这些笔记就有规律地按日期出现和分类。

将这些笔记全部发表既不可能也不合适。它们数量大,甚至可能损害这部作品的本意;另一方面,或者是由于过于简略或者是由于与本研究主题无直接关系,它们中间相当大的部分都没有留用价值。

当做出的遴选显得有必要时,还会有阐释方面的问题,我们担心有理解错误。但是,我们没有放弃,我们大着胆子作了一个选择,我们深信,通过主题的多样、思辨的质量、艰涩但严谨的思维表达方式,这些笔记是能够使读者注意这位哲学家的这项研究的。

手稿和笔记的出版

关于手稿，我们仅限于确定标点符号，为的是方便阅读。而这部作品的布局已经在研究笔记中显出其形，只需将其初期思路表达出来。

只要有可能，我们就提供研究笔记所要求的资料或补充作者的有关情况。

在采用或重构一个术语以便明确一个句子的意义时，我们就将这个术语置于方括号内，并在该页下方加注以便确证。

难以辨认或有疑问的词用下列方法在该句中标明：

难以辨认：[？]

疑问：[真？]

注脚，如果是作者原注，前面就冠以阿拉伯数字序号；如果是我们加的注，就在前面加 * 号。那些我们决定再运用的边注，当它们在下面的文本中不是原样地被再引用的时候，就被插入前面带 * 号的注释中。为了尽可能避免歧义，作者的所有文字，即使是注释，都用罗马体①，而我们的说明文字则用斜体。②

克劳德·勒弗

① 正体。——译者

② 为方便读者阅读，中文不用斜体，而用楷体。——译者

可见的与自然:哲学探究

反 思 与 探 究

知觉信念及其模糊性*

12

我们看到事物本身,世界就是我们看到的那个东西:这种说法表达了自然人和睁着眼的哲学家所共有的一种信念,它们反照出我们生命中沉默"看法"的深层根据。但这种信念的怪异之处在于,如果人们以论题或陈述的方式说出它,如果我们思忖我们是什么,看是什么以及事物或世界是什么,人们就陷入了难题和矛盾的迷宫。

圣·奥古斯丁对时间所说的——时间是每个人都非常熟悉的,可是我们中的任何人都无法向他人解释清楚它——完全可以应用到世界上面。[不断地,哲学家发现]** 自己必须重新看待和重新定义那些基础最坚实的概念;创造新的概念,以及表达它们的新词;进行一场真正的理智革新,根据这种革新,世界的明证性(它

---

* 作者就这一章的题目所做的注:"信念"(foi)这个概念需要明确。这里的这个词不是采取决定意义上的信念,而是先于所有立场意义上的信念,本能的信念和[?]。

** 不断地,哲学家发现……我们引出这几个词,为的是理解后面命题的意义;这几个词是作者完全划掉了的一个句子的前几个词。

显得是真理中最确定的)建立在看起来是最具诡辩的思想上,而在这种思想中,自然人不再认识自己,而且重新唤起古老的低下情绪来对抗哲学,指责哲学颠倒了明确与模糊的位置。无论他试图以世界朴素的明证性的名义说话,还是试图表明自己没有在这种明证性中增加任何东西,还是仅限于得出明证性的所有结果,所有这些都不能构成他的辩解,而是相反:通过想把自身看作一个谜,他只是更加完全地[失去]了它[人性]*。

因此,任何人对之都无能为力。确实,世界是我们之所见,然而,我们必须学会看见它。首先在这个意义上,我们应该通过知识向这个看见看齐,拥有它,说出什么是我们,什么是看,于是,在好像对之一无所知,好像对此一切都需要学习的情况下,我们开始做。然而,哲学不是一个词,它对“语词的意义”不感兴趣,它不为我们所看见的世界找一个语词代用品,它不把世界转变成言说之物,它不置身于说出的或写出的范畴内,就像逻辑学家不置身于陈述中,诗人不置身于诗句中,音乐家不置身于音乐中那样。它要的是把事物本身,把事物沉默的本质引向表达。如果哲学家进行探究,并假装不知道一直在他那里起作用且不断构成着的世界和世界观,那正是为了让它们说话,因为哲学家相信它们能说话,他等待从它们那里产生一种未来的科学。探究在这里不是否定的开端,不是代替存在的无法把握的东西。对于哲学来说,这是唯一与

* 无疑应该明白:被我们放在方框内重组的失去人性这四个字与前一句话的最后一个意群,是被作者删去的……人们总是指责它颠倒了明确与模糊的位置(还指责它擅自使人类在异化状态中生活,在最彻底的异化状态下生活;哲学家声称它比人类自己更好地理解了人类)。

我们对事实的视像相一致的方法，是唯一与视像中让我们思考的东西及视像所构成的矛盾相对应的方法；也是唯一的与这有形的谜，也就是事物与世界——这个世界之确实的存在与真理中充满了一些不相容的部分——协调一致的方法。

因为最终确定无疑的是，我看见了我的桌子，我的视像止于这张桌子，它以其不可克服的密度固定和停住了我的目光，同样，坐在这桌子前的我心里在想着协和大桥，于是我就不是在我的思中，而是在协和大桥中，最后，在所有这些视像或准视像(quasi-vision)的视域中的是我所居住的世界本身，是自然的世界，是历史的世界，是带着构成这世界的一切人类痕迹的世界；同样确定无疑的是，只要我对此给予关注，只要这视像是*我的*视像，这种信念就受到打击。这里，我们想到的不全是古老的梦、谵妄和幻象的争论，让我们检查我们之所见是否为“假”的争论；这种争论运用的正是它认为好像能够动摇的对世界的知觉信念：我们甚至不知道什么是假，如果我们不将它与真做一些区别的话。于是它假设了普遍的世界和自在的真，古老的争论正是秘密乞求于自在的真，来降低我们知觉的地位，然后胡乱将它们与我们的梦——尽管还有些可见的差异——一起扔给我们的“内在生命”，它这样做仅仅因为一个理由，在时间问题上，我们的梦就曾和知觉一样有说服力——这是忘记了梦的“假”本身不能扩展到知觉当中，因为这“假”只是相对于知觉而显现，因为如果我们能够谈论假的话，我们就应该有关于真的经验。要真正地对抗天真，对抗这样一种观念，即知觉能像光线把事物从其原先所处的黑夜中显现出来那样，在经验之外突然发现事物，这个争论并没有[阐明?]什么，它本身就带有这同

一种天真的痕迹，因为它只在将知觉和梦放在是自在存在的目光下时，才能使知觉和梦幻相等。相反如果争论像它自己表明的那样有价值，我们就应该完全抛弃这个幽灵，那么，梦和被知觉物之间内在的和描述的差异就获得了本体论的价值，而且，通过指出知觉或真正的视像与梦之间有一种结构性差异，也可以说是知觉或真正的视像与梦之间有一种本质的差异，我们足以回答皮浪的怀疑论，因为，知觉或真正的视像给出一个协调一致的开放的探索系列，而梦则是不可观察的，几乎是不能检验的。无疑，这还不能结束我们进入世界的问题：相反这只构成了开始，因为尚需知道我们如何能对我们不能看见的东西有一个看的幻觉，梦的碎片怎样能在梦者面前成为真实世界的结实织物，并未进行过观察的无意识怎样能够在迷幻者脑子里代替进行过观察的意识。如果人们说想象的空白永远是空白，永远不能与被知觉物等值，永远不能给出与被知觉物同样的确实性，想象的空白对于被知觉物来说就是没有价值的，入睡的人丧失了一切方位标、一切模式、一切明确和清晰的标准，进入他内心的任何被知觉世界的碎片都会立即使他醒过来，但问题仍然存在，如果我们能够在不知不觉中丧失我们的方位标，那么我们就永远不能肯定我们是否可以在我们以为拥有这些方位标时就能拥有它们；如果我们能够在不知不觉中从世界中获得知觉，那么就没有任何东西证明我们总是在世界中，没有任何东西证明可观察的东西永远是用不同于梦的碎片织成。知觉与梦之间的差异不是绝对的，人们有充分的理由将它们置于“我们的经验”之列，我们正是应该在知觉本身之中寻找其本体论功能的保证和意义。我们将指出这条道路，当这条路展开之后，它就是一条思

辨哲学之路。不过，它在皮浪怀疑论的争论之外就已经开始了；这些争论通过自身将我们引离所有的清晰明确，因为它们只是模糊地涉及一个完全自在的存在观念，并且含糊地将被知觉之物与想象一起置于我们的“意识状态”之列。皮浪怀疑论带有一些天真的人们的幻觉。在黑暗中被打碎的正是这种天真性。在自在存在与“内在生活”之间，怀疑论甚至看不到世界的问题，相反，我们则走向这个问题。我们感兴趣的不是人们将世界的存在看成“不确实”的理由，——似乎人们已经知道什么存在，似乎问题只在于恰当地运用这个观念。对我们来说，重要的正是知道世界存在的意义。在这个问题上我们不应该预先假定任何东西，因此也不应该预先假定一个自在存在的天真观念，也不应该预先假定一个与之相关的表象存在的观念，一个为意识存在的观念，一个为人存在的观念，这就是有关我们对世界的经验，同时有关世界存在的问题中我们要重新思考的。我们要在一切本体论偏见之外重述怀疑论的各种争论，正是为了知道什么是世界存在（l’être-monde）、事物存在（l’être-chose）、想象的存在（l’être-imaginaire）和意识存在（l’être conscient）。

于是，现在我的知觉中有事物本身，而不是事物的表象，我仅仅补充说，事物在我的目光的末端，普遍地说的话是在我的探究的末端；我没有假设对他者身体的研究所能告诉我的东西，我必须证明，我面前的桌子和我的眼睛及我的身体保持着独特的关系：只有当它在我眼睛的活动范围内我才能看见它；在它的上方有我前额的遮挡，在下方有我的脸庞更加模糊的轮廓；这两者在特殊情况下都是可见的，也是能够藏匿桌子的，似乎我对世界的视像本身是从世界的某个点而构成的。特别是：我的动作和我的眼睛的动作振动了世界，就像人们手指移动石棚[1]而未动摇其坚固基础一样。我的眼睫毛每闪动一次，眼帘就关闭和开启一次，而这时刻我并没有想把这一明一暗作为事物来对待；每当我的眼睛扫动我前面的空间一次，事物就受到一次短暂的挤压，而我还是把这种挤压记在我的账上；当我走在街上时，我的眼睛看着前方的房子，我的近周随着我的鞋跟踏在沥青路上的响声而颤动，然后又归于平静。我很蹩脚地描述发生的一切，说一个"主体成分"或"身体存在"到这里来遮盖了事物本身：这涉及的并不是处于事物与我之间的另一种隔膜或帷幔。同样，当我的两眼协同运转时，单目视像(images monoculaires)就不会出现，"显象"的移动也不会打碎事物的明证性。双目知觉不是由强行撮合的两个单目知觉构成的，双目知觉属于另一范畴。多个单目视像与用双眼看到的事物之所是不是同一个意思。多个单目视像是一些幻觉，而用双眼看到的事物是真实，多个单目视像是前事物(pré-choses)，而用双眼看到的事物才是事物：当我们转入正常的视像时，幻觉才消散，才能进入事物，就像进入它在大白天的真那样。单目视像的幻觉远没有能与真相匹敌的密度：与迫近的、绝对没有其[幻象？]的真实视像相比，它们只是某种偏离，又正因为是真正的视像的雏形或残余，真正的视像是在消解它们的同时完成它们的。单目视像是不能和协调知觉相比较的：人们不能把它们并列，而必须在事物与不确定的前事物之间

① 巨石文化中的石桌坟：两块或几块竖起的石头上盖一块石板，即成石桌坟。——译者

做出选择。人们可以在注视世界、清醒地面对世界的同时完成这个转变。人们不能作为观众参与其中。这不是一种综合,而是一种转变:通过这种转变,显象就在瞬间摆脱了缺乏真正知觉的含义。这样,知觉就让我们参与到一种总体性的奇迹中,这种总体性超越了人们认为是显象条件或组成部分的东西,并且远远地把显象控制在其影响之下,好像显象只存在于其临界处,并注定要消失在总体性中似的。但是,如果要像知觉所做的那样来移动显象,知觉就必须将其所有的身体相关物保留在其深处:正是用我的眼睛注视,我才到达了真正的事物;刚才,正是这同样的两只眼睛给了我一些单目视像,只不过它们现在是在共同运转,而且是真正地共同运转。这样,事物与我的身体之间的关系就明显是独特的:有时候,这种关系使我留在显象中,有时候,这种关系又使我进入事物本身:正是这种关系制造了显象的嘈杂,还是这种关系,又使这种嘈杂停止,并把我扔到实实在在的世界里。一切都似乎是在我进入世界的能力和我在幻觉中延伸的能力互相不能分离的情况下发生的。更有甚者:好像世界的入口仅仅是退隐的另一面,而这种向世界边缘的退隐则是我进入世界之自然力的奴隶和另一种表达。世界是我看到的那个东西,但它的绝对邻近在我们检查它和表达它时也会不可理解地成为不可挽回的距离。"自然的"人握着这条链的两端,同时认为他的知觉既进入了事物,知觉又是在其身体内形成的。然而,在日常使用中,这两种信念越是毫无困难地共存,它们就越是被化简为论断和陈述,而且它们相互解构,将我们抛入迷茫。

如果我不仅仅引证我对自己的看法,而且还引证他者对他自身和对我的看法,这又将怎样呢?我的身体作为我的知觉的导演,已经将我的知觉与事物本身相一致这样的幻觉显现出来。从此在事物与我之间有了一种隐匿的力量,一种只有在不确定的目光中才使人重视的不确定的梦幻之物。毫无疑问,正在知觉的不是我的身体:我只知道它能不让我看,没有它的允许我就不能看;当知觉到来的时候,身体就在知觉前隐退,知觉永远不能在正在知觉*时领会身体。如果我的左手触及我的右手,而我突然想用右手来做正在触的左手的工作,身体的这种朝向自身的反射总是在最后一刻失败:当我感到我的左手和右手在一起时,我就停止用左手触我的右手。但是,这最后一刻的失败不会动摇我那时的预感中的全部真实,即能够触摸一个正在触摸的我:我的身体不知觉,而是好像被装置在通过它才形成的知觉的周围;可以说,我的身体通过其全部内在布置,通过其感觉运动的循环,通过控制和重开运动的回路,来准备一次自我知觉,即使身体知觉的永远不是身体,或永远不是身体知觉了。在身体的知识(la science)——它导致了与他者的关系——之前,作为我的知觉的粗糙外表的我的肉身的经验告诉我,知觉不是随处产生的,而只来自于身体的深处。其他和“我们一样”在看的、我们看见其正在看的,并且正在看我们的那些人只能向我们提供同一个悖论的描述。如果很难说我的知觉是像我看到的那样走向事物本身的,那么将进入世界的入口给予他人的知觉就更加不可能;我不给他们这个入口,他们的反应就是:也拒绝将世界的入口给我。因为无论涉及他人还是我(他们所看见

* 边注:l'ἴδιος χόσμος 即单目视像:它不是经过中介的、孤立的,但它不是乌有。

的我),都不应该只说事物是被探究者活动的漩流和知觉活动突然攫住并拉进去的。如果,对我来说,也许说我的知觉和我的知觉指向的事物“在我的头脑里”(这仅说明这些事物的确“*不在别处*”)没有任何意义,那么,我就不能禁止自己把他人及他具有的知觉放在*他身体的后面*。更准确地说,他人知觉到的事物一分为二了:一是天知道他在哪儿*看到的物*,二是在他身体之外我所看到的、被我称为真实的事物——正如他将*他看到的桌子*称作真实的事物,而将我看到的事物称作显象一样。这一次,真实的事物和正在知觉的身体之间的关系就不是刚才我们发现的*我的*事物与*我的*身体之间那种含糊不清的关系了。真实的事物和正在知觉的身体无论离得远还是近,任何情况下,这两者都是并置在世界之中,也许不“在我头脑中”的知觉,作为世界的事物,除了在我的身体中,不在任何其他地方。看来不再可能停留在知觉者的内在确定上:从外面看,知觉会溜到物之上而不触及它们。如果人们想从知觉的角度本身来正确对待知觉角度的话,人们最多会说,我们中的每一个人都有自己的私人世界:这些私人世界只相对于其拥有者才成其为“世界”。这些世界不是地球和宇宙世界。仅有的世界即唯一的世界应是 χο ίυοs χόσμοs(共同世界),而我们的知觉并不是向这个世界开启的。

那么,我们的知觉是向什么开启的呢?怎样命名,怎样按原样描述从我的角度看到的这个“*他者的体验*”呢?无论如何,他者的体验对我来说并不是乌有,因为我是相信他者的——而且这个体验和我自己是相关的,因为它作为投射于我的他者眼光而存在着*。这张熟悉的面孔就在这里，这笑容，这嗓音的抑扬也都在这里，我很熟悉它们的风格，就像熟悉我自己一样。在我生命的许多时刻，他者对我来说也许都化入了这个可能是一种诱惑的景象之中。然而，尽管嗓音会变化，对话过程会出现异常，或者相反，一种回答超过了我已问的，甚至超过了我想问的，——突然变得明显的是，也是在这里，生命在一分钟一分钟地被体验着：在这些目光后面的某处，在这些动作后面的某处，或毋宁在它们面前的某处，或者更是在其周围，不知从什么样的空间双重背景开始，另一个私人世界透过我的世界之薄纱而隐约可见。一时间，我因它而活着，我不再是这项向我提出的质问的答复者。的确，极其微小的重新注意都能使我相信这个入侵我的他者只不过是由我的实在造成的：他的颜色，他的痛苦，他的世界，正因为是他的，我怎么能设想它们呢？除非根据我所看到的颜色，我所感受过的痛苦，我生活于其中的世界，否则我怎么能设想它们呢？至少，我的私人世界不再仅是我的世界；此时，我的世界是一个他者所使用的工具，是被引入到我的生活中的一般生活的一个维度。

* 边注：续前：然而，如刚才所言，单目的幻觉不能与事物相匹配；同样，人们现在也可以将私人世界作为**世界本身**的偏差来描述。我是这样表达他者的体验的：为我的体验的一个副本。这种经验的奇异之处：我既能依赖我所看到的东西，又能依赖他者所看到的东西，我看到的东西和他者看到的东西是严格对应的——一切都为它作证明：确实，我们看的是同样的事物和同一个事物——而同时，我却从来不能与他者的体验相聚。我们只是在世界中相聚。任何恢复"事物本身"之幻觉的企图在事实上都是回到我的统治性(mon impérialisme)和**我的**事物之含义的企图。它不能使我们走出唯我论：它是唯我论的一个新的证明。

c) 后果：真理或"心智世界"的自然观念非常模糊。

科学只会延续这种态度：客观本体论在分析中自我损坏，自我崩溃。

然而，在我以为分享着他者生活的同一时刻，实际上我却只能在其终点与它相遇，在它的外在之端（pôles extérieurs）与它相遇。我们是在现实世界中相互交流的，因为我们的生命是关联着的。正是由于我前面这片草地，我才相信瞥见了绿色对他者目光的冲击，我正是通过音乐才进入他者的音乐激情，是事物本身为我开启了他者私人世界之门。那么，我们看到，事物本身对我来说，就是我看到的那个事物。他者的介入不能解决我的知觉的内在悖论：它只是在悖论上增加了另外一个谜，就是把我最隐秘的生活扩展到他者那里的谜——这既是另一个也是同一个谜，因为我明显是通过现实世界才能走出我自己。那么，非常真实的就是："私人世界"在交流，它们中的每一个都是作为共同世界的一个变化体而存在。就像我们的眼睛的协调作用把各种见证悬置于唯一的事物中那样，交流把我们变成一个唯一世界的见证者。然而，在这两种情况下，确实性——尽管它是不可否认的——仍然是绝对模糊的；我们可以经验它，但不能思考它，不能表达它，也不能将它上升为论断。任何澄清的尝试都会将我们引向二难推理。

然而，这种不可辩护的、对我们来说都是共同的可感世界的确实性在我们这里却是真理的基础。一个孩子在思考前只知觉，他将其幻想放入事物中，将其思想放入他人之中，和事物、他人一起构成尚分不清各自视角的共同生活整体，哲学不能简单地以内在分析的要求的名义忽视这些起源的事实。除非思想能在我们的所有经验之外安家，在它于其中不再配作为思想的前经验领域内安家，否则它就不能无视其明显的历史，它应该向自己提出其自身意义的起源问题。可感世界是由于内在的意义和结构才比思想的世界“更老”，因为可感世界是可见的和可延续的，而思想的世界是不可见的和断裂的，初看起来不能构成一个整体，其真理必须依靠它者的标准结构。如果我们重构我们的经验依照两者最本己的意义而依赖于它们的方式，如果要更清晰地解释这种根本的依赖关系，我们会试图在思想中中断这种关系，我们会看到，对于我们来说，是一种被叫做思想的东西要求这种和自我的距离，要求最初的开启，这一开启对于我们来说是一种视觉场、一种过去和未来之场……总之，由于这里涉及的只是首先来观察我们的自然确实性，那么无可置疑的便是：这些确实性——就其关涉到精神和真理而言——是建立在可感世界这第一基础之上的，我们确信自己存在于真理中和确信自己存在于世界中是同一的确信。我们在受到笛卡尔的教导（或者我们自己发现）之前很久，就已懂得我们的实在就是思想。就是说，在语言学教我们清楚明白的规则（姑且假定它教这些规则）之前，我们已经以一种可理解的方式掌握了我们置身于其中的语言，我们的语言系统及所有的语言系统就“建立”在这些规则之上。我们关于真实的经验，当它不是直接就与我们所见之物相合时，就首先会与他者和我们之间产生紧张关系及解决这种紧张关系的办法没有区别。与事物和他者一样，真实是通过情感和几乎是肉体的经验而显现的，在其中，“观念”——他者的观念和我们的观念——都更多地是一些他者的外貌和我们的外貌，并且在爱或恨中，它们较少地被理解，而较多地被接受或被拒斥。确实，这些动机，这些很抽象的范畴很早就在这种原始思维中起作用了，正如在童年中对成年生活的新奇的期待所显示的那样：人们能说，人的全部在这里已经存在了。孩子能理解许多他不能说出的

东西,能回答许多他后来不能定义的问题,对于成年人也概莫能外。一次真正的对话能使我进入我不自知的、我不能思考的思想,有时,我觉得自己走在一条我完全陌生的路上,我的话语是由他人引出的,并正在走向我。在这里假设一个支撑交流的理智世界,这会是给一种解答一个名字——此外这还会是接受我们的主张:为我们而构建的真理和思想的世界是通过对现实世界结构的借用来实现的。当我们强烈地希望表达我们具有的一种真理的意识时,我们发现没有比求助于理念世界(τόπος νοησος)更好的了,而这一理念世界无论对精神还是人都是共通的,正如可感世界和可感的身体是共通的那样。这里涉及的不仅仅是类比:包括我们的身体也包括我们的精神的世界是同一个世界,条件是,人们不仅仅将世界理解为出现和可能出现在我们眼前的一些事物,而且要将它理解为事物之共存的场所,理解为各种事物所保持的不变特征,这种特征联接我们的各种视点,使它们之间能相互转换,并使我们觉得——不论是描述风景的细节或者是使我们在不可见的真理上达成一致——能够是观察同一个真实的对象的两个见证者,或至少能够在他的目光下交换我们的位置,就像我们能够在严格意义上的可见世界中交换我们的观察点。然而,在这里,当世界朴素的确实性,理智世界的预期想变为论断时,它还是虚弱的,甚至比任何时刻都要弱,其弱就像它在实践中的强一样。当涉及可见的时,一大堆事实可以支持它:超出了各种证据的歧义,重建世界的一致性和协调性经常是容易的。相反,当人们一进入真实时,也就是说,当进入不可见的时,被认可的意见立刻被超越,这些被认可的意见在我们之间是共通的，就像玛德莱娜宫①和司法部大楼很少被当成历史景观来看那样——人们就更像是各自生活在自己的小岛上，相互之间不能转换，而且，如果他们之间偶尔对某事物达成一致的话，人们多半会感到奇怪。因为最终他们中的每一个都开始成为一个活冰人般脆弱的东西，这是说他们早已经走上了同一条本体发生的道路，再进一步，对所有的人来说，尽管各自身居寓所，却仍然受制于同一种社会作用和同一种言语；然而，如果涉及的是任意发挥社会作用，如果涉及的是说出没有任何人看见过的东西，那么，无论是物种类型还是社会类型都不能担保它们终将走向可并存的命题。当人们想到能够相互改变的那些偶然形式，就没有什么比外推法更不可信的了；这种外推法将真理的世界也看成一个没有裂缝，没有不相容的世界。

科学假设知觉信念，而不解释

人们也许想说这些不可解决的二律背反属于当下混乱的世界，属于经验的或有生命的人的世界，而这个世界从定义上说就是无真理性的，于是应该忽略它们，并等待那唯一精确的知识——科学——来按照幻象的各种条件，从幻象的外部解释这些我们受其困扰的幻象。真实既不是我们所看到的事物，也不是我用我的眼睛看到的另一个人，也不是我们刚才试图描述的心智世界和可感世界的总体一致。真实是客观的，是我成功地通过测量，或更普遍

① 玛德莱娜宫现为法国海军部大楼。——译者

地说，通过变量和实体所允许的操作而确定的东西，而我是根据一种事实范畴来定义这些变量和实体的。这样的确定与我们和事物的接触毫不相干：它们表达的是一种从体验角度看也许是毫无意义的近似化的努力，因为体验必须原样获取并只能"在它自身之中"才能被考虑。这样，科学就通过排除我们和事物相遇对事物的所有断定。此外，排除是暂时的：科学将来学会投资后，将会慢慢地重新引进它自己起初当作主观性予以排斥的东西；但科学是将这种东西当作关系和对象的特殊情况来整合的，而这种关系和对象规定了科学的世界。于是世界将会关上门，除非内在于我们的一个人进行思考，驻于我们之中的公正观察者来从事科学，我们将变成**巨大客体**的组成部分或构成时段。

我们极其经常地必须回到这个幻觉的各种变化形态中，为的是现在就开始处理它，在这里不应该说拒斥原则上的异议——它将会从其起始就阻止我们进行探索——是必需的：简略地说，造物主（Κοσμοθεωρός）能够通过自己无数的操作活动构建或重建现存的世界，这远没有消除我们对世界的天真信念的模糊性，相反，却是天真信念最独断的表达，是天真信念预先的假定，并只能被这种信念所支撑。在两个世纪里，物理学毫无困难地进行着它的客观化使命，因而它能够相信它只是跟随世界的关联，物理学的对象在科学出现之前便已存在。然而今天，当物理描述的精确性本身迫使物理学承认，观察者与被观察者之间那样的关系完全有权成为基本的物理存在，确定性只对观察者的某种境遇来说才有意义时，那显现为前科学的前见的，就是造物主及其相关物（巨大客体）的本体论。然而科学是那样地自然，以至于物理学家继续自认为像绝对精神那样面对着纯粹的客体，并用陈述表现自在的真理，而这些陈述则表达着所有可观察物和具体的及处境中的物理学家之间的一致。然而，允许从观察天文空间的一个真实视角转向另一个真实视角的公式，由于对这些空间视角是真实的，就超越了言说的物理学家的事实处境，但并不是超出处境而走向绝对知识：因为除了与各种观察相关联及置于知识生活之中外，绝对知识没有物理学意义，而这种知识总是处境中的知识。这个公式不是一种宇宙视野，而只是允许把一个视野和另一个视野联结起来的方法论的实践，而这些视野就是所有的视角。如果我们给予这个公式一种绝对知识的价值，例如，如果我们在其中寻找时间和空间的终极和完全的意义的话，那是纯粹科学的活动在这里重新利用了我们的确信——它比科学更古老也更模糊——以便进入“事物本身”，或拥有对世界进行绝对观察的权力。

当进入了并非自然地给予人的领域——即进入天文空间或微观实在中——时，科学在计算方法上显示了多少的创新，在涉及知识理论问题上就显示多少的保守。那些不大可能不改变科学的存在观念就可以保留的真理——以表达和思考的巨大困难为代价——以传统本体论的语言进行了重新表达——似乎科学需要将自己排除在它自己建立的相对性之外，需要将自己置于游戏之外，似乎失明于存在是科学成功地确定存在所必须付出的代价。例如，如果对视觉层次的研究受到认真对待的话，那么它们就不应该消除掉所有物理真理的“主观”方面，不应该消除持有不可进入的“客观性”观念的所有权力的主观方面，而是质疑这种划分原则本身，让观察者与被观察者之间的联系进入“真实”的定义中。不过，

我们看到很多物理学家时而在宏观现象坚固的结构和密度中寻找有利于决定论的证据，时而又在某些微观物理学领域的不稳定结构中寻找“精神的”或“非因果的”实在。这种摇摆足以表明，只要科学以终极的方式被理解，它是在何种程度上植根于前科学中的，又在何种程度上外在于*存在意义*的问题。当物理学家谈论仅存一亿分之一秒的粒子时，他们的第一反应就是认为这些粒子在可直接观察粒子存在的意义上存在，只是时间更短罢了。微观物理场被当作一种维度很小的宏观场，在其中，视地平现象、无载体的属性、聚合的或没有绝对位置的存在只有某个巨人的眼光[重新进入]*物理绝对个体存在之间的互动时，才有权成为“主观显象”。这是假定对视觉层次的讨论不是终极的，而是重新从自在的视角思考它们，甚至在我们要放弃这一视角的时候。这样，新物理学“不可理解的”观念只是在这种意义上才是不可理解的：一种矛盾的看法震动了通常的观点，也就是说，没有深入地解释这种看法，没有改变不可理解观念的范畴。在这里我们并不是说新物理存在的特性证明了一种新逻辑或一种新本体论。如果人们取数学意义上的“证明”的话，那么唯有学者们才能给出这种证明，也唯有他们能评价这个证明。他们中的一些人把这种证明看作是把尚待证明的东西当成了论据[1]而予以拒绝，这使哲学家完全没有权力，当然也没有义务依赖这个证明。哲学家可以注意的，使哲学家思考的，

* “重新进入”一词被划掉后在上面写了“重新发现”一次。我们恢复了第一种表达方式，因为这处改动是明显不完整的。

1 比如，路易·德布罗意(Louis de Brologie)的《微观物理学的新视野》(*Nouvelles perspectives sur la Microphysique*)，巴黎，阿尔班·米歇尔出版社(Albin Michel)，1956年。

正是坚持笛卡尔式表象世界[1]方式的那些物理学家，就像一位音乐家或一位画家谈论他们对风格的偏爱一样，依赖于他们的“偏好”。这使我们可以——无论此后微观物理学之命运如何——进一步认为没有任何本体论是通过工作中的物理思考获得的，尤其是认为，当在其持有者那里，古典本体论仅仅是一种偏好时，客体的古典本体论是不能自我依赖的，也不能要求拥有原则的特权。这样，我们或者想通过物理学和科学，把本体论当作某种对事实进行运算的方式、某种知识实践，而拥有知识的工具者便是唯一的裁判者，——拥有工具者也在如下的意义上是唯一的裁判：他们理解了事实的各种变化形态，但是，他们既无权力也无义务对事实进行随意演绎，不能以事实的名义来解决是否存在什么的问题，也不能回避与世界可能的接触。或者相反，物理学想说出存在的是什么，可是物理学现在已不再通过对象-存在来定义存在建立自己，也不再将体验置于我们的“表象”领域或“心理的”好奇领域中；物理学应该承认这样一种分析方法，通过这种分析方法，测量和操作的世界就是从体验的世界出发，从被当作源泉的，甚至是普遍源泉的体验世界出发而构成。如果没有这种分析——在其中，古典客观化的相对权利和局限性是被承认的——，那种原样保留古典科学的哲学知识，将其特有的结果投射于绝对知识领域的物理学，将像它由之而来的知觉信念一样，经常处于危机状态。爱因斯坦将我们通过他者的知觉以及我们的知觉视域与他者的知觉视域的相交所获的同时性经验降为“心理的”，这是很令人吃惊的：对于他来

1　路易·德布罗意：《微观物理学的新视野》（*Nouvelles perspectives sur la Microphysique*），巴黎，阿尔班·米歇尔出版社（Albin Michel），1956 年。

说，不能赋予这种经验本体论的价值，因为这种经验纯粹是预期的或原则上的知识，是没有操作，没有实在的测定的情况下被构成的。这是假设存在之所是，不是我们之所见，而仅仅是我们之所能运作；爱因斯坦并不掩饰，科学操作与存在之间完备的确实在他那里是先于其物理学的。他甚至幽默地强调了他那“原始思辨”科学和他为这种科学争取自在真理的对比。我们尚需指出物理学的理想化是怎样超越和忽略知觉信念的，而目前只要看到物理学来自于知觉信念，物理学没有消除掉知觉信念的矛盾，没有消灭知觉信念的模糊，远没有让我们不从它自身来看待它就够了。

如果不是强调“客观”领域的不可靠，而是直面“主观”领域，我们就能得到与上述同样的结论，而在科学系统中，这种主观领域是客观领域的对立面和必要的补充——也许，通过这个途径，我们的结论会更容易让人接受。因为在这里，无秩与不一致都是明显的，人们可以毫不夸张地说，我们的基本概念——精神的概念和心理的概念——是神秘的，与所谓的古代社会的分类一样神秘。人们以为在驱逐了“内省”之魔后就回到了光明之中。当然，的确本该驱魔：因为，在哪儿？什么时候？以什么方式存在着内在视像呢？有一种接近自我的生命——这是完全另一种存在，而且有着它的价值——，一种面向自我的开放，然而这种接近自我的生命并不向共同世界之外的另一个世界开放——当然也不必然地是对他者的关闭。对内省的批评经常改变这种不可替代的进入他者的方法，按其在我们心中的原样进入他们的方法。相反，通过求助于“外部”也完全不能保证可以抗拒内省之幻觉，这种求助只给予了我们心理“视像”的混乱观念一个新形象：它只是将视像从内部搬到外

部而已。对心理学家们所理解的“心理现象”及其他类似概念进行解释也许是有益的。心理现象就像深深的地层，是一种不可见的“东西”，它存在于某个活的身体中的某处；对于它，人们假设只需要找到一个恰当的观察点。在我内部，正是这种恰当的观察点在为认识心理现象而伤脑筋；在它那里，有一种一直未及的召唤：事物怎样自我认识呢？“心理现象”对自己是不透明的，它只在其外部投射中与自身相遇，心理现象最终据此确信其外部投射是和它相似的，就像解剖学家相信在其解剖的眼器官中发现了同自己眼睛结构同样的结构：因为存在着“人类”……对心理态度和心理学家所使用的似乎是自然而然的概念的全面解释将显明它自身中的一些无前提的推论，显明一种非常古老的构成性工作，这种工作还没有被解释清楚，而且其结果被原封不动地接受，人们甚至不怀疑它们在何种程度上是模糊的。这里起作用的一直是对事物和世界的知觉信念。知觉信念使我们确信我们通过绝对的观看可以达到存在之所是，我们将这种确信既应用到了人身上，也应用到了事物那里；而正是通过这，我们才将人的不可见的当作事物。心理学家也站到了绝对观察者的位置上。正如对外部对象的探究一样，“心理”的探索只能如此才能发展：首先将自己置于他所发现的相对性游戏之外，并暗示存在一种主体，普遍心理现象（我自己的和他人的）在其面前展开的绝对主体。“主观”与“客观”的划分——通过这种划分，最初的物理学定义其自己的领域，心理学也相应地定义其自己的领域——不会阻止，而是相反要求这两门学科根据同一种基本结构来形成：最终这是对象的两个领域，需要通过确定对象自身之所是的纯粹思维，在其各自的本质属性中去认识它们。但

是，就像在物理学中那样，知识发展本身也开始怀疑总是被设定的绝对的观察者。总之，我谈论的这位物理学家，我赋予他一种参照系的物理学家也是在谈论着什么的物理学家。总之，心理学家谈论的这种心理现象也是心理学家自己的心理现象。物理学家的这种物理存在，心理学家的这种心理存在表明，对科学本身而言，对象-存在已不再是存在-本身："客观"与"主观"被认为是在一个总体经验之中所仓促构成的两个领域——其背景必须被清楚地重建。

我们刚才勾勒的这种心智开放就是五十年来心理学的历史，特别是形式心理学(Forme)的历史。它曾想构建自己的客观性领域，它也曾认为在行为的结构中发现了这个领域。这里面难道没有一种原始条件吗？这些条件构成为原初科学的对象，就像其他较为简单的结构构成为自然科学的对象。行为或心理现象作为独立的、与物理学并列的领域客观地看的话，原则上是向同样的研究方法开放的，而且有着同样的本体结构：客体在各处都由它全面地遵守着的功能关系所定义。在心理学中，确实有一条通向客体的描述性道路，但这条道路原则上只能通向同样的功能性规定。确实，人们事实上已经能够确定知觉现实化的条件，模糊形象的知觉，如在这样的空间或色彩层面的形象的知觉的条件。心理学曾以为终于找到了它的基础，并期望从此有大量的发现，以便确认其科学地位。然而今天，在完形心理学发展四十年后，人们重新有一种绝望感。的确，在许多方面，人们都明确指出了这个学派的开创性工作，人们了解了并仍在了解大量的功能性规定。然而，这里面已热情不再，人们到处都找不到贴近人的科学的感觉，即——这个

流派的作者们很快就看到了这一点——他们建立的关系只是在实验室里的人工条件下才是权威的和可理解的。这些关系不代表行为的第一层次——从这个层次起，人们有可能越来越接近行为的总体规定性：它们更多地是整合的最初形式，是具有特殊地位的简单建构的最初形式，对这些构建来说，“更加复杂”的构建事实上在质上是不同的。而且，这些关系所表明的功能关系只是在它们的层次上才有意义，对高级层次来说，这种功能关系是没有解释力的，最终，心理现象的存在不应定义为基本的“因果关系”的交错，而应由在这种关系中实现的异质的和不连贯的构建来定义。随着人们去处理更加连贯的结构，人们看到，这些条件并不太能解释被条件所规定者，对被规定者来说，这些条件更多的是其启动的机会。这样，所假设的描写性和功能性的平行性就被揭穿。举例来说，被实验仪器所人工简化的场中的一个发光点的视运动越是容易依其条件被解释，生命个体在这时刻的具体知觉场的总体规定性就越显现为不是暂时不可认识，而是最终会缺乏意义，因为它呈现的结构在被分割与可分割的“条件”之客观世界中连名称都没有。当我注视一条从我脚下伸向地平线的道路时，我能够在我称为这条路的“视宽”(largeur apparente)——也就是说，我将一支铅笔举在前面，用一只眼目测的距离——与这个场的其他成分之间建立联系，这些成分也是通过某种测量方法确定的，而且，我这样就能确定，视量值(grandeur apparente)的“恒定”按照定义古典科学对象的函项依赖图式，是依赖于这样或那样的变量。但是，当我考虑我双眼自由地观看的田野，摆脱了所有隔离倾向而观看的田野时，我就不可能通过各种规定来解释它。不是因为我脱离了这

些规定或我看不见它们，而是因为被规定者本身不再是一个人们能客观地描述的领域。对于使我能看到自然风光的自然目光来说，远处的路一点也没有人们可以想象的“宽度”，它和近处的道路一样宽。因为这是同一条路，同时它又不是同一条路，因为我不能否认存在着一种透视的缩小。远处的路与近处的路之间，有同一性，但也有同质异晶现象（μέταβασις εἰs ἄλλο γένοs），有从显象向真实的过渡，它们是不可公度的。我甚至还不应该在这里将显象理解为我和真实之间的一层隔膜：透视缩小不是变形，近处的路并非“更真实”：近、远和地平线在其不可描述的对比中构成一个系统，它们在整体场中的关系正是知觉真理。我们进入了被知觉存在的模糊领域。函项依赖并没有“侵蚀”到这一领域。人们只能人为地和在语言上将视觉心理学保留在这一本体范畴内：深度的各种条件——比如说视网膜上形象的差异——就不是视觉的真正条件，因为形象只面对这样一个知觉机体才将自己定义为差异，这种机体在相似形象中寻找视觉的一致性。于是，被规定者在这里就规定规定性。一个被知觉的世界肯定不会向这样的人显现，如果他的身体内没有这些规定的话：不过解释被知觉世界的并不是这些规定。被知觉世界依据自己领域的规律和固有结构而存在，而不是像客体那样根据“一个接一个的”因果关系而存在。“心理现象”不是客体；不过——请注意——这里绝不是要根据“唯灵论”传统来指出某些实在“逃离”了科学的确定性：这样的指出只能导致划出一个反科学的领域，这种反科学的领域通常需要用本体论的术语把其构设为“实在的另一领域”，而这种本体论却恰恰处于问题中的。我们的目的不是把“摆脱了科学”的一些事实——无论人们称它们为“心理现象”、“主观事实”还是“内部事实”——同客观科学所协调整合的事实对立起来，我们的目的是指出客体-存在，主体-存在都是一样的，都是作为科学的对立面并相对于科学而被构想的，它们不构成二择一的选择，指出被知觉的世界是低于或超出二律背反的，指出“客观”心理学的失败——与“客观主义的”物理学的失败是一致的——不能被理解为“内部”对“外部”的胜利，“心理”对“物质”的胜利，而要理解为这样一种呼吁，它要求重新看待我们的本体论，并重新检查“主体”与“客体”的概念。阻止我们将知觉当作客体来处理的理由同样也阻止我们将它当作一个“主体”的活动，无论人们赋予它什么样的意义。如果知觉所开向的“世界”以及地平线和远方的模糊场域不是客观世界的一个区域的话，那么它同样不愿意与“心理事实”或“精神活动”为伍，心理的或先验的内在性并不能比“客观”思想更好地解释那个被称之为地平线或“远处”的东西；知觉无论是作为“内省”赋予其自身，还是作为被知觉者的构成意识，从立场和原则上说，都应该是对其自身的认识和把握——它不会向地平线或远处开放，也就是说不会向首先是为了它而在那儿的那个世界开放，而且仅仅从这个世界出发它才知道自己是真正的匿名者，观看风景的各种视角就是走向这个匿名者的。无论是主体的观念还是客体的观念都会把我们在知觉信念中所具有的与世界及与我们自身的联系转变成认知的一致。这些观念不阐明联系，而是默默地利用它，并从它那里引出结果。既然知识的发展表明这些结果是矛盾的，那么我们就完全有必要回到联系中，为的是将它弄清楚。

我们讨论普遍知觉的心理学，是期望更好地指出心理学的危

机与一些根本的原因相关，而不是与某种特殊领域的研究的滞后相关。然而，一旦我们在知觉心理的普遍性中看到了危机的根本原因，那么我们在专门研究中也会发现同样的根本性困难。

人们看不到，比如说，一种社会心理学是怎么可能成为客观主义本体论的东西的。如果人们真的认为知觉是一种外在可变之物的功能的话，那么，这种图式也只能（很约略地）应用于身体的和物理的条件上，而心理学则被迫进行一种过度的抽象，即把人只看成是一组神经末梢，在这些末梢上起作用的是一些物理-化学成分。"其他人"，社会的和历史的群体只有在人们非常清楚地知道这些神经末梢的功效时，才能作为刺激因素起作用，而这种神经末梢不是物理的存在，不是根据它们当下可感的属性，而是按照它们的社会形态，社会时空中的形态，按照社会惯例，最后，作为象征而不是作为原因作用于人。一旦实践社会心理学，人们就处于客观主义的本体论之外，就不能留在其中，除非以损害自己探索的方式对"客体"进行限制。客观主义意识形态在这里直接与知识的发展相反。例如，对西方客观主义知识培养起来的人们来说很明显的是，巫术或神话没有内在的真实，神话和仪式生活中的巫术作用应该用"客观"原因进行解释，别的就要归之于**主观性**的幻象。如果社会心理学真的想按原样看我们的社会之是，它就不能从这种假设出发，这种假设本身就是西方心理学的一部分，我们采用它，就有可能预先设定我们的结论。就像人种学家面对所谓古代社会时，例如，不能预先断定说，那时所经验的时间和我们现在的时间是一样的，都按照已经不再的过去，还未到来的将来，以及唯一实在的现在这样的维度来流逝，而应描述神话的时间，在这种时间中，某

些“起始”的事件持续地保持着有效性——社会心理学也同样，如果它想真正了解我们的社会，它就不能先验地将神话时间的假设当作我们个人的和共同的历史的构成成分排除掉。确实，我们把巫术拒斥为主观性，但没有任何东西向我们保证说人与人之间的联系一定不包括巫术和梦魇成分的。既然这里的“客体”正是人的社会，那么“客观主义的”思想的各种规则就不能先验地断定它，相反各种规则却应该被看作某种社会-历史的总体的特殊部分，它们还没有给出其钥匙的总体的特殊部分。当然，也没有任何理由在开始时就假设客观思想只是某些社会结构的结果或产物，没有超越其他思想的权利：这是假设人类世界是建立在一个不可理解的基础上的，而且这种非理性本身也是没什么道理的。对社会心理学来说，唯一的恰当的态度就是将“客观”思想看成它自身之所是：也就是说看成是一种方法，这种方法创立了科学，它应该毫无限制地被运用，一直到可能性的尽头，但在有关自然尤其是历史时，它则更多地是代表排除法*的第一阶段，而不是一种总体解释的手段。像心理学一样，社会心理学必然会遇到哲学家的问题——他人是什么？一个历史事件是什么？历史事件在哪里？国家在哪里？——并且不能预先将他人和历史置于“客体”或“刺激”中间。它不正面处理这些问题：这是哲学的事儿。社会心理学用其把捉“客体”并向其前进的同样方法，从侧面来处理这些问题。社会心理学并不把它们看成是无用的，相反它要求有一种与这些问题相关的本体论阐述。

* 无疑应该理解为：排除非理性。

心理学在人的领域中没有彻底地接受真正“客观性”的规则，没有承认其中的函项依赖法则更多地是勾勒而不是阐明非理性的方法，所以它描述不出它所研究的社会，而只是给出了和历史所能提供的相比为抽象的和肤浅的看法。事实上这是经常发生的事。我们在前面说过，物理学家将一种不再是客观主义的物理学置于客观主义本体论中；我们应该补充说，对心理学家来说也一样，客观主义偏见甚至正是从心理学出发，重新烦扰物理学家们普遍的和哲学的概念的。人们吃惊地看到一位物理学家[1]将自己的科学从机械论和客观主义的传统规则中解放出来，却又在进入物理世界的终极实在的哲学问题时毫不犹豫地重新采用了笛卡尔对第一性质和第二性质的区分，似乎在物理世界内部对机械主义公设所做的批评丝毫没有改变我们怎样构想物理世界对我们身体的作用，似乎这种批评在我们身体的边界上就不再有用了，似乎它没有呼吁重新看待我们的心理-生理。悖论的是，在关于世界对人的作用的问题上放弃机械主义解释的图式——然而，这些图式在这个问题上从来没有停止过引发各种明显的困难——比在涉及世界内部的物理作用时——在这方面，这些图式在几个世纪里都完全有权利被认为是合法的——更加困难。这种思想的革命，物理学中的革命，表面上似乎能在传统的本体论框架内实现，而不像在感觉生理学那里，直接质疑我们关于存在和人和真理之间关系的最根深蒂固的观念。一旦人们不再将知觉看作纯物理客体对人体的

1　例如亚瑟·爱丁顿（Arthur Eddington）。尤其参阅《论科学的新途径》（*Sur les nouveaux sentiers de la Science*），巴黎，海尔曼（Hermann & Cie），1936 年。

作用，不再将被知觉的东西看作这种作用的“内在”结果，似乎所有真实与虚假、系统知识与幻觉、科学与想象之间的区别都荡然无存了。因此，生理学就不像物理学那样积极地参与今日的方法论更新，也是因此，科学精神有时能够以古老的形式得以保留，生物学家比物理学家更加唯物。然而生物学家只是作为哲学家时才是唯物的，在他们的生物学实践中却较少唯物。他们应该在将来完全解放生物学，并且就人的身体提出，身体是否是一个客体，同时提出，身体与外部自然的联系是否是功能和变量的联系。从现在起——这对我们来说很重要的——这种联系不再与心理-生理存在的概念共存，而一切概念都与这种联系相关——，如作为确定的物理刺激恒定和固有效果的感觉概念；还有注意与判断的概念，它们是与感觉相配的抽象概念，负责解释不循感觉规律者……同时，这种联系通过用完全固有的属性来定义物理世界而将它“观念化”，通过处于同样是纯粹的思想之前的纯粹客体而使物理世界“观念化”，这种纯粹的思想是笛卡尔主义的，无论它是否愿意，它都引发了关于人的身体的科学，这种科学也将人体分解为客观物理过程的交织，而且还用感觉的概念将这种分析延续到“心理现象”中。这两种理想化是相互依存的，也应该同时解体。人们只能通过回到知觉信念来修正笛卡尔式的分析，才能阻止危机的发展；当我们的知识自以为是建立在一种其本身的活动使其显露的哲学基础上时，它就处于危机形势之中了。

由于知觉给予我们一种对世界的信念，对严格相联和持续存在的自然事实系统的信念，所以我们相信这种系统能够吸收一切事物，直至那使我们进入这一系统的知觉。现在，我们已不再相信

自然是这种类型的持续系统；更不用说，我们已经远不再认为四处漂浮的“心理现象”之岛是通过自然界之连续基质神秘地与自然相连的。于是我们就有了一个任务：弄明白非自然的东西是否构成“世界”以及在何种意义上构成“世界”；首先，一个“世界”是什么？最后，如果有世界，那么可见的世界和不可见的世界之间的联系会是什么样的？尽管这个工作极其困难，但是如果我们想摆脱科学家们的哲学把我们抛入其中的那种混乱，它就仍然是必需的。这个工作是不能完全由科学家来完成的，因为科学的思想在世界中活动着，科学思考更多地是预设了世界，而不是把它当作主题。然而，这个工作对科学来说不是陌生的，它没有将我们置于世界之外。当我们和其他哲学家一起说知觉刺激不是被知觉世界的原因时，说它们更多地是世界的揭示者和启动者时，我们并不是说人们能够没有身体进行知觉，而是说相反应该重新检查将身体当作纯粹客体的定义，以便弄明白它怎样能够成为我们和自然之间的活的联系；我们不是驻于一个本质世界中的，相反我们要求人们通过回到先于区别的世界的经验而重新-看待存在（that）与什么（what）之间的区别，本质与存在条件之间的区别。哲学不是科学，因为科学相信能够俯视其对象，将知识与存在之间的关联看作是已存在的；而哲学是问题的总汇，在其中，提问者本身被问题提问。然而学会了物理地安置物理学家的物理学，学会了把心理学家置于社会-历史世界中的心理学都已没有了绝对俯视的幻觉：它们不仅仅宽容，它们也强行要求彻底审查我们对科学之前的世界的归属。

知觉信念与反思

已经建立于世的思想所构设的证据和知识的各种方法，思想所引入的客体和主体的概念，都不能使我们明白什么是知觉信念，这恰恰是因为它是一种信念，也就是说，一种在证据之外认识自身的坚持，它由怀疑交织而成，虽然这并不必然，而且随时受到非信念的威胁。相信与怀疑在这里紧密相连，人们总是能在一个中发现另一个，尤其能在真理中发现非真理的萌芽：由于我的目光使我确信我关联于世界，这种确信已经向我允诺了一个幻觉的虚假世界，如果我们听任其的话。人们说，把眼睛蒙起来，免得看到危险是不相信事物，而只相信内心的世界，其实，这更多地是相信为我们而存在的东西绝对就是为我们的，我们成功地看见是无危险的世界就是没有危险的世界，于是，这也就是完全相信我们的视觉会达到事物本身。也许，这样一种经验比任何其他经验更能告诉我们世界的知觉呈现是什么，它不是对同一关系中的同一事物的肯定和否定，不是肯定和否定的判定，或者不是像刚才我们所说的相信和怀疑，因为这是不可能的；世界的知觉呈现是在肯定和否定之内，是在断定——批判性意见、外在的活动——之内的我们的经验，比任何一个意见都更古老，并通过我们的身体而驻于世界中的那种经验，是通过我们自身所获得的真理，没有真理的话，甚至没有必要去区分观看的确信与观看到真实的确信，因为它们在原则上是同一个东西——是信念而不是知识，因为世界在这里不是与我们对它的把捉相分离的；它不是被断定的，而更多地是自然而然

的;它不是被揭示的,而更多地是非藏匿非拒斥的。

如果哲学应该占有并理解这种对世界的原初开放,而这种开放并不排斥可能的遮掩,那么哲学就不能满足于描述它,哲学应该告诉我们怎样才有一种没有排除世界的遮蔽的开放,这种遮蔽怎样才能在任何时候都保持遮蔽状态,尽管我们禀有自然之光。关于知觉信念保持在自身的这两种可能性,哲学家应该弄明白它们怎样才能够不互相抵消。如果他停留在它们的层面,在它们之间摇摆,一会儿说我的看属于事物本身,一会儿说我的看是我自己的看,或"我之中"的看,他就不能达至这点。他应该放弃这两种观点,并要力戒受这两者的诱惑,由于它们在字面意义上都是不相容的,关于它们他就应该求助于自身,求助于拥有它们,并且应该知道谁在内部推动它们的自身,他应该不将它们当作事实状态,而是将它们重建为自己的可能性,并从自身去理解它们真的意味着什么,以及是什么让他拥有知觉和幻觉;总之一句话,他应该反思。然而,他一这样做,在世界本身之外,在"我们之中"之外,在自在之外,在为我们的存在之外,有一个第三维似乎开启了,在那里,混乱解决了。通过反思的转化,知觉与想象只不过是思考*的两种方式。从视觉和感觉那里,我们只不过把握住了确实推动和支持这两种方式的东西,即观看或感觉的纯思想,而且有可能描述这种思想,有可能表明这种思想是由我对世界的探究和探究引出的知觉应答(réponses sensorielle)之严格的关联所构成。我们将想象置于平行分析之下,并且会发现,想象构成的思想在这个确定意义上

* 边注:观念性——观念和真理的内在性。

不是观看或感觉的思想，而更多地是不再应用各种证实标准，甚至是忽略各种证实标准的决心，以及将未见之物和可能见不着之物看作是“好的”的决心。这样，知觉信念的二律背反似乎就被解决了；确实，我们知觉的是事物本身，因为事物就只是我们看到的那个东西，而不是通过我们眼睛的神秘能力所看到的那个东西：眼睛已不再是视觉的主体，它们成了所见物，而且，人们称之为视觉的东西来自于思想的力量，而这种思想的力量证实：事物的表面在此根据一种规则来回应我们目光的运动。当知觉是充分的和当下的时候，它就是知觉思想。而如果达至了事物本身，那么就应该毫无矛盾地说，它完全地是我们之所为，从里到外都是我们的，就像我们所有的思想那样。即使是向事物本身开放，知觉思维仍然是我们的，因为事物就此成了我们认为看到的东西本身——思想对象(Cogitatum)或意向对象(noème)。知觉并不比想象更多地超出我们的思想，而想象也是看的思想，然而这种思想不追求应用、证据和完满；于是它就设定自身，并且半自思想(se penser à demi)。这样，真实就成了思想的关联物，而在同一领域内部，想象物是处于半思想之思想对象的狭窄圈子中的，是半客体(demi-objet)或是没有任何可靠性、没有固定地点、像晨雾那样随思想之光而消失的幽灵，只是思想与其所思的东西之间的一种非思的薄层。反思保留了知觉信念的全部，即相信有某种东西，有世界，有真理的观念，有确定的真观念。只不过，这种直接走向事物本身的原始信念——与幻觉不相容——把信念带回到它想说的或想意指的，它把信念转化成自己的真实，它在信念中发现从思想到思想的一致和默契，以及我认为对我来说是透明的东西，而我正是思考这些东

西的。我以为我一睁开眼就发现存在在那儿的原初的和先决的世界的存在只不过是一个一俟存在就是自为存在的象征，因为它的整个存在都属于显现，所以也属于自我显现，——这就叫作精神*。反思的转化只让观念对象(idéats)、思想对象和意向对象在纯主体面前存在；通过这种转化，人们终于走出了知觉信念的歧义，这种信念矛盾地向我们保证能通向事物本身，但要通过身体中介而通向事物，于是这种信念就只是通过将我们封闭在我们的内心事件系列之中而将我们向世界开放。自此，一切都显得清楚了；教条主义和怀疑主义的混合：知觉信念的混乱信念受到了怀疑；我不再相信用我的眼睛看到了外在于观看者我的事物：它们只是外在于我的身体，而没有外在于我的思想，我们的思想能很好地俯视我们的身体以及各种事物。我也不让自己受这样一种明证的影响，这种明证是：其他知觉的主体并不走向事物本身，他们的知觉是发生在他们自身之中——这种明证最终影响到我自己的知觉，因为最终我是他们眼中的"他者"，我的教条主义与其他教条主义联结在一起，作为怀疑主义重新回到我这里——因为，从外部来看的话，每一个人的知觉都真的似乎被关在某种隐蔽的小屋中，在知觉者身体的"后面"，这种外部的看恰恰被反思放置在许多没有确定性的幻觉及混乱的思想之中：人们不从外面思考思想，从定义上说，思想只能内在地思想自己；如果他者只是一些思想，那么他们从此就不是处于我所看到的他们的身体后面，他们和我一样不是

---

* 边注：走向观念性而解决二律背反。对于我的思想对象来说，对于其他那些是观念的人的思想对象来说，世界在量上为一(观念的同一，多和一之内的同一)。

不处在任何地方;他们和我一样是和存在共存的,没有什么具体化为肉体存在的问题。反思将我们从混杂的和不可设想的经验向我们提出的虚假问题中解放出来的同时,又简单地把具体的主体换为先验的主体,把世界的实在换为世界的观念,来使这些虚假问题成为合法的:我们大家都能到达世界,达到同一个世界,它是属于我们每一个人的,不会分裂也不会丢失,因为它是我们以为知觉到了的那个东西,是我们所有思想的共同对象;它的同一性由于不是量的同一性,所以也不是特殊的同一性:这是一种观念的同一性,或者是意义的同一性:它使得几何学的三角形在东京、在巴黎、在公元前5世纪、在现在都是一个东西。这种同一性是自足的,它消除了所有问题,因为人们能够用来与之对抗的区分、知觉场和生命的多样性在它面前均若乌有,均不属于观念和意义世界,甚至都不能用清楚的思想构成和言说它们,因为最终我们通过反思,在一切处于某种境遇而且是具体的思想的中心,认出了思想对自身的纯显现以及内在一致的一个世界;在这里,我们所拥有的真的一切毫无困难地融为了一体……

乍看起来,这种反思活动将总是胜利者;在某种意义上说,它是使人信服的,它就是真理本身,人们看不出来哲学怎么能够避开它。问题在于弄清这种反思活动是否将哲学引向避风港,它所朝向的思想世界是否真的是自足的并终结一切问题的领域。既然知觉信念是矛盾的,我怎么能待在其中呢?而如果我不待在其中,那么除了回到自我之中,在那里寻找真理的住处之外,我又能做什么呢?正因为如果我的知觉是对世界的知觉,明显的难道不是我应该在与世界的交往中发现那促使我去看它的原因吗?不是应该在

我的观看中看到我的观看的意义吗？在世界上的我，我从谁那里知道——如果不是从我自己——什么是在世界上存在呢？如果我不知道这一点，那么我怎样才能说我是在世界中呢？甚至不用假定我是从我自己那里知道了一切，至少这样一点也是确定无疑的，即在我是其他的东西中，我是知道的这一点是确定无疑的，即使我还有其他属性，这个属性也肯定是属于我。我不能想象世界闯入我之中，或者我闯入了世界之中：在我所是的这个知道面前，世界只能通过给出一个意义，并以世界之思想的形式才能呈现出来。我们所探索的世界的秘密必然包括在我与它的接触中。我从我所有的生活（这是我对世界的经历）而得到这种意义，若非如此，我将无法经历世界；我只能通过探究、解释我和世界的关联，从内部理解这种关联，才能寻找对于世界的认识。这不仅仅会使反思哲学成为一种诱惑，而且还会使它成为一种必须遵循的道路，就是说它在它所否认的东西——自在世界与我之间的外在关系——中却是真的，这种关系被构思为在世界内部所发生的那种过程的一种，人们把这个过程想象成像是世界侵入我之中，或相反我的眼光在事物中漫游的那种。然而反思哲学看到了正在知觉的我和我所知觉的事物之间的天然联系了吗？我们确实应该抛弃知觉与所知觉之间的外部联系，那是不是就应该转入内在性的反命题——尽管它是完全观念的和精神的——吗？就应该说正在知觉的我就是正在知觉的思想，被知觉的世界就是被思想的事物吗？因为知觉不是从世界进入我之中的，不是向心的，那是不是它就应该是离心的？就像我构成的思想，或者就像我通过对模糊的显象进行断定而给出的意义？哲学探究和由此导致的解释。反思哲学在并非唯一可能的风格中实践这种探究和解释，它在其中加入了一些尚需检验，并最终显示为与推动反思的东西相反的东西。反思哲学以为，我们只能通过拆散我们与世界的自然联系而重构这种联系，通过构造、制造这种联系才能理解它。反思哲学以为通过分析找到了明晰，就是说，即使不是在最简单的成分中，至少也是在最基本的条件中找到了明晰，这些条件隐含在原初的构成物中，隐含在这些构成物为其结果的前提中，隐含在这些构成物由之而来的意义之源中*。这样，对反思哲学来说，主要问题就是要在我们的实际处境之内将我们置于事物的中心，而我们则是以之为起点——相对它来说，我们是脱离中心的——开始重建一条已经在它和我们之间开辟的道路。这是达至内在一致的努力，是明确地重获我们之所有所是及我们之所有内在之所为的活动，它们都意味着我们最终作为被造自然所是的东西，我们首先是作为原生的自然而主动地成为它的，它们也意味着世界是我们的天然所处，因为我们首先是世界的摇篮，就像精神那样。在这方面，如果说反思哲学坚持第一种活动，如果它通过回归而把我们置于我们思想的内在世界中，但是如果存在一种剩余，比如像混乱的、残缺的或幼稚的思想，它缺乏与反思相联的证明的力量，反思就没能完成自己的任务，没能完成激进主义的工作，而这是它的律令：因为重获、恢复和回溯到自身的活动、走向内在一致的步伐，为了与一种原生自然相吻合的努

* 边注：回返-潜在观念：向一种构成轨迹回溯的反思观念。以成长为其成分的内在可能性观念。从之产生被造自然的原生自然观念。作为内在的原初观念。这样，反省式思维就是一切事物的预期，它在它试图造就的整体性的担保下进行。参阅康德：如果世界应是可能的……这种反思是找不到原初性的。

力——我们已经就是这种原生自然，并被认为正是他将事物和世界作为回溯或重获而在它自己面前展开，它们是重构或修复的第二层次的活动，它们原则上不能是反思的内在结构的镜像，不像从星形广场到圣母院的道路是从圣母院到星形广场之道路的逆向一样：作为重获的努力，反思重获了一切——除了反思本身，它阐明了一切——除了它自己的角色。精神的眼睛也有其盲点，但这个盲点由于是精神的盲点，所以既不能忽略它，也不能将它当作一个不需要重视的简单的非视状态来对待，它就是反思的行为本身，它就是 quoad nos（它的天生的行为）。如果反思不自知——这是有悖于它的定义的——那么它就不能假装在展开精神最初缠起来的那同一条线，而且，当从定义上说是我在反思时，它就不能假装自己是向我之中的自身回归的精神；它应该显现为走向某个主体的活动、对某个主体的吁请，显现为一个与普遍的原生自然相会合的确信，而确信由于不能从其与主体的先定的接触中达到主体中——因为这个确信尚是无知，它召唤主体，但不与它吻合——所以它只能从世界那里或者从那构成了世界的我的思想，以及思想之间的一致，思想的汇聚线达至主体；我的思想在确信之内指定了一个我尚未与之吻合的潜在家园。作为在世界的思想中创建一个存在的世界的努力，反思每时每刻都在从世界的预定呈现中吸取灵感，反思依赖于这种预定呈现，同时也从其借取能量。康德用“如果世界应是可能的”的名言来证明他的分析论的每一个步骤时指出，他的指导思想是世界的非反思形象给予他的；反思步骤的必然性在“世界”的假设面前被中止了；分析要对其进行揭示的世界的思想既不是我关于世界的经验事实的基础，也不是这一事实的

次级表达;换句话说,思想的世界的内在可能性建立在我能看到世界这个事实上,也就是说,建立在完全是另一类的可能性上,我们已经看到这另一类的可能已近乎为非可能了。正是通过对这种非可能的-可能的神秘和持续的呼唤,反思才有回到自我和处于内在性中的幻觉,我们回到自身中的能力正是以从我们——它既不老也不新的、正好是前一个我们的同义词——中走出去的能力来衡量的。只要反思分析掩饰自己特有的动力,只要为了构造世界,应有预先构成的世界的概念,以及原则上是滞后的作用于概念的活动,一切反思分析就都不是假的,而是天真的。人们可能回答说,那些伟大的反思哲学清楚地知道这一点,比如斯宾诺莎的著作中对给定的真实观念的参照,以及康德著作中对世界的前批判经验的自觉的参照都表明了这一点,但是非反思和反思的循环在这些哲学中是确定的,人们从非反思开始,因为应该恰当地开始,更因为通过反思而打开的思想世界包括了为理解起初不完满的思想所应该包括的一切,而起初的思想只是人们爬上去后就不要的梯子……但如果事情是这样,就不再有反思哲学,因为不再有原初和派生,而是有一种循环的思想,在这种思想中,规定和被规定、反思和非反思即使不是对称的,也是处于一种相互关系之中的,在其中,终点就在开头之中,就像开头就在终点之中一样。我们没有说别的。我们对反思提出的看法完全不是用来为了非反思和当下性的利益而取消反思之资格的(我们只是通过反思才认识非反思和当下性)。问题不在于将知觉信念放到反思的位置上,相反而是在于思考一种总体状况,这种总体状况允许两者互相移位。被给定的不是一个不透明的世界或完全思想的世界,而是一种回到世界

的厚度中以便阐明它的反思，但这种反思在于事后除了其自身的光明以外就不向世界送还任何东西。

确实，为了从知觉信念将我扔进其中的困境中走出来，我只能面对我对于世界的经验，面对我每天一睁眼就开始的与世界的融合，面对世界与我之间的知觉生活之流，这种生活之流从早到晚一直在活动着，并且让我自己最秘密的思想为了我而去改变一些面孔和风景的面貌，就像这些面孔和风景相反地以人的方式进入我的生活中，时而给我带来帮助，时而给我带来威胁——同样确实的是，思想与其对象，我思与思想对象的关系不包含我们和世界交往的全部，甚至不包括和世界交往的重要部分，我们需要把这种关系置于和世界的更含糊的关系中，置于与世界的原初关联中。前面那种关系取决于这种原初的关联，当反思的回归介入时，这种原初的关联总是已经构成了。我们将后一种关系称为向世界的开放，在反思的努力企图捕捉住这种关系的时候，我们是缺乏它的，而我们又会同时看到阻止反思获得成功的原因和我们到达那里的道路。我看，我感觉，确定的是，为了使我自己明白什么是看和感觉，我应该停止在看和感觉投身于其中的可见的与可感的中伴随看和感，在可见的和可感的之内设置一个看和感觉不占据的领域，而看和感觉正是从这个领域出发，根据其意义和本质而成为可理解的。理解它们，就是悬置它们，因为自然的看法完全占据了我，因为对自然看法的注意从总体的所予物中消除掉了一些东西，尤其是因为，理解就是将首先是被囚于事物中和在世界中的意义翻译成可把握的意义。但是这种翻译的目的在于翻译文本；或者最好是说，

可见的和对可见的所做的哲学解释不是像两组符号那样、像本文和译文那样并列存在的。如果说可见的是一个文本，那么它就是一个奇怪的文本，它是被直接给予我们大家的，以至于我们不用受制于哲学家的译文，我们可以将译文和可见的相对照；至于哲学，它既是比译文更多的东西，也是比译文更少的东西；说更多，是因为它是唯一对我们说了文本想说的，说更少，是因为如果人们不拥有文本，译文就是无用的。那么，哲学家悬置原始的看法就只是为了把它放到被表达的领域中去：原始的看法仍是哲学家的样品和尺度，它*为重新捕捉原始看法而组织起来的意义之网就应面向原始的看法开放。因此就没有任何可能将已见和已感的东西假设为不存在，没有任何可能用“看与感觉的思想”——这是笛卡尔的说法——来代替看和感觉本身，“看与感觉的思想”只是因为它不假设任何实际之所是，只是因为它固守在那些被认为是思想的显现中，所以才被认为是不可动摇的，在这里它确实是不可消除的。以只有内在的才可靠为借口，将知觉化归为知觉思维，实际上是拿一种确信来对抗怀疑，而这种确信的保证金要比它可能给我们造成的损失昂贵得多：因为这是要放弃理解实在的世界，是要转入一种永远不给予我们世界的“存在”的确实性。或者，怀疑只是分裂和模糊的状态，那么，它就没有告诉我们任何东西——或者，如果说它告诉了我们某种东西，那么，它就是毫不动摇的、战斗的、有步骤的，它就是一个行动，而这某种东西自身的存在即使随后使我承认它为怀疑的限度，是某种并非什么都不是的东西，它也属于行动的

* 它：即哲学。

领域，那么我从此就被关闭在这种领域之中。幻觉的幻觉就是在这时候认为我们事实上能够确定的就只是我们的行动，知觉从来就是精神的察看，反思仅仅是回到自我的知觉，是从对事物的认知转到对自我的认知，而事物是现成的，是一种就是连接本身的“粘接”的显现。我们认为通过说“远处的”对象只是由于它与其他更“远”的或“较近”的对象之间的关系才是“远处的”对象，就证实了笛卡尔式的“精神性”，证实了空间和精神的同一性——这种精神性，这种同一性不属于它们中的任何一种，它是精神对每个人当下的呈现——这最终是把我们对世界的隶属性换成一种对世界的俯视。但是，这种观念只从一种很天真的假设（正是通过世界向我们提出的）中得到它的明证，根据这种假设，当注意的目光依照规定它的东西移动时，我思考的东西就是同一个东西：这是从外部经验得到的确定的信念，在这种经验中，我的确有这样的确信，在我为了更仔细地观察事物而走向它们时，在我眼前的事物一直是同一的事物，不过，这是由于我的身体是能改变观看点的，我的身体是“看的机器”或“观看点”中汇集的地方，我的身体的这种功能使我确信我靠近的东西与我刚才从更远处看到的东西是一个东西。正是我身体的知觉生活在这里支持和保证着知觉解释，知觉生活远远不是我的身体和外部事物之间的物质世界之内或客体之内关系的知识，它在一切客体观念中都被预设了，正是它完成了向世界的最初开放：我能看到事物本身的信念并不来自于知觉探究，它并不是用来定义逼真的看法的一个词，而相反正是它告诉我“逼真的”观念，“最佳”观察点的观念和“事物本身”的观念。通过知觉经验知道了什么叫“恰当的观察”事物之后——为了达到这一点，人们

应该并能够靠近事物，而且这样取得的新材料是同一事物的各种规定——我们将这种确定传往内部，我们将求助于"人中小人儿"的故事。我们就是这样达至认为对知觉进行反思，就是在被知觉的事物和知觉保持其过去之所是的时候，揭示真正的主体，而这种主体是驻于被知觉的事物和知觉中，并且总是驻于其中。实际上，我应该说这里有一种被知觉的事物和向这一事物的开放，但这种事物被反思中性化了，被反思转变成了反思-知觉，转变成了反思-知觉-中-被知觉-的事物；我应该说反思的功能就像探索的身体的功能一样，使用一些对我来说是含混的能力，并跨越将原初知觉和反思性检验分开的时间段，再者，只是由于我的理智探究和精神态度延长了我的感觉的和身体的探究的"我能"，在这个时间里被知觉物和知觉的恒定才能保持在精神的目光下。把感知身体的探索建立在精神的探索之上，把对事实的知觉建立在显现给反思的知觉本质之上，这是忘记了反思是不同于获取的一种行为。换句话说，我们隐约看见了不同于反思变换的另一种活动的必然性，这种活动比反思更具根本性，是一种超反思，它既关注自身，也关注它引入观察场景中的变化，它不会不理会事物和原初知觉，最终也不会抹掉事物和原初知觉，不会通过一种非存在的假设来割断知觉和被知觉物之间的有机联系，而是相反会思考它们，会将世界的超验性作为超验性来思考当作自己的任务，不是根据给定语言的固有意义来谈论它们，而是根据一种也许是艰难的努力来谈论它们，这种努力在它们之外利用它们来表达我们和事物无言的接触，当它们还不是言说之物的时候。那么，如果反思不应预设它之所见，不应将它假装后来在事物中发现的东西放入事物之中，那

么它就应该悬置对世界的信念，以便观察世界，以便在世界之中读出世界成为我们的世界时走过的路，它就应该在世界之中寻找我们与世界之间知觉联系的秘密，它应该用词语说出这种前逻辑的联系，不与语词的先定意义相一致的联系，它应该深入到世界中，而不是统治世界，它应该走向世界之所是的世界，而不是回溯到对世界进行思考的先定可能性——这种可能性预先就把我们对世界的控制条件强加给世界——，它应该探究世界，它应该进入我们的探究在世界中引起的指称之林，最后它应该让世界说出在其沉默中所想说的……我们既不知道这种我们生活于其中的世界之秩序和一致性究竟是什么，也不知道我们的事业究竟会达至什么，甚至不知道我们的事业是不是真的可能。然而，我们要在它和反思的教条主义中作出选择，我们太清楚反思的教条主义会走向何处的，因为哲学和它联系在一起时，一开始就完成了。由于这个原因本身，哲学没有让我们明白我们自己的模糊。

作为方法怀疑的反思哲学，把对世界的开放还原到"精神活动"，还原到观念和观念对象的内在关系中的反思哲学，对它自称要阐明的东西是三重的不真实：对可见的世界不真实，对观看可见的世界者不真实，对它与其他"观看者"的关系不真实。说知觉是并总是一种"精神的探究"，这不是用知觉给予我们的东西来定义知觉，而是用知觉之中的抵抗非存在假设的东西来定义知觉，就是一下子就认为否定之否定是肯定，就是要求无辜者给出自己无罪的证据，就是把我们和存在的联系预先还原为各种推论活动，我们通过这种推论活动来拒斥幻觉，就是把真实还原为似真，就是把实在还原为或然。有一件经常被指出[1] 的简单事实是，最貌似真实的，最符合经验背景的想象并未使我们向“实在”前进一步，它立即被我们归于想象物之列，相反，一个绝对意外和不可预见的骚动却一下子就被看成真实的，尽管它与背景之间的联系是那样地微弱，这导致了这样一个观念，这就是“真实”和“想象物”涉及的是“两个领域”、两个“舞台”或两种“戏剧”——即空间的戏剧和幻觉的戏剧——，它们在区分之前已经存在于我们之中，而这种区分只在模棱两可的情况下，在我们所经历的东西自在地驻于一切标准化检验之外时才介入。尽管有时候检验是必要的，并达至一些修正素朴经验对实在的判断，但这并不证明这种判断一开始就起源于这种区分，或构成这种区分，也并不就使我们免于为了它而去理解它。如果我们这样做，那么也不应该通过真实的一致来定义真实，也不应该通过想象物的非一致或其空隙来定义想象物：真实因为是真实的，所以才是一致的和可能的，而不是因为它是一致的，所以才是真实的。想象物因为是想象物，所以才是不一致的或不可能的，而不是它是不一致的，所以才是想象物。被知觉的存在的微小碎片儿一下子就将真实纳入被知觉的存在中，最似真的幻象在世界的表面滑动；我们需要理解的正是世界在一种反映面前的整体呈现，正是世界在最复杂、最系统的妄想中的不可避免的缺席，而且，真实和想象物差别不是数量上的。确实，这种差别使我们误认或产生幻觉；有时，有人就从这里得出结论说，这种差别不是自然的差别，而且实在归根到底只是最小的不可能或最大的可能。

1　特别是被萨特的《想象》所指出。

这是通过假来思考真，通过否定来思考肯定，这是对破灭-幻觉(la dés-illusion)经验的蹩脚描述，正是在这种描述中，我们知道了“真实”的脆弱性。因为当一种幻觉消失时，当一种显象突然消失时，都总是对一种将在其前的显象的本体论功能据为己有的新显象有好处。我以为在沙滩上看到一块被海水打磨光了的木头，而它其实是一块高岭土质岩。第一种显象的出现和消散都未授权我从此可以将“真实”定义为简单的可能，因为第一种显象的出现和消散只不过是新显现的一个名称，于是这个新显现也应该出现在我们对破灭-幻觉的分析中。这种破灭-幻觉因为是另一种明证性的获得，因而才是明证性的丢失。如果我出于谨慎而终于要说这另一种明证性“从自身而言”是可怀疑的，或仅仅是可能的(就其自身而言，也就是说，对于我而言，刚才，当我本来可以更靠近它一些或看得更清些时)，当我这样说时，并不妨碍它呈现为处于所有争议之外的“真实”，而不是显现为“很可能”或是可能；如果随后它自己突然出现的话，那么这也只是新的“实在”的推动而已。我所能给这些破灭幻觉或失望下的结论是，也许“实在”并不确定地属于任何特殊的知觉，在这个意义上说，它总是更远的，然而，这并不允许我中断或回避使显象先后与真实相联结的那种联系，这种联系，如果没有首先和后一个显象建立联系时，就不能够被中断，因而不存在没有显现(Erscheinung)的假象(Schein)，任何假象都是一种显现的对等物，“真实”的意义不还原于“可能的”意义中，而是相反，“可能”展现的仅仅是一种发生被延期的“真实”的确定经验。面对一个知觉显现，我们不仅知道它能在随后突然消失，还知道它只是由于完全被另一个知觉显现所替换才突然消失，以至于它没有留下任何痕迹，以至于我们徒然地在这块白垩岩上寻找刚才曾经是的那块被海水打磨光的木头的影子。每一个知觉都是易变的并且仅仅是或然的；如果人们愿意这样说的话，都只是一种意见；但那不是意见的东西、每一个知觉——哪怕是虚假的——所证实的东西，就是每一个经验都是属于同一个世界的，就是它们以同一世界之可能性的名义显示这一点的同等权力。如果其中一个完全占据了另一个的位置——以至于人们在幻觉出现后就再也找不到其踪迹——，这恰恰是因为它们不是那触及不可认识之存在的连续假设，而是对同一个熟悉的存在的各种观察视角，我们知道不能在没有接纳这些观察视角的一个时就排除另一个，我们还知道由于它是完全处于因果状态的，所以是处于争议之外的。这就是为什么，被其消失和前来替换它的另一个知觉所证实的这种知觉的脆弱性，远远不是允许我们在它们中抹去“实在”的痕迹，而是迫使我们把实在的痕迹给予它们中的每一个，承认它们中的这同一个世界的所有变异，最后还迫使我们不是将它们看成完全是假的，而是看成“完全是真的”，不是将它们看成对世界进行确定的重复失败，而是看成对世界的确定的不断逼近。每一个知觉都包含被另一个知觉所替代的可能性，也就是包含对事物的某种否定，然而这里的意思也是说：每一个知觉都是逼近活动的阶段，都是“各种幻觉”的系列的阶段，而这种幻觉不仅仅是自为存在和“纯思”（rien que pensé）意义上的纯粹“思想”，而且是存在的可能性，是“现有”的这个唯一世界的显露……因此，它们永远不会好像从来没有出现那样回到虚无中或主观性中，而更多地是像胡塞尔很好地说过的那样，它们总是被“新的”实在“拦住”或“划定”的。反思哲学将

假当作残缺的或部分的真来对待没有什么错:它的错误更多地是使人认为似乎部分只是总体事实的缺席,而总体不需要人们对之进行分析,这最终取消了显象所有的确定性,预先把显象归入到存在之中,将它当作部分从而剥夺其真理持有者的身份,将显象放入一种内在充分中,而在这种内在充分中,存在与存在的原因是同一的。由破灭-幻觉的事实所见证的通向充分的步伐并不是回到一种充分思想,可能会莫名其妙地消失的思想,——它也不是建立在符号和一致的数量之上的可能性的盲目扩展——它是一种总体性的前拥有(pré-possession),在人们知道"怎样"和"为什么"之前,这种总体性就已经在那儿了,它的实现绝不是我们所能想象的那样,可是这种总体性却在我们之中放进了一种秘密的期待,因为我们一直相信这一点。

人们可能会回答说,如果为了拯救"世界"中有一些作为前客观之主题的原初的东西,人们拒绝将它看成是一种精神行为的内在关联,那么自然之光,我对世界的知觉就只能来自一种预先的规定,而我只是记录这种预定的结果,我对世界的知觉也只能来自一种目的性,而我受制于这种目的性的法则,就像我受制于我的一切器官的法则一样,而且,这种被动性一旦进入了我,它就会在我之中曲解一切,当我在正常情况下进入思想领域,以及要解释我怎样看待我的知觉时:或者我在这个层面上重建在被知觉之物层面上放弃了的自主性,——不过这样一来,人们就看不到这个主动的思想者怎样能够重新领悟到知觉的各种原因,而这种知觉是完全现成地给予他的——或者,就像也受到被动性纠缠的马勒伯朗士那样,忘记作为知觉的整个有效性本身,而等待从一种不需要他的参与却又在他之中起作用的因果关系的启示,——就像知觉只有通过灵魂与肉体结合的法则的规定才能获得自己的启示一样——,随之,思想对自身的把握和理智之光就变成了一种存在中的不可理解的神秘,对这个存在来说,真实处在自然倾向的终极处,是与一个先定系统相符的(他的精神依照这个系统而活动),不是与真理相符,是自我与自我的相符,是光明……事实上,一切旨在将一种被动性与一种主动性相连的企图都达到整体,或者把被动性扩展至整体,——这反过来又使我们与存在分离,因为缺乏一种自我与自我的接触,在所有认知活动中,我都受制于我的思想的结构,而其前提对我来说却是遮蔽着的,我都受制于一种像事实那样给予了我的精神结构,——或在整体中恢复活动。反思哲学的不足主要在于此,它们不会自行达到终端,它们定义了思想的先决条件之后,又补充说它们不会将规律强加给事物,而是展示事物本身的秩序,这种秩序与我们的思想相反,它只会接受外在的规则。然而我们不是要用自在事物的秩序来对抗内在之光,内在之光不会进入自在事物的秩序中。问题不在于不能把超验物的被动性和内在思想的主动性联结起来。问题在于以这种方式重新思考主动和被动相互联结的观念,使得这种观念不再将我们置于哲学的二律背反中:一种哲学解释存在与真理,但不重视世界,一种哲学重视世界,但却使我们远离存在和真理。反思哲学将"世界"换成了"存在-思想"。人们不能在承认这种不足的同时,不顾一切地说我们思想的外在规定的后果是无保证的来为反思哲学辩护,因为上面的两者择一只是从一种反思哲学的观点来看才是两者择一,而我们有问题的是这种反思分析。我们并不提议像反思哲学所做的那

样先从事反思哲学后再中止反思哲学——这是不可能的，而且，毕竟，一种总体的反思哲学使我们觉得它能走得更远，尽管它仅仅是勾勒我们的经验中抗拒反思哲学的那种东西——，我们的建议是：采用另一个起点。

为了消除这一点上的所有歧义，让我们再说一遍，我们不仅仅指责反思哲学将世界变成意向对象，而且歪曲了反思的“主体”的存在，将这种存在构想为“思想”，——最后，使主体与其他“主体”在其共同世界中的关系成为不可设想的。反思哲学从这样一个原则出发，即：如果一个知觉应该成为我的知觉的话，那么从开始它就应该是我的“表象”之一，换句话说，我作为“思想”，必然是实现诸方面联系（客体就在这些诸方面之下呈现出来）的存在，并且会把这些诸方面综合为一个客体。反思和向内在的回溯都不会改变知觉，因为知觉可能只限于给出一开始就构成知觉的框架和连接点者，而且如果被知觉的事物不是乌有，它就是反思所列举和阐明的那种联系过程的全部。人们可以勉强这样说，反思的目光离开客体而转向我，因为作为思想的我造成了客体的这一点到那一点之距离，以及一般意义上的某种关系。反思哲学一下子就把实在世界变成了一个先验场，它这样做只是把我重新置于我从未能拥有的场景的起源中，因为我在自己也不知道的情况下构成了它。它仅仅使我意识到我曾经总是漫不经心的，我总是把这种场景的名称赋予我后面的维度，赋予一个事实上我的视觉已经到达了的深度中。通过反思，迷失在其知觉中的我通过发现知觉是思想而重现。这个我以为离开了知觉，但却在它们中展开来；这个我意识到，如果他离开，知觉将不再存在，而且距离和事物的展开只是这

个我自身内在的“外表”，世界的展开只是思想向自身的内卷，这种思想首先是自我思考，因而思考所有。

人们一旦置于这种思想中，反思就是一种不可战胜的哲学立场，对它的任何阻挡，任何抵抗从一开始都将不被当成事物的敌对，而是被当成一种简单的非思状态，被当成思想行为的连续组织中的一个裂纹，这种裂纹是不可解释的，关于它没有什么可说的，因为从字面来看，它是乌有。然而，我们应该进入反思中吗？在它的起始行为中隐藏着一种双重的决心，这种决心一旦显现出来，就会将起始行为表面的明证揭掉；哲学谎言是一次性完成的，人们首先要为这种随后变得不可战胜的方法付出代价。对于反思分析来说，从一个事实状态出发是很重要的。如果这种分析不是一开始就将真理观念、我的思想内在的充分给予我之所思，或者给予正在进行中的对世界的思考的话，那么它就应该中断所有对“我思着我的思”进行的“我思”，中断对“我思着我思着我的思”(je pense que je pense que je pense)进行的“我思”，依此类推……对可能性条件的探索原则上是现实经验之后的事，由此而来，即使人们随后严格地确定这种经验的“若不然”(ce sans quoi)，它也永远不能洗去庆功会后(post festum)被发现的原始污点，也不能成为确实建立这种经验者。所以人们不应该说若不然先于这种经验(即使在先验意义上说)，而是应该说它能够伴随这种经验，也就是说它翻译或表达了这种经验的本质特征，但并不指示这种经验也许从之出发的先决可能性。那么，反思哲学就不能安顿于它所揭示的精神中，从而将世界看作其关联物。正是因为它是反思，是回返，是重获，那么它就不能简单地以与已经在世界的场景中起作用的构成原则

相吻合为荣，就不能从这种场景出发，去走这种构成原则从相反方向所走的道路。然而这却又正是它所应该做的，如果它真的是回返的话——这也就是说，如果它的到达点也就是它的起点的话——这一要求不是可有可无的，因为如果没有它，拒绝任何渐进式综合的回溯式分析就可能放弃向我们揭示始源的企图，就可能只是一种哲学寂静主义[①]的技术。于是反思就处于这样一个奇怪的处境中：既要求又拒斥不同于构成的方法。反思在下面这一点上要求这种方法：没有这种离心运动，它就应该承认自己是回溯性的构建——反思又在另一点上拒斥这种方法：反思原则上晚于它试图阐明的世界的经验或真实的经验，它因而就处在了理想化和“事后”——不是世界产生的那个“事后”——的领域中。这就是胡塞尔在说所有的先验还原都是本质还原时明确指出的，也就是说，所有从内在出发，从始源出发来世界的场景的努力，都要求我们脱离我们的知觉和我们对世界的知觉的实际展现，要求我们满足于知觉的本质，要求我们不再与我们生命的具体流动混合在一起，以便描绘出它所开启的世界之整体状态和主要的联结。反思不是与生命之流动的始源和分支都相重合的，而是通过把事物、知觉、世界和对世界的知觉置于一种系统的变化之下，从而使对抗它的理智中心显现出来，并以经验与之相符的方式从一个中心走向另一个中心，而这种方式给予我们的仅仅是理智中心的一般轮廓，因此反思原则上没有触及已存世界的发生和反思观念化的发生这一双

① 寂静主义(quiétisme)：西班牙神学家莫利诺斯(M. de Molinos，1628－1696)创立的神秘主义理论，认为人可以通过完全不动情的静观获得拯救，被上帝收留。——译者

重问题，它最后提出并要求有一种超反思作为其基础，在这种超反思中，终极的问题将被认真对待。实在地说，我们甚至不能肯定通过本质进行的反思能够完成其预备的任务以及保持其理智的规则的角色；没有任何东西向我们保证所有的经验都能够在本质不可变性中得到表达，也没有任何东西向我们保证某些存在——例如时间的存在——原则上逃避不了这种确定，不会从一开始就要求——如果这些存在应该能够被我们思考的话——对事实的重视、事实性(facticité)的维度和超反思，而这种超反思至少对于这些存在而言将不会成为哲学最高级的阶段，而是成为哲学本身。然而，如果时间逃离反思，空间就会涉及分裂，因为时间通过其所有的连线而与现在联系着，并通过现在而与同时性相连；或许还应该用事实性，而不是用本质来描述驻于空间和时间中的主体性。渐渐地，整个经验、本质本身、本质之主体和作为本质的反思就会要求被重新思考。本质确定的不变将不再有把我们封闭在对什么(what)的思考中的合法功能，而是要将本质之不变与实际运作之间的差距揭示出来，并邀请我们将经验从其根深蒂固的沉默中解放出来……胡塞尔承认所有的反思都是本质的，并以此使我们的非反思存在的问题和世界的问题继续成为问题，这样他就使人承认反思态度通常避免的问题，承认反思的起始状态和终结之间的不一致。

置于精神对面并且是所有光明之源的世界被还原到它的理智图式上，随后的反思使所有涉及世界与精神联系的问题消失，这种联系从此成为纯关联：精神是思者，世界是被思者，人们不能构想一方对另一方的侵犯，不能构想一方和另一方的混合，也不能构想一方向另一方的过渡，甚至不能构想一方和另一方的接触——它

们之间的联系，就像被联系者和联系者，或者被造的自然和创造的自然之间的联系那样，它们共存得如此充分，以至于一方永远不能先于另一方，但它们又不可避免地有所区别，以至于一方永远不会包含着另一方。于是，哲学否认从世界到精神或精神到世界之跨越有任何意义。世界能够先于我对世界的意识而存在是没有问题的：难道这样一个事实不是很明显的吗？这个事实是：整个我可以对之进行思考但没有我的世界通过我对之进行思考成为了我的世界，我推定原初是他人目光之下的私人世界，在我不将自己看成是准观众时，就不那么是私人的了。人们说世界是自在的，或者说它外在于我和他人对它的知觉，这只不过是说“世界的”意义在各方面都是同一个意义，都是独立于我们的幻觉的，就像三角形的属性在任何地点和时间都是同样的那样，不是在它们被认知时才开始成为真实的。世界先于我们的知觉，他人知觉到的世界的各个方面先于我后来对之所具有的知觉，我的世界先于后来出生者的世界，所有这些“世界”构成一个唯一的世界，不过，这只有当所有事物和世界以及其内在的属性成为思想的对象时，只有当所有世界都属于真实、价值和意义的领域，而不是事件的领域时，它们才是唯一的。当人们承认世界的观念性时，世界是否对于所有的主体都是唯一的问题，就丧失了所有的意义；我的世界和他人的世界在数量上和特征上是否同一的问题也是毫无意义的，因为作为理智的结构，这个世界始终作为事件存在于我的思想之外，而且也存在于其他人的思想之外，因此，它没有被我们关于它的知识所分裂，也没有成为唯一的——我们中的每一个人都是唯一的意义上的唯一。这些意味着，我对世界的知觉和另一个人对世界的知觉是同一种知觉,尽管我们的生命是不可公度的,因为意义,作为内在的充分、自我与自我的关联以及既是纯粹内在性又是总体开放性的意义不会作为一种受某一视角限制的东西降临到我们之中,因为,这样我们就永远不是照亮自己的光,因为,这样我们的所有真理就作为真理而会合,就自然而然地构成唯一的系统。这样,借助于思想及思想对象的原则关联一种哲学就被构建起来了,它既没有困难,没有问题,也没有矛盾,没有颠覆:我一劳永逸地用思者和所思之间的纯关联,将我的生命的真实掌握在我手中,这种真实也是世界的真实和其他生命的真实。存在-客体一劳永逸地作为对我来说唯一禀有意义者被置于我面前,他人与其身体及我的自我与我的身体之间的固有性被作为混乱而抛弃,——存在-自我一劳永逸地在我的思想的充分之中给予了我,而且在这一方面也一样,不必重视精神和身体之融合的问题。我永远不会屈服于将存在弄成一种为思想而设的思想对象的离心运动。我也不可能离开这个立场,并且思考存在在被我思考之前,或者——这会回到同一件事中——被另一个人思考之前之可能是,以及思考我们的目光在其中交叉,我们的知觉在其中得到相互印证的世界间性(inter monde)究竟是什么:没有原初的世界,只有一个被构造的世界,没有世界间性,只有"世界"的意义……在这里也一样,如果反思的态度不把它以沉思的论断所肯定的东西当作假设和反思来揭穿的话,它就将是不可战胜的。因为在反思之前,我就相信我通过自己的身体而处于实在的世界之中,处于其他那些通过自己的身体而处于世界之中的人们中间,我相信看到他们正在知觉我所知觉的同一个世界,我相信我是那些正在看自己的世界的人们之中的一

个，那么，我是在哪里找到——如果不是在这种天然的处于和这种混杂的知觉中的话——我想通过反思*来接近的原初观看之意义的呢？如果不是因为在我被发现是给予场景以意义者之前，这个场景对我来说就有意义的话，也就是说，既然反思哲学把我的存在和我对我的存在成为我的存在之前的所思等同起来，我怎么能求助于自己是意义的普遍源泉（这是需要被思考的）呢？最终我通过反思进入普遍精神远不能发现我历来之所是，而且这种进入是我的生命和其他生命的交错、我的身体和可见物的交错所引起的，是我的知觉场和他人的知觉场的交叉所引起的，由我的绵延和其他的绵延的混合引起的。如果我假装通过反思在普遍精神中找到了一直在支持我的经验的前提的话，那只能是在忘记这个开端时的非知（non-savoir），这个非知不是乌有，也不是反思的真理，但也应该被理解的。我只能因为我首先是在我之外，在世界中，在他人身边时，才能从世界，从他人转向求助于自己，才能走上反思之路；这种经验每时每刻都在养育着我的反思。这就是哲学应阐释的总体境遇。它通过承认反思的两极性而阐释这种总体境遇，通过承认，正如黑格尔所言的，回到自我也是走出自我而阐释。**

* 边注：指出反思取消了主体际性。

** 边注：也许就胡塞尔意义上的反思另写一节（最后）。这个反思最终没有被置于主动的构成（Auffassungsihalt-Auffassung）中，然而却在所有反思的起源处发现了实体自我的呈现、记忆持留的把握（Le Noch im Griff），又通过它，发现最初印象（Urimpression）和推动它们的那种绝对流。它预设了自然向内在统一的还原。然而色调（Le Tônen）却不是内在的——除非人们是在迷狂意义上理解内在的！——它利用了同样的流。

也许做如下的区别：1. 反思、与康德式自我的接触、可能性的条件；2. 思辨的反思、目光（胡塞尔）。心理的内在的主题化、内在时间的主题化；3. 对绝对流的反思。

探究与辩证法

知觉信念与否定性

哲学曾以为在悬置知觉信念以揭示它的动机时就超越了知觉信念的矛盾。这一行为似乎是不可避免的，而且是绝对合法的，因为总的来说，这一行为在于说出我们生命意味着的东西。然而，这一行为却由于以下而显现为假，它改变了需要去理解的知觉信念，把知觉信念变成了众多信念中的一种，这种信念像别的信念一样建立在各种论据之上——我们认为有一个世界那样的论据。然而明显的是，在知觉的情况下，结论先于各种论据，而这些论据在那里只是为了当结论受到动摇时对之给予支持或者援救。如果我们寻找论据，那是因为我们不再能看，或因为另外一些事情（例如幻觉）唆使我们拒绝知觉明证性本身。但是，如果我们坚持说，结论与论据是无法区分地混合在一起的，论据是当结论受到动摇时我们就赋予它一些价值的论据，这是设定了知觉信念总是对怀疑的抵抗，肯定总是否定之否定。诉诸于“内部”，在世界之前后退的反思的方法，使对世界的信念成为言说之物或陈述，而我们清楚地知道这种“解释”是无法恢复的改变，它建立在自身之上，建立在知觉

信念之上，而它试图把这种信念的内容给予我们并试图成为其限定：这是因为我首先相信世界、相信事物，因为我相信秩序，相信我的各种思想的关联。于是我们就被引导去寻找——在反思本身之下，因此也可说是在反思的哲学家面前——相信哲学家是在其自身中，在其思想中，在世界之外进行探寻的论据。

对反思的这种批判不仅仅适用于它的基本形式，适用于离开事物以便转回"意识状态"——事物通过这种状态被给予我们——的心理的反思，转回我们在其形式实在中获得的"思想"，思想就像事件处于意识之流中那样处于其形式实在中；甚至适用于一种更加意识到自己的，不断反复的反思，这种反思将意识状态作为一个在绝对主体面前构成的统一体来处理，将绝对主体从完全内在于心理事件中解放出来，将我们的思想定义为与它们的"客观实在"、它们的对象、它们的意义相关的纯联系。甚至这种纯化后的反思也不是没有受到反思缺陷之损害的，这种反思缺陷从对世界的开放转变到自我对自我的允诺，从世界的构造转变到世界的观念性，从知觉信念转变到一个未介入世界的主体的行为或态度。如果我们想避免这第一种不可挽回的谎言，我们要借助并通过应该被重新思考的反思、存在-主体和存在本身，而我们是通过专心考虑世界的境域和反思世界的边界来重新思考的。这种世界的境域秘密地引导着我们的结构，包含着反思方法的真理，而我们试图通过这种反思方法来重构世界，即原初的肯定，我们的怀疑的任何否定都不可能与之相等的肯定。

于是人们会说，在反思之前，为了使反思成为可能，就应该有一种与世界的自然交往，人们会回到其中的自我先于异化的自我

或在存在中出神(ek-stase)的自我。人们会说,世界、事物、存在者,都是自身的存在,与我们的"思想"没有共同的尺度。如果我们试图发现"事物"对于我们来说意味着什么,我们会发现它就是驻于自身中者,它就是它现在是的那个东西,它正在行动着,没有任何潜在性和潜能;从定义上说,这个事物是"超越的",是在外的,是局外于所有内在性的。如果说它刚被某个人知觉到,尤其是被我知觉到,这也不构成其作为事物之意义的,相反,事物就像纯粹的自在那样漠然地存在在那里,存在于同一的黑暗中。如果我们真的想找到向存在开放的前反思领域,我们就会被引向这种对存在的描述。而为了使这种开放发生,为了使我们决定性地走出我们的思想,为了使没有任何东西存在于我们和存在之间,就应该相应地把哲学塞进存在-主体中的幻觉清除出来。如果我应该在世界和事物中出神,那就不应该有任何东西将我留在自身而远离它们,就不应该有任何"表象"、任何"思想"、任何"形象",甚至不应该有任何"主体"、"心灵"或"自我"这样的称号;而哲学家想利用这种称号把自己和事物绝对地区别开,然而这种称号自身也变成了误导人的,因为它像所有的名称一样,最终重新落入了肯定中,最终将实在的幻象重新引入自我之中,最终使我相信我是思想对象(res cogitans)——一种特别的、不可把握的、不可见的事物,但它终究还是事物。唯一能够保证我进入事物本身的方法,就是要完全纯化我的主体性观念:甚至不存在"主体性"或"自我",甚至意识中是没有"居住者"的,我应该把意识从第二统觉中完全解放出来,第二统觉将意识当成了身体的反面,当成了一种"心理现象"的属性;而且我应该将意识当作"乌有"、"空无"来揭示,这种"空无"有能力接

纳世界的丰富，或更恰当地说，它需要世界的丰富来承担其虚空。

正是通过对作为绝对丰富和绝对确定的存在的直觉，通过纯化掉我们混合入虚无之中的所有存在这样一种虚无观，萨特希望阐释我们对事物的原初介入，这种原初介入总是隐含在反思哲学中，而且在实在论那里总是被理解为事物对我们的行为，而这却是不可设想的。从我将自己作为否定性，将世界作为肯定性来构想的时刻起，就不再有相互作用了，我完全从我本身出发来到一个实在的世界面前；在它与我之间，不再有汇聚点，也不再有区分点，因为它是存在，而我则是乌有。我与存在是并继续是严格地对立的，又是严格地相互混杂的，原因正是因为我和世界不属于同一个领域。我通过我本身的中心而绝对地局外于事物的存在——，又正是因此，我是注定地为它们的，为它们而造的。在这里，人们关于存在的说法和关于虚无的说法构成同一个说法，是同一个思想的正面和反面；我们亲眼之所见这样的存在的明晰影像——比如那些安静地、顽固地作为自身，驻于自身，绝非自我之物的存在——是作为缺席的和逃避的自我概念的补充甚至同义词。存在的直觉是与虚无的一种负直觉（négintuition）相互依存的（在人们所说的负熵的意义上），是与这样一种不可能相互依存的，即我们不可能把我们还原成任何这样的东西：意识状态、思想、自我甚或“主体”。[1] 这里，一切都是取决于人们借助它将能够思考否定性的严密性。将否定性作为“思想对象”来对待，或试图说出它之所是，并

1　我是完全局外于存在的，正是这一点使我向作为“绝对完满和完全肯实的”存在开放。《存在与虚无》，第51页，《新法兰西杂志》（N. R. F），1943年。

不是将它作为否定性来思考，而是将它当成一种更加微妙和灵巧的存在种类，而是将它重新纳入存在。[1] 思考否定性的唯一方法是认为它不在，而保护其否定性纯粹的唯一方法是不将它当作一个与存在不同的实体与存在并置，因为这立刻就会让它受实证性的污染，而是将它当作存在的唯一边缘用眼角看它，这种边缘作为存在可能缺乏的东西包含在存在之中——如果绝对的完满能够缺乏什么东西的话——更确切地说，把它当作是为了不成为乌有而对存在的呼唤，而且以此而被存在呼唤为存在的唯一补充，这种存在之补充是可以想象的，它既是存在的缺乏，也是构成缺乏本身的缺乏，因此是在填充的同时又不断加深着的裂缝。这是我眼前的东西，以及似乎用其实体来填充我之所是的空无者。实际上，这只杯子、这张桌子、这个房间都只在当没有任何东西将我和它们分离时，只在当我在它们中而不是在我自己中时，不是在我的表象中或思想中，只在当我是乌有时，这些东西才可感地呈现在我面前。然而，人们会说，由于我有这在我面前，因此我不是绝对的乌有，我是一个有限的乌有：这只杯子、这张桌子、这个房间都不是绝对的乌有；我的空无不是随便什么空无，而且至少在这个程度上，我的虚无是被充满的或是被取消的。事实上，我之在场的这种虚假的确定性只不过是更加深的或双重的否定。它无实有的重量，而且只是因为它是新的，它在总体世界中[突现?]，它才完全占据我的生命场，然而这也意味着它将要重新融入到世界中：再过一会儿，当

1 对于可能用来反对虚无观念的一切论据，萨特都一概接受：这些论据证明虚无就是不在，而这恰恰是它存在的唯一方式。

我说这些的时候，它可能已经消失，把位置让给另一个这，它可能会融化在剩下的世界中。它只是因为是转瞬即逝的、不断地被另一个这威胁着，才决定着我的空无。我称为它的力量和它的在场的东西，就是这种威胁极其微弱的中断，就是整体暂时的退却。它对我的“压力”，只是剩下的世界的不太确定的缺席，只是过去的这“曾经是”和未来的这“将是”的另一些否定的否定，一种将很快地在非现实中与这些这相汇的，并且将重新开始的否定。这样，填充裂缝，实际上是挖掘裂缝，因为人们扔入裂缝中的到场并不否认那些在其时间中曾经是或将是的否定，而且只在面对同样的紧迫命运时才移动它们。在场的完满本身在检验中自身显现为我们的构成性空无的第二能力。实际上的或原初的否定应该在它本身之中带有它所否定的东西，应该主动地成为它本身的否定：“在缺乏……的存在不是它所缺乏的范围内，我们在存在中领会到一种否定。然而，如果这种否定，以及所有普遍的否定的可能性不应该消失在纯粹的外在性中的话，它的基础就在于缺乏……的存在必然是它所缺乏的。这样，否定的基础就是否定之否定。然而这个否定-基础不是一种给定的东西，而是缺乏，否定则是这种缺乏的重要时刻：缺乏是正在存在的……缺乏仅仅是作为需要取消的缺乏，才能成为自为者的内在缺乏……[1] 虚无正是在同一的运动总体中挖掘和填充的。存在一种真正地思考否定的哲学，也就是说，把否定自始至终都思考为不在的哲学，这种哲学也是一种存在的哲学。[*] 我

1 《存在与虚无》，第 248－249 页，《新法兰西杂志》(N. R. F)，1943 年。

* 边注：虚无的命运和存在的命运是同一种命运，如果人们深入地思考虚无的话。

们由此超越一元论和二元论，因为二元论被推得如此之远，以至于这两个对立面不再处于竞争状态，而是相互依靠、相互共处。由于虚无就是不在者，"……知识消失在存在中：它既不是存在的一个属性、一种功能，也不是存在的一个偶性，然而有的只是存在……；在这本书的结尾，我们甚至可以把自为和自在的这种联系看作一种准总体性（quasi-totalité）固定的轮廓，我们将能够称这种准总体性为存在。从这种总体性的观点来看，自为的涌现不仅仅是自为的绝对事件，也是到达自在的某种事物，是自在唯一可能的历险：事实上，一切都显得好像自为通过消灭其自身而构成为'对……的意识'，也就是说，通过它的超越本身而避开自在的法则。在自在中，证明被被证所累。自为通过其自我否定成为自在的肯定。这种意向的肯定是作为内在否定之反面的……然而在存在的准总体性中，肯定到达了自在；需要被肯定就是自在的历险。而这种肯定不能不毁灭自己的自在存在，而作为自我的肯定而由自在来实施，这种肯定是由自为来实现；这种肯定作为自在的一个被动出神，让自在保持原状，但却在自在中和从自在那里得到自我实现。一切都显得好像自为有一种热情；这种热情自身也为了'世界'的肯定到达自在而消失。"[1] 从绝对否定哲学观点来看——它同时也是绝对肯定的哲学——所有古典哲学的问题都消失了，因为它们是一些"融合"和"结合"的问题，而在其所是和其所不是之间，融合和结合是不可能的，然而这个使融合不可能的理由，却使其所是和其所不是不能在没有另一半的情况下被思考。这样，唯心论和实在论之间

1 《存在与虚无》，第268－269页，《新法兰西杂志》（N. R. F），1943年。

的二律背反就消失了:真实的是,作为虚无化的"知识"只受它建立在其上的事物本身的支撑;知识不会影响存在,它不会给存在"增加任何东西",也不会"剥夺其任何东西"[1],它是其表面的"虚无的闪光"[2],——同时真实的是,仍然作为虚无化的知识——虚无绝对不为存在所知——把否定的,但却是原初的规定性给予存在,即它是"是其所是"的存在,被承认或确认的存在,是唯一可能具有意义的存在:"这个存在从四面八方'包围我',从它那里没有任何东西(rien)离开我,然而正是这个乌有(rien)使我离开存在,而这个乌有因为是虚无,所以是不可越过的……;自为是直接呈现于存在,同时在它和存在之间又滑进了无限的距离。"[3] 同样真实的是,事物永远不同于任何"思想对象"或任何"意识状态"的,事物是超越的,而认识事物的意识则由它向自己的呈现来定义,意识是由其内在性、在它之中的显现和存在之间的严格同一来定义的:意识是内在的,因为它是虚无化、空无、透明;它向超越的事物开放,因为这个空无惟有对事物来说才将是乌有,因为存在的意识总是充满着质的,它消失在它所消除的存在中,消失在可以说它对之没有任何原动能力的存在中,因为它属于另一领域。我对自己的领悟与我的生命共存,它是作为生命的一种原则的可能性的,或者更确切地说,这种可能性就是我,我就是这种可能性,通过它,我又是所有其他的可能性;不过,这是一种虚无化的可能性,它没有触动我具体的存在的绝对现实,就像它没有触动所有存在的绝对现实那样,而

1 《存在与虚无》,第 232 页,《新法兰西杂志》(N. R. F),1943 年。

2 同上,第 268 页。

3 同上,第 269-270 页。

且，只要我没有通过反思来关注它，它也没有触动我生命的晦暗；作为我的存在的经验的我思，是前反思的我思，它不将我的存在当作放在我面前的客体；借助于我所处的位置，而且在所有反思之前，我通过我的境遇触到了自己；通过反思回到自身，我不知道自己是虚无，我只相信事物。正是因为，当我有更多自己的特性时，我是乌有，是永远不使我离开我自身，然而也使我注意我自身的乌有，我才是在事物中出神的。如果否定性被承认为它之所是，[1] 如果我们对它实施负知觉，在非反思和反思之间，在知觉信念和思想的我的思想的内在之间就不再有选择：成为乌有和居于世界中是一回事；在自我的知识和世界的知识之间，不再有何为在先，甚至不再有何为观念的在先之争论；尤其是，世界不再建立在作为联系者联系其上的"我思"之上；我只远远地是我之所"是"，是在那儿，在这个身体中，在这个人中，在这些思想中是，而它们是我推到我前面的，并且离我最近；反之，我像和自己相拥那样与不是我的这个世界紧密相拥，从某种意义上说，世界只是我的身体的延伸[2]；我有充分的理由说我是世界。唯心论和反思的痉挛消失了，因为知识的关系是以"存在的关系"为支撑的，因为对我来说，存在不是停留在同一中，而是将可识别的东西带到我的面前，将存在着的什么带到我的面前，我在其中没有增加任何东西，除了"所是之原样"的

1　也许应该说"为了它之所是"。

2　正如柏格森在《两个起源》中所言："我的身体一直可达到星星。"（《道德与宗教的两个起源》，巴黎，阿尔坎出版社，1932 年版，第 277 页："如果我们的身体是我们的意识应用于其上的质料的话，那么它和我们的意识就是共存的。它包含我们知觉的一切，它一直可达到星星。"）

小小的对偶之外，——而且，这个从原初存在到被确认的存在或到其真理之间的过程仍然是外在存在——通过其外在性质本身——的深处所要求的，同时，我所是彻底的否定则要求否定自身。

如果我们现在思考知觉信念另外的确信：我们进入了他人所知觉的同一个世界，这里的问题是确信怎样被翻译进真正否定性的哲学中的。我之所见不是私人世界意义上的我的。桌子从此就是桌子；甚至与我的身体的位置相关联的那些我对桌子的各种视点都只是存在的部分，而不是我自己的部分；甚至和我的心理生理构成相关联的桌子的面貌——它特殊的颜色，如果我是色盲而且它被漆成红色的话——也仍然是世界体系的一部分。在我的知觉中，属于我的就是它的空白，但是如果在这些空白的后面的事物本身不将它们当作空白的话，这些空白就不会是空白，因此，要构成知觉的"主观的"形象，最后只剩下人们在说我们按照它之所是看到了它时表达的东西的再次重复。假设现在我前面有另一个人在"看"我称为"桌子"的东西。在我的视野中的桌子——这桌子不是我的思想之一，而是桌子自身——和这个身体、这个目光之间，一种联系就形成了，这种联系不是唯我论分析所给出的联系中的任何一种：他人观看事物的目光既不是被自己所带走以及向事物开放的否定，也不是正通过我给予它的空间而把自己完全置于阳光之下的处于同一性的暗夜之中的事物，或者其完满性正在借助我在它周围营造的空无而自我消减的事物。因为他者投向事物的目光对我来说，对它的外部见证来说不是乌有；这样的话，无论如何，它不是我对我所是的乌有那样的乌有；它没有我所拥有的将事物一直推向它们的真理或意义、按照"它们之所是"来理解它们的能

力。他人对世界的知觉总是给我留下一种盲人触诊的印象，当他们说出的关于世界的某种东西和我们关于世界的东西相吻合时，我们很吃惊，正像当一个幼儿开始“理解”时我们为之惊讶一样……而相应地，他人目光下的事物不把目光当作对它们存在的确认，不把目光当作把它们造成为真正和确实的事物的东西。他人看到的总是我的事物，他人和这些事物之间的接触不会将它们归于他们自己的世界中。他人对世界的知觉不能和我对世界的知觉竞争的：我的情况不能同化为他人的情况的，我从内部经历我的知觉，而从内部，我的知觉就有一种不可比的本体发生。我具有的这种进入事物，因而超越我的私人意识状态的能力，由于是从内部来经历的知觉所特有的，也就是说是我的知觉所特有的，因而，恰恰在我认为自己摆脱了唯我论的时候，又将我引回了唯我论(这次是先验的唯我论)。这种本体发生的能力变成了我的特性。然而，即使在这方面，局外旁观者的介入也不会让我和事物的关系保持原样。局外旁观者进入“原样之所是”的世界，一个行为或私人生活的次级世界的同时，其介入检验我对存在的忠诚，质疑我所僭越的代表所有人思考的权力，它在言词上抓住了我的慷慨，要求我遵守我在承认我是乌有并且是被存在超越的时所说的诺言。他人观看事物的目光，就是要求其自身的责任，要求我承认我和它的关系要经过事物的存在。我仍然是本体发生的唯一见证，他人不能在为我的存在的明证性中增加任何东西。在他人介入之前，我已经知道存在完全不依赖于我的意识状态；然而我之所是的乌有和我看见的存在仍然构成了一个封闭的领域。他人观看事物的目光是一种第二次开放。在这种我之所是的开放中，这是涉及唯我论领

域的探究，这是一种我之所是的乌有和存在之间的间隔的可能。我仍是唯一的自我(ipse)；他人只要他不说话，就仍然是我的世界的居民，但是他又很急切地提醒我说自我(ipse)是一个乌有，提醒我说这个匿名者不为他自己演戏，而为X演戏，为所有预定要参与其中者演戏。他们进入舞台只有一个条件：他们能够作为否定性的其他焦点呈现在我面前。确实，人们看不到他们如何能够满足这个条件，因为他们是在我面前、在存在旁边的。然而，如果人们不能清楚地看到他们如何能够出现在世界中，如果我的视角的特权表现为绝对的特权，我的知觉表现为不可改变的，那我只能临时地获得这种特权：这种特权不是专留给我的"主观"系列的特权，可以说为了我经历的世界也可以有其他人参与，我创造了一切取决于我的东西，因为我只能作为不会拿走世界任何东西的乌有时才显示出来，因为我把我的身体、我的表现、我的思想置于世界的场中，因为一切被人们称为自我的东西原则上都是向陌生的目光显现的——如果它愿意显现的话。

它将显现吗？它不能在事物中显现。不论普通的看法是怎样的，我都不是在他们的身体中，也不是在任何地方观看他人的。他者的目光不是从空间的一个点上出发的。他者通过切割或分身的方式产生自我的身边，就像《创世记》所说的那样，第一位他者是由亚当身体中的一块东西做成的。然而如何设想一个乌有是能够分身的呢？人们怎样能对乌有进行区分呢？这个问题仅仅表明我们忘记了我们的原则，我们忘记了虚无就是不在，我们是通过负直觉(négintuition)才理解虚无，并将它做作为存在的反面来理解的。如果能够有多少存在，那么就会有多少虚无。问题不在于知道人们怎样对虚无进行区分，因为，在同一的意义上说我是虚无，就是在积极的意义上说我就是我的身体，就是我的境遇，回到问题真正的术语，那么，问题就在于知道是否能够不仅仅有一个身体、一个境遇。然而用这种术语来提问的话，问题立刻就得到了解决：确实，我在我的境遇中肯定永远找不到其他境遇现实存在的证据（以及这些境遇的拥有者，这些拥有者也使存在存在，像我所做的那样），然而，如果我的境遇能够证明这一点，那么，它就将证明比它所应证明的更多的东西，因为他人的存在来自我的存在。人们所能够问的就只是，我的境遇——这个离我的构成性虚无最近的存在区域——对于我来说不是我的目光所俯视的一切之内的一个客体；有某种——如笛卡尔所言——特别的权力，通过这个权力，我把它称为我的境遇；这个境遇是我首先要接受的存在区域，通过这个区域我接受剩下的一切；我和它之间有某种特别的联系；它限制了我的目光的普遍性，以至于我观看存在的目光与存在不共存，我所见之外的地方是被他者的所见所标出的，如果他者到达了的话。然而，境遇概念和虚无的负直觉概念中已经包含着这些：如果我是乌有，如果为了达至世界我特别地依赖于存在的一部分，那么，由于这个部分没有就此停止为外面的，也没有就此不再受制于穿越世界的行动，而且由于我没有被告知有这些行动，因此存在着我要将其后果当作原初事实的东西；我的境遇对我的目光是不透明的，它呈现一些超出我的形态，而投向这些形态的外在目光（如果有的话）就会有更多的光亮。我在总体中之所是超出了我为我之所是，我虚无的普遍性只是我这一方面的推断，因为它只有通过我的境遇才生效，一种包含境遇的外部目光也将包含我的虚无。如果我

能够完整地思考我的非存在之非存在(non-être),我将承认,为了真的是非存在,这种非存在为了我在总体中或事实中之所是而放弃了自己。这样一来,一切都准备好了,但不是为他人的经验——我们看到他人的经验不是确实可能的——不是为他人的证明,这会由于使他人必须从我出发而违背自己的目标——而是为我在存在内的消极性的经验,这种存在不是由于能够独自封闭我的虚无,而是由于它至少包括了我的虚无事实上所标榜的所有属性。既然仅仅由于它们是我的境遇我就不可避免地同一于这些属性,既然存在存在而虚无不存在,我就在此被暴露、被威胁。这种可能性的实现,事实上被羞愧经验所证实,或者被我被还原到我的境遇中的可见物的经验所证实。不存在他人的肯定经验,但存在——在我自己的可见部分中显露的——我的总体存在的经验。对反思来说,我们——他人和我——不能共同拥有一个在量上是同一的世界,我们只能在我们思想的共同意义和观念性的未分状态中会合。相反地,如果我们完全依从负直觉的推论,我们就会明白我们先验的存在和我们经验的存在是怎样互为正反的,由此我们就会明白我们是可见的,我们不是我们之所是之全部原因,世界不仅仅是我们的私人的本体发生的界限,而且是当我们用以其方式而为世界之一部分的目光扫视了这个世界时就已持有我们者。从我知自身这样强的知的意义上看,我不知他人,这样我就不能自吹和他人一起参与到了完全同一的世界的思想中;然而我对世界的知觉感到有一个外在的东西,我感到,在我的可见的存在之表面,我的飘忽消失了,我变成肉身了,我感到在我所是的这个惰性的末端,存在着另一种事物,或者更恰当地说存在着另一个不是事物的它者。

这个它者不驻于任何地点，但却以梦的或神秘的无所不在存在于我周围的每一个地方：因为它不完全是自我（ipse）——我独自地是——它也不存在于我称之为存在的构成（tissu）中，它包含这种构成，它是一种不来自任何方面的目光，因此它包裹着我，从四面八方包围着我和我本体发生的能力。我很清楚我是乌有，清楚这个乌有是为了存在而消失的。我仍然需要从他者那里得知这种牺牲本身不足以与存在的完满相等，我根本的否定还是不完整的，只要它本身不是从外部被否定的，不是被一种局外目光置于存在之中的……然而同时，由于虚无没有任何等级之别，所以他者的介入不可能就我的虚无告知我任何东西、我对之绝对一无所知的虚无。唯我主义的存在已经自在地是绝对的者，并由于他者的出现而成为自为。我已经有在自在之暗夜中构造超出自我的不可进入的他人的私人世界所必须的东西。他人观看我的目光的经验只能延长我这样的内在信念：我是虚无、只作为世界的附庸而活着、只生活在身体和境遇中。因此，总体来看，严格的关于负直觉的哲学解释私人世界，但不将我们封闭在其中：确切地说，没有世界间性（intermonde），每一个存在都驻于自己的世界中，只根据自己的观点来观看，只从自己的境遇出发进入存在；但是，由于每个存在者都是乌有，他与其境遇及其身体的关系是一种存在关系，他的境遇，他的身体，他的思想就不构成为它和世界之间的屏障；相反，它们都是通向存在关系的载体，在这种关系中，第三方的见证者可以介入进来。它们的位置在我的私人世界的空隙处被提前标出了，因为我之所是的“乌有”需要存在的总体性以便完全自我实现，因为很明显我的境遇、我的身体、我的思想只是这种总体的一部分。当

意识的或反思的哲学只能通过将对世界唯一性的知觉信念还原为世界同一性的意识，将幻觉变为一种简单的缺乏而证明这种信念时，否定的哲学则完全认可知觉信念的声称，即通过属于我们的各种视角向我们开放一个从数量上将是一个，并且是大家所共有的世界，因为作为最根本否定的唯一自我(le solus ipse)，是预先向超出了其所有视角的背景世界开放的，因为“巨大的妖魔”心里确信，如果他遇到什么人，建立一个家庭，他就做好了他的视角和大家的不一致的准备，而且他有超越自我的行动。对于反思哲学来说，理解一种构成性意识怎样能够提出另一个与其相等的——由此也是构成性的——意识——是一件无法克服的困难，因为第一种构成意识应该立即进入被构成者的行列。困难在于它们二者都被构想为离心行为和精神综合，人们看不到它们怎样能够回溯到其源泉。相反，对于否定哲学来说，这正是自我(ipse)附着于一种事实境遇或将这种境遇当作其与存在之间的联系的定义本身。这种外部既在其特殊性中肯定这种联系，同时又使它在他人眼里成为可见的部分存在，同时还将它和整个存在重新连接。对反思哲学来说是一块绊脚石的东西，从否定的观点来看，就成了解决方案的原则。确实需要准确地思考否定性。

否定思想最终满足了我们开始所说的知觉信念的第三个要求。我们说过，在所有哲学之前，知觉就已经相信它必须同一种混杂的总体性打交道，在这种混杂的总体性中，一切事物、身体和精神，都是在一起的；知觉称这种混杂的总体性为世界。在这里，反思仍然只有在摧毁了我们经验过的东西时才能达至它的严格：它用对等的意识整体来替代世界的混杂，这两者中的每一个都各自遵守自己的法则——如果法则是由同一个钟表匠调校好了的话——或者它们中的每一个都遵守对它们来说是内在的普遍思想的法则。从否定哲学的观点出发，意识的共时性是由它们共同属于存在所给出的，任何意识都没有这个存在的密码，但它们又都遵守这个存在的法则；或者我们最好不说存在一种共时化：而是每一个意识都感到自己是与另一个相混杂的，并且存在一个相汇的地方，这就是存在本身，我们中的每一个都通过其境遇参与其中的存在。“只有存在存在”：每人都感到自己被给予了一个身体，被给予了一种境遇，通过身体和境遇又被给予了存在；他对自身所知的一切在他感到他人令人吃惊的力量的瞬间就都进入到他者那里去了。于是，每人便都意识到自己和他人是在世界中注册的。他所感，他所经历，他人所感，他人所经历，甚至他的梦和他们的梦，他的幻觉和他们的幻觉，都不是小岛，不是孤立的存在碎片：通过我的构成性虚无的基本要求，这一切都属于存在，它有确定性、秩序、意义，有理解它的方法。即使我现在之所经历都显现为幻觉，对我的幻觉的批评也不会简单地将我的幻觉抛到世界之外去，而是相反会向我指出其位置，指出其相对合法性以及其真理。如果虚无是注定属于存在的，那么我作为虚无的呈现就是总体性的和一致性的一种需要，它假设到处涉及的都是同一个存在……一切部分的东西都要被整合为一体，一切否定事实上都是确定，而自我的存在，他人的存在和自在存在都是同一存在的碎片。否定主义如果是严格的、绝对的，它就应该是一种实证主义。使一个这得以在我的生命中显现或使这个生命在世界中的活动只是否定摧毁自身的

否定的顶点而已。如果一个真正被构想为虚无的虚无想以此摆脱存在的污染,并拒绝与存在并列而构成一个整体,同时它就会要求是一切,就会在整体要求中支持存在,并通过对赞同和反对的颠倒而参与到存在中。当我们超越了最初的思考,超越了存在和虚无的根本区别,超越了抽象的和表面的分析,我们就会在事物的中心发现这些对立面是如此具有排斥性,以至于它们中的任何一方离开了另一方就只是一种抽象,存在的力量依靠着作为其同谋的虚无之虚弱,自在的晦暗是为了普遍的自为之明晰,如果不是为了"我的意识"之明晰的话。著名的本体论问题"为何存在某物而非存在乌有"将由于下面这个选言而消失:不存在某物*而不是不存在*乌有,乌有不会占*据*某种物或者存在的位置:虚无不存在(在否定意义上),而存在存在;这两者之间的相互恰当的嵌合不再给问题留下位置。当人们没有想到否定时,一切都是晦暗的;当人们否定地思考这一切时,一切是都明晰的。因为这时,人们称之为否定的东西,人们称之为肯定的东西显现为同谋,甚至在某种程度上显现为等值的东西。它们"以沉寂喧嚣"那样相对;世界就像从飞机上看到的海浪,它似乎是静止的,由于它扩展成了一条线,人们突然明白了,从近处看的话,它是流动的活水,而且还明白,从足够高的地方看,存在的广度从来不会超过虚无的广度,世界的喧嚣也不会超过其沉寂。

在某种意义上,否定思想给我们带来了我们一直在寻找的东西,终结了我们的探索,并把哲学置于死地。我们过去说过哲学需要在反思前与存在有一种接触,使哲学本身成为可能的接触。对虚无的“负直觉”就是将反思和自发性当作某种程度的等值的哲学态度。如果说我真的理解了虚无不存在，而且这种不存在是它特有的存在方式的话，我就同时知道不需要将虚无并入存在，虚无永远在虚无处，作为否定性，我总是在一切事物后面，我自己的见证者的身份把我和事物分开，我总是能够悬搁我对世界的附着，以便对世界作一种思考，——然而这种对世界的思考是乌有；在这种向我自己的回归中，我找不到以世界将是其结果的一些前提，相反找到的是我的意识为其结果的前提；我的意向本身是空无的，它们只是我的空无向存在的逃离，这种逃离的方向和意义属于存在；我们的重建或重构由于世界最初的明证性中断了，这个世界向我们指出了它的各种关联。我在“自身中”发现的总是对这种原初呈现的参照，而所谓回到自身就是走出自身。对于那些从否定的纯粹性上来思考否定性者来说，不能有两个活动：离开世界和通过反思的重新发现；不能有两种态度：一种是自然的对事物的注意，一种是哲学的对事物意义的注意，这两种注意都保留着转变成另一种的可能性；存在着存在的知觉和虚无的不可知觉，这些知觉和不可知觉是相互并存的，并且是同一回事。绝对的否定主义——也就是说从否定的根源性上思考否定——和绝对的实证主义——也就是说在存在的完满和自足中思考存在——完全是同义的，它们之间没有哪怕是最微小的差异。说虚无不在和说只有存在是同一回事，换句话说，人们在存在的事物里是找不到作为事物之一的虚无的，于是，虚无就必须依靠事物，虚无不多不少正是使事物不是由于自己而单独存在的东西，使事物为一个整体，使事物为一个唯一的存在的东西……一种观点认为，存在和虚无是绝对对立的，另一

种观点认为，由其定义而与自身同一的存在本身，卓绝地包含着与虚无（它的存在被承认，它的否定被否定）的关联，这种关联建立起来过，被割断过，又被重新建立起来了……这两种观点其实是同一种观点；作为绝对对立的存在与虚无是不可区别的。正是虚无的绝对不存在使它需要存在，因此使它为不可见的，除非在“非存在之湖”的、相对的和局部的非存在的、世界中的起伏和裂缝之显象下。正是因为存在与虚无，是与否不能像两种成分那样混合在一起，所以，当我们看存在时，虚无就立刻在那里，而且不是在边缘中，像我们视野周围的非视区域那样的边缘，而是在我们所见的整个广度之上，作为安置虚无以及把它当作一个场景置于我们之前的东西之上。严格的否定思想是无懈可击的，因为它们也是绝对肯定的思想，因此已包含着人们能用来与之对立的一切。它既不能被当作缺乏什么，也不能被当作简短的思考。

然而这是否因为它是不可把捉的呢？否定的思想始于存在和虚无的绝对对立，而终结于指出虚无以某种方式内在于存在——这是唯一的世界——之中。应该在什么时候相信它呢？是在开端还是在结束时相信它呢？我们将这样回答：这两者是一回事，没有区别。然而在下面两种不同意义上的存在之间确实是有区别的：一个是狭义的存在，人们的思考始于这个存在，它在其所有的范围内都是绝对排斥虚无的，而且如果虚无需要被命名，它就需要这个存在；另一个是广义的存在，人们最终通向的就是这个存在，在某种意义上，这个存在包含着虚无，它为了完全地成为存在，为了成为“原样的”存在而呼唤虚无。这两种活动——即虚无呼唤存在的活动，和存在呼唤虚无的活动——并不融合为一：它们是交叉的。

根据第一个活动，存在是否定之否定，它有一个虚无的基础，它是知识的一个属性；根据第二个活动，虚无最终是重复的状态，是状态的状态，它有一个存在的基础，知识是存在的一个属性。在第一种活动中，存在是从虚无的角度被思考的。在第二种活动中，虚无是从存在的角度被思考的。在这两种情况下，即使人们达至了一种同一，在第一种活动中，这个同一也是为虚无而产生，在第二种活动中，这个同一也是为存在而产生，而这两种活动不是同一的。让我们逐一对之进行检验。

人们可以首先从纯否定出发进行思考。人们指出，在存在问题上自问的我是虚无。人们根据这个断言来定义我之所是的反自然(anti-nature)：我是没有本质(nature)者，我是一个虚无。这种概念的或语词的划定只不过是分析的第一阶段，但这个划定对接下来的分析是必不可少的，它支配接下来的分析，它引发结论本身，这是完全相反的结论，否定思想将要达至的相反的结论，它预先将诸结论的意义置于确定的真理的领域中而共同确定诸结论的意义，而在这种真理中，对立双方相互排斥，而不是相互包容。通过提出虚无不在，非存在是虚无的存在方式，虚无自始至终是非存在，否定思想注定要将存在定义为绝对的完满和临近，它断定存在是在的。因为对存在进行追问者是一个乌有，一切就应该是绝对处于它之外的和远处的，人们不设想这种远离的远近，这种原则上的距离的远近。一劳永逸地被定义为乌有的追问者置身于无限中，它从那儿看到了各种事物是绝对等距的：在不在者面前，这些事物没有任何差别地都属于绝对的存在、完满和肯定。因为否定性是建基者，被建基的存在就是绝对的肯定性。人们甚至不能说

在这里有推论:虚无的负直觉已经是存在的当下在场。哲学家被认可的命名他之所是的这个虚无的权力,和存在中的这个裂缝相一致的权力已经是定义存在的同一性原则的一种变异。从纯否定出发进行思考,这已经是决定根据同一性来思考了,人们已经在同一中了,因为乌有不能把它限制在它的领域中,并且将必须走到其自己的界限的这种否定性,将也是并彻底地是其自身的否定,并由此以纯存在显现的形式,宣告自己。否定思想中有一个陷阱:如果我们说否定存在,那么我们就摧毁了它的否定性,不过,如果严格地坚持说它不存在,我们仍然把它提升到了某种肯定性那里,我们仍然给了它某种存在,因为它完全彻底地绝对是一个乌有。否定成为某种性质正是因为人们将它限定在它的否定和逃逸能力中。否定主义思想完全也是肯定主义思想,并由于以下这一点在这种转变中保持为同一:它在考虑虚无的空无或存在的绝对完满的同时,完全不知道层面的厚重、深度和多样性,以及世界的背景(les arrières-mondes)。否定思想从虚无出发,将存在设定为绝对的完满和肯定,甚至宣称只有存在存在,而且在某种意义上存在呼唤和包含虚无时,它并没有重新引入它从方法论上首先可能排除掉的因素,它没有走近具体,它没有依据整体的关联,它只是用一种反抽象化来抵消抽象化。应该承认这种纯否定呼唤纯存在,但是人们这样远非为哲学找到一种立场,在这种立场中,自我意识不会损害事物的超越性,人们是使自我意识和事物结合起来,人们在增加困难,因为很明显,纯否定只是在原则上存在,现存的自为是处于一个身体中的,这个身体既不在外也不在内,而是介于自为和自身之间的——纯存在一样也是不可能在任何地方被找到的,因为所谓的事物很快就被揭示为显象，而且，这些交替出现和相互敌对的形象不能被理解为唯一的存在的形象，没有存在程度、没有深度结构的存在的形象，因为为了成为肯定的和完满的，这个存在应该是平面的，并由此保持其所是，超出了我们被限制在其中的暧昧。人们通过对存在和虚无的分析，只是在显象层面使内在的意识和存在的超越联结起来：不是存在是超越的，超越的是通过某种放弃将存在置于一个胳膊之远的我；不是世界是厚重的，厚重的是足够灵敏而使它存在于那里的自我。人们在这里从虚无过渡到存在，从那里又到按“其所是”认识存在的虚无的存在的出神(ek-stase)的过程中，实际上并没有什么前进和综合，没有改变最初的反命题：人们将最初的仍然是在字面上有价值的，并总在引发对存在的整体观的分析推向其极限。存在对虚无的呼唤实际上是虚无对存在的呼唤，是一种自我否定。虚无和存在总是绝对的它者，正是它们的相互孤立把它们连在了(unit)一起；它们不是真正地统一(unis)，它们只是在思想面前更快地交替出现*。由于自为的空无被充满了，由于人不是当下出现在一切面前的，而是特别地出现在一个身体面前，出现在一个境遇面前，并通过身体和境遇而出现在世界面前，所以，人们承认在自为中有一个非反思的存在的深度，承认反思活动是第二位的；人们谈论前反思的我思，然而，这个词的模糊性也传达着一种思想的模糊性，即：这种思想能够或者保持它自身，或者在自在之夜中自我否定，而不能在它自身中发现惰

---

* 旁注并括号：我说过“虚无不存在”和“存在存在”是同一个意思——而且虚无和存在不是统一的。把这两种说法联在一起：它们不是统一的，正是因为它们是两个矛盾体——暧昧性——中的同一个东西。

性：前反思的我思，这是不是我们之中比引出它的我思和反思更加属于我的某种东西呢？或者是不是根本上先于我们，在我们说出它之前——因为我们是思想——自我宣告的我思呢？如果我是乌有，那么第一种假设就被排除；而第二种假设在问题是理解我的生命怎么能对自身不透明时将我的虚空还给了我。研究的进展不能改变我们关于存在与虚无的观念，只要人们从存在的意义和虚无的非意义(non-sens)出发进行思考，这种研究就只能揭示它的未被注意到的蕴涵：即使解释在表面上颠倒了各种看法，这种颠倒也不是实际的，一切都是在这种实在与这种否定性中间发生的，而且，人们说要在虚无中经历什么的存在仍然是纯自在，仍然是绝对的肯定；存在只是以此才认知这个经历；而且，这个纯粹的自在从一开始就注定要被认识的，因为它显现为否定的自我否定。不存在不断被改变和被超越的对自我和存在的原初理解，从赞成到反对的反转是原初反命题的另一种形式，这种反命题不是停止在自身，而是相反进行自我更新。因此，纯否定的或纯肯定的思想是一种俯瞰式思想，它思考本质或本质的纯否定，思考有固定意义并且它所拥有的术语。萨特确实说过，在他的书的结尾，将可以转到存在的更广的意义上，这个存在包括存在和虚无。然而，这并不是原初的对立被超越了，相反，原初的对立仍然保持着它所有的严格，而且正是原初的对立证明着对立的颠倒，并在这种失败中赢得了胜利；为了存在能够存在而自我牺牲的自为之欲望仍然是自身所进行的自我否定。不言而喻的是，这本书从头到尾谈论的都是同一个虚无，同一个存在，而且唯一的旁观者是发展过程的见证者，这个旁观者不处于这个过程中，由此，这个过程是虚幻的。否定主义的或肯定主义的思想重新发现了反思哲学的一个假设，即：反思的任何结果都不能以回溯的方式危及进行反思者，也不能改变我们所构成的他的观念。如果人们从纯否定出发，事情就不可能是另样的：由于否定永远不会接收任何东西到它自身，即使人们发现它需要存在，它也只是在存在作为不改变它的远距离外在环境时才需要它。它将把存在当作纯景观或它要成为的那个东西置于自己周围，它将把存在提升至真理或意义，而它自己却将像过去一样仍然是虚无，它对存在的忠诚将证实它是虚无。

否定主义的（或肯定主义的）思想在虚无和存在之间建立了大量的一致，既稳固又脆弱的一致：说它稳固，是因为它们最终是不可区分的，说它是脆弱的，是因为它们到最后仍然是绝对对立的。正如心理学家们所说，它们之间的联系是不稳定的。每当理解虚无如何在自身中接受存在时，这种不稳定就会表现出来；于是，就不像我们刚刚所说的，仅仅在涉及理解我们的具体体现时，这种不稳定表现出来，而且在涉及理解我怎么能够设想他人对我的观看时，或最后，设想我们对世界的共同归属时，这种不稳定性就会表现出来。人们总是试图通过自为的否定性的纯洁来理解他对同类的认知：因为我不是任何事物，而且仍然还必须是这个空虚，必须使它在世界中存在，我就从我这里再次据有我的身体和我的境遇，以及他人的目光——我看到它落在了对于它来说是外在的我身上。对我来说，没有他人的活动和呈现，而是存在着我认识到与我相关的我这方面的消极性和异化的经验，因为作为乌有，我必须成为我的境遇。那么说到底，联系仍然处在作为虚无的我和作为人的我之间，而且我和他人不相干，我顶多与一个中性的非我相干，

与我的虚无的广泛的否定相干。我被他人的目光拽离了我自己，然而他对我的影响力量正好又是由我对我的身体、我的境遇的允诺程度决定的，只是因为我自我异化，他才有异化的力量。从哲学上说，没有什么他人经验。与他人的相遇被思考不要求我对我自己形成的我的观念进行任何改变。相遇把一切从我开始就已经是可能的东西现实化。相遇带来的只是现实的力量：即由我准备的，我持有其原则的允诺，但仅仅是其原则的我对我的身体和我的境遇的允诺，因为人们自己设定的消极性不是现实的——这时却突然地实现了。萨特说，与他人的关系（很明显？）是一个事实，没有这个事实，则我将不是我，他人将不是他人；他人事实上存在，他人事实上只为我而存在。然而，就像“存在存在”不在“虚无不存在”上增加任何东西，承认存在的绝对完满性和肯定性丝毫不会改变虚无的负直觉一样，一下子就将我定格的他人的目光也不会给我的世界增加任何新的维度，它仅仅向我证实我从内部所知的内在于存在中的东西；我仅仅知道我的世界周围有一个普遍的外在，就像我通过知觉知道知觉所照亮的事物在知觉之前就已存在于同一性之夜中那样。他人是陷入存在中的经验形式中的一种……可以肯定，这个分析有它的道理：在我真的是乌有的所有范围内，他人只能作为外世界，作为目光来自于其中，而我独自感觉到它对我身体冲击的外世界而出现在我面前，在我是思想、意识的整个范围内，我都只有被迫通过它才能进入世界，其他的意识、其他的思想永远只能是我的思想的复制品或姊妹。我永远只经历我的生命，他人永远只是他人的自我。然而，这种唯我主义，现象的这个方面，与他人关系的这种结构是否是其全部甚或本质呢？它只是它的一个经验的变体*——与他人的不稳定的或可变的关系——在其中，分析还将发现正常的、标准的形式，在特殊情况下从属于歪曲的形式——这种歪曲形式将他人变成一直缠绕人的匿名的、没有面孔的、普遍的他人。

让我们甚至假设他人是我感觉到落在我身上的、将我定格的目光的某个拥有者：说这种目光是由我从内部所准备的，说作为虚无的我通过从我这里据有我的身体、我的境遇、我的外部而暴露在这种目光下的，说归根到底他人是我陷入存在的限定情况时，并不能在现象的阐明中前进一步。因为只要嵌入存在的是我，那么嵌入和被嵌入之间就保持着距离。不是他人的目光——他人的目光正是在这里带给我的新东西——将我的存在和我的虚无全部包含。这就是何以与他人的关系不依赖任何内在可能性，也是何以不得不说这种关系是一个纯事实。然而，尽管这种关系是我的事实性(facticité)的一部分，尽管它是不能从自为出发推演出的一个相遇，仍然是它为我提供了一个意义；这不是让我大为吃惊的无名灾难，而是某个他人的入场。我不仅仅感到自己被惊呆了，我是被一个目光惊呆了，而且，比方说，如果注视我的是一个动物的话，我对此经验的反应就会轻微一些。于是在他人的目光中就有某种东西在告诉我这是他人的目光，他人目光的意义远远没有在它投射到我身上的炙热中燃尽。应该有某种东西告诉我说我是完全

* 这一句话的开头所接的前一句话明显地被不完全地修改过。这句被删改的原话是这样的："然而问题在于知道否定主义或肯定主义思想是否揭示了现象的这种外表以及与他人关系的这种结构，是否理解了它们的全部甚或本质。我们认为它只能在原则上理解它们的一个经验的变体。"

地——作为存在与虚无——牵连到了掌握着我的知觉中，这种东西还告诉我说他人知觉到了我的灵魂和躯体。于是通过把模糊的关系构成为与他人关系的标准形式，通过把我所遭遇到的对象放入近景，人们并没有避免掉通过外在的自我性来承认自我性的肯定知觉：模糊关系返回到其自身和其条件。换句话说，否定思想完全能够在否定之否定上面建立所有立场，在离心关系上建立所有向心关系：这样一个时刻到来了——无论涉及普遍存在还是他者的存在——在其中，否定之否定凝结在这的简单性中：那里存在着事物，这里存在着人；这些事件是比自为的基础更基础的东西，从此，自为的否定权力就来自这些事件至高无上的肯定性，我的知识只认同已经在自身的存在，只与它"之所是"相遇，同样，不是我的羞怯构成了他人存在的所有意义，相反他人的存在是我的羞怯的真实理由。最后，如果我们不仅仅考虑我和唯我主义的存在的关系以及和他人的关系，而且也考虑我们大家都关注的，充满着他者的——这些他者相互知觉并知觉世界，我知觉的也是这个世界——存在之间的关系的话，否定主义思想就再一次面临二择一：或者继续坚持我是虚无，存在是纯粹肯定的定义——在这种情况下，我们前面就没有作为整个自然的、人类的、历史的以及包括我在内的世界，否定只是在存在之表面的闪烁，而存在的硬核只在人们抹掉了它的所有的可能、所有的过去，所有的运动，所有出自于我而非出自于它的想象的或幻觉的属性之后才会出现；而如果人们不打算将存在驱逐回空洞的纯肯定领域，不打算将构成了我们经验的所有内容的东西归于自为，那么，根据否定性的活动本身，当它将对其自身的否定进行到底时，就应该将大量否定属性和变化、生成以及可能并入存在。和往常一样,同一的否定主义思想在这两个形象之间游移不定,既没有能力牺牲它们中的任何一个,也没有能力将它们聚在一起。否定主义思想就是双重性本身,也就是存在与虚无的绝对矛盾与统一,就是柏拉图所说的"腹语"思想,这种思想总是在假设中肯定或否定它在论断中否定或肯定的东西,并且作为俯视的思考总是否定虚无内在于存在和存在内在于虚无。

反思哲学如果不想不了解自身,就会被引导在所有反思之前去探究先于它的东西,探究我们在自身之内和自身之外与存在的联系。然而,原则上它只能作为这种反思前的一种反思才能构想这些,因为它是在诸如"主体"、"意识"、"自我意识"、"精神"这样的概念的统治下发展起来的,而所有这些概念甚至以很纯粹的形式出现,都包含着思想对象(res cogitans)的观念,包含着思想确实存在的观念,因此,结果是非反思的内在性来自于反思。于是我们就自问,否定哲学是否能将非思的原初存在归还给我们而不涉及我们的反思能力:一种什么也不是的主体性同时存在于存在的当下呈现中,以及与世界的接触中,而且人们想它离自身有多近就有多近,因为它的任何不透明都不能使它与自身相分离。然而,对存在和虚无的这种分析还是留下了一个麻烦。它原则上将存在和虚无绝对地对立起来,把它们定义为相互排斥的,然而,如果它们是绝对对立的,那么它们就不是通过任何属于它们自己的东西来定义的;当其中一个被否定时,另一个就没有被否定;它们中的任何一个只能是对另一个的排斥,而总的来说,没有任何东西阻止它们

交换角色：它们之间持续着的只是割裂；尽管它们彼此是完全二择一的，它们还是共同构成了一个唯一的思想世界，因为它们中的任何一个都仅仅是在另一个面前的隐退。为了思考总体存在——总体存在因此也是不缺乏任何东西者，存在之全部——，在它之外，应该有一种非存在的边缘，然而这种被排除在整体之外的边缘阻碍它成为整体；真正的总体应该也包含这种边缘，——这是完全不可能的，因为它是非存在的一个边缘。这样，如果存在和虚无是绝对对立的，那么它们就是在某种神秘的超存在（Sur-être）中融合，因为要求这样做的力量就是它们的绝对排除。这就是我们走过的循环，它将绝对对立引向同一，但这种同一仅仅是对立的另一副面孔——人们或者在什么是是和什么是不是的对立中思考它们，或者相反，人们通过把存在当作重复的否定，或当作完满的肯定性（如此完满以至于它内在地包含了虚无给予它的确认）而使它们成为同一；这些关系之间没有发展、转变以及不可逆转的顺序；将我们从这种关系引向另一种关系的不是被思考者的活动，而是我们通过从一个起点或另一个起点出发造成的我们的关注或我们的选择之转移。然而，这种对模糊性的指责在反对对存在和虚无的分析时没有力量，对存在和虚无的这种分析是根据我们和存在关联的基本结构所做的描述：如果这种关联真的是模糊的，那么就应该是我们去适应它，逻辑上的困难是不能反对这种描述的。事实上，毫无限制，在一切方面都存在的存在的定义和在一切方面都不存在的虚无的定义，通过思想对当下存在和当下虚无的这种占有，以及这种直觉和负直觉，就都是一种经验的抽象画，而且它们正应该在经验的基础上被讨论。它们很好地表达了我们和存在之间的关系吗？它们表达了这种关系的全部吗？它们肯定会表达视觉的经验：视觉是全景式的；通过眼睛之洞和从我不可见的隐蔽处出发，我俯视世界，在它之所在与它相遇。在视觉那里有某种疯狂，它一方面让我通过它走向世界本身，然而同时又使这个世界的各个部分非常明显的如果没有我的话就不能共存：自在的桌子与离它一米远的床毫不相干——世界是对世界的视而不会是其他东西。存在在其整个广度之内都被一个不是存在而为非存在的存在的视觉所限定。对那个真正与这个目光相合，并真正站到视者的位置上的人来说，这是无可置疑的。然而，这是全部的真理吗？人们通过说有一个作为视者位置的自在，和作为否定而不存在的自为，就能够表述这种真理吗？这种表述明显是抽象的：按字面来理解它，它将会使视觉经验成为不可能，因为如果存在是完全的自在，它就只能在同一性的黑暗中才是其自身，将它从同一性的黑暗中拽出来我的目光，就摧毁了它的存在；而如果自为是纯粹的否定，它就甚至不是自为，如果其自身中没有什么东西需要知道，那么自为就不会自知。我从未拥有作为存在的存在，我只拥有内在化了的、被还原到它的场景意义的存在。更有甚者，我也不拥有虚无，不拥有完全献身于存在，而且真的缺乏存在的虚无：然而这种重复的失败并不会将非存在纯粹性还给非存在。那么我拥有什么呢？我拥有一个用存在填满的虚无，和一个被虚无掏空的存在。如果这不是一个项被另一个项摧毁，不是我被世界摧毁和世界被我摧毁，那么存在的消失和虚无陷入存在中就不是外部关系，就不是两个互不相同的活动。这就是人们在将视觉当作虚无化来思考时试图获得的东西。被这样理解的视觉将自在变为被视世界的地位，将自为变

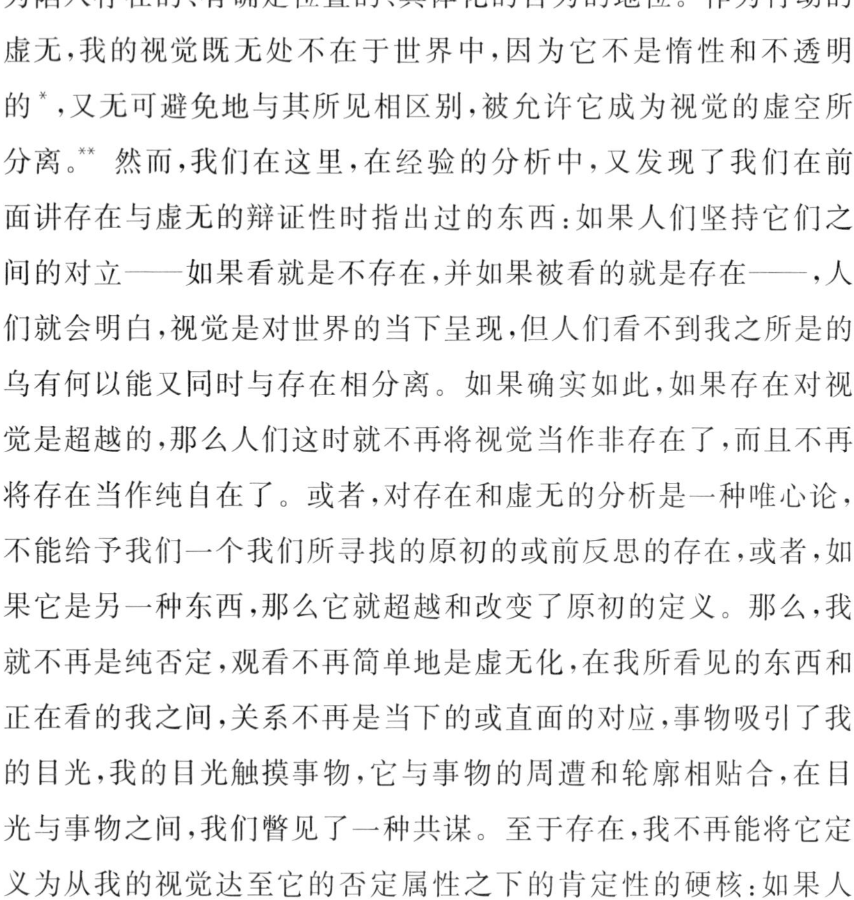

为陷入存在的、有确定位置的、具体化的自为的地位。作为行动的虚无，我的视觉既无处不在于世界中，因为它不是惰性和不透明的[*]，又无可避免地与其所见相区别，被允许它成为视觉的虚空所分离。[**] 然而，我们在这里，在经验的分析中，又发现了我们在前面讲存在与虚无的辩证性时指出过的东西：如果人们坚持它们之间的对立——如果看就是不存在，并如果被看的就是存在——，人们就会明白，视觉是对世界的当下呈现，但人们看不到我之所是的乌有何以能又同时与存在相分离。如果确实如此，如果存在对视觉是超越的，那么人们这时就不再将视觉当作非存在了，而且不再将存在当作纯自在了。或者，对存在和虚无的分析是一种唯心论，不能给予我们一个我们所寻找的原初的或前反思的存在，或者，如果它是另一种东西，那么它就超越和改变了原初的定义。那么，我就不再是纯否定，观看不再简单地是虚无化，在我所看见的东西和正在看的我之间，关系不再是当下的或直面的对应，事物吸引了我的目光，我的目光触摸事物，它与事物的周遭和轮廓相贴合，在目光与事物之间，我们瞥见了一种共谋。至于存在，我不再能将它定义为从我的视觉达至它的否定属性之下的肯定性的硬核：如果人

---

* 边注：世界的为我存在(l'être-pour-moi)的层次揭示了：1. 自在存在的一种深度；2. 自为存在的一种晦暗。

** 在文本中在这里插入了下面这几行文字：

1. 应说明：非存在的套筒将我和存在分离开，这是真的。但是这个非存在的套筒不是我；视觉不是认知，视觉中的我不是虚无。

2. 萨特所说的坚硬的“存在内核”。在那[非？]将会是我(否定、在存在表面闪光)之中及其周围是没有核的。存在是超越的意思正是说：它是正在形成的显象，它是充满的和空无的，它是具有远景的格式塔，是层面的模糊性，它自身是隐匿的——正是它自我知觉，就像正是它在我中说话一样。

们把否定的属性都去掉,那就没有剩下什么需要看的东西,也没有任何东西允许我将它们归之于自为,而且自为自身也陷入了存在中。曾经被我当作外在名称的否定、视角变化和各种可能性,现在应该被重新归入存在,于是这个存在在其深层被分级,在暴露的同时藏匿,就是虚空而非实满。对存在和虚无的分析在事物本身之上覆盖了一层不可触摸的薄膜:它们的*为我的存在*(leur être pour moi)——这种存在让我们在这些事物本身之中观看这些事物。这样当在我这方面,出现了我的视觉陷入其中的存在的身体层面,在事物的方面则存在着非常多不同的视角,它们不被当作乌有,并迫使我说事物本身永远在更远的地方。视觉不是自为和自在的当下联系,而我们被邀请来重新定义看者和被看的世界。对存在和虚无的分析,就是一位忘记了自己是有身体的看者,忘记了他之所见永远在其所见的下面,他试图通过把自己置于纯视觉中而开辟通向纯存在和纯虚无的道路,他使自己成为幻视的,不过他又被重新送回到其作为看者的不透明性和存在的深度中。如果我们能够成功地描述进入事物之中,这也只能是通过这种永不停止的不透明性和深度才能做到:不存在完全可观察的事物,也不存在对事物无遗漏的和完全的观察;我们并不等到看到了事物才说它存在在那里;相反,它所具有的事物的面貌立刻使我们相信有可能观察它。在可感物的本性中,我们发现了这种交叉印证系列,它不构成事物的个体性,相反却出自于这种个体性。反之亦然,想象物不是一个绝对的不可观察者:它在和自己相似的身体中发现了自己的体现。这种区别和其他区别一样,需要被重新讨论并且不能还原到完满和虚空之间的区别上。

对于置身于纯视觉中，置身于全景式的俯视中的哲学而言，不可能存在与他者的相会：因为是目光在统治；目光只能统治物，如果它落到人身上，就会把他们转变成由发条驱动的木偶。在巴黎圣母院的塔楼上，我就不可能毫无困难地如果想就能有与那些被关在这些墙内仔细地从事令人难以理解的工作的人们相同的感觉。高处吸引着那些想象像鹰一样鸟瞰世界的人。视觉是在近旁才不再是唯我主义的，当他者将我在其中捕捉到他的光束转而对准我时，就确定了我曾在他的眼睛的敏捷运动中预感到的身体的依附，无限地扩大了我在我的支配一切的视觉中心猜测到的盲点，并通过从四面八方入侵到我的视场，把我吸引到我原本为他准备的狱中，而且只要他在那里就使我不可能孤独。无论如何，在唯我论中和在异化中一样，我们怎样才能在我们的目光中发现一个精神，发现一种不可见的呢？或者，如果他人也是一个纯视觉，那么我们怎样才能看到他的视觉呢？那就应该成为他。他人只能通过撬门入室般的行为进入看者的世界，就像一种痛苦或一种灾难；他不是出现在看者面前，出现在景象中，而是在侧面作为彻底的问题进入看者。既然他只是纯视觉，那么看者就不可能遇到一个他者，将会是被看见的事物的他者；如果他走出自己，那也只能通过把视觉转回向他自己；如果他发现了他人，这只能通过自身是被看的存在才行。不可能通过自己有他人的知觉；我作为无所不在的看者的神话突然被揭穿，我感到自己被看，而他人就是在那边的那个我必须对之进行思考的X，以便理解我突然感到拥有了的那个可见的身体。表面看，这种将作为陌生者的他人来引入的方法是唯一能理解和重视其异己性的方法。如果有一个他人，那么从定义上我就不能进入他之中，不能与之相合，不能经历他的生命：我只能经历我的生命。如果有一个他人，他在我的眼里永远不是一个自为，不是给定和精确意义上我是为我的自为的自为。即使我们之间的关系使我承认甚至体会到“他也”会思考，“他也”有一个私人景象，我也不像是我自己的思想那样是这个思想，我也不像拥有我自己的私人景象那样拥有这种私人景象；我对此之所言总是来自于我自己所知的我自己：我承认，如果我住在这个身体中，我就将有另一种孤独，可与我现有的孤独相比的，并总是相对我现有的孤独变换着视角的孤独。然而，这个“如果我住在……”并不是一种假设，这是一个故事或神话。他人的生命，他所经历的那个生命不是为我而在的，不是为那谈论一种或然的或可能的经验的我而在的：这是一种被禁止的经验，是一种不可能，如果他人真的是他人，事情就应该是这样的。如果他人真的是他人，也就是说是我是为我的自为这样严格意义上的自为，他就永远不是我眼里的自为，这另一个自为永远不应该落在我的目光下，我不应该有他人的知觉，他人应该是对我的否定或摧毁。在将我们——他和我——置于同一个思想世界的借口下，所有其他的解释都摧毁了他者的异己性，标志着一种伪装的唯我论。反过来，在使他人对我来说不仅仅是不可接近的而且是不可见的时，我就确保了他的异己性，我就脱离了唯我论。然而我们的麻烦还没有到头，这里的迷宫比我们想象的要难得多：因为，如果我们把我们刚才讲的形成为一个论题，——即是说：他人为我而在，只能作为我的被看的存在，他人是非我区域的陌生的合法所有者，我必须在存在中用虚线画出的这个区域，因为我感到自己被看见了——，这种有关他人的自为存在

的不可知论，似乎保证了他人的异己性的不可知论，突然作为对它最坏的背叛出现。因为表达这种背叛者包含着这样一个意思：表达适用于所有倾听他的人：他不仅仅在讲述他自己、他的视角，不仅仅为自己而讲述，他也为大家而讲述；他说，自为（一般意义上的）是独自的……或者，*为他人的存在是自为的*死亡或类似的东西，——而没有明确这涉及的是他所经历的为己的存在，或是倾听他的那些人所经历的为己的存在，或是他所经验的为他人的存在，或是他人所经验的为他人的存在。他给予自己的这种独特性——自为、为他——表明他想以所有人的名义讲话，表明他暗示在其描述中包含着为所有人说话的权力，而描述却反对这种权力。因此我只是在表面上把我自己留在我的经验中——留在我的为我存在和我的为他存在中，我也只在表面上尊重他人的为己存在和他的为我存在的彻底独特性。仅仅由于我在我的唯我论之围墙上开了一个缺口——他人的目光可通过这个缺口——，我面临的就不再是一种二分法——自为“的”二分法和为他“的”二分法——而是由四个概念构成的体系：我的为我存在、我的为他存在、他人的为他存在、他人的为我存在。我曾想置于我的世界远处，以便安置我的羞怯的制造者，以及这位制造者形成的我的难以想象的形象于其中的虚空不是虚空，不管我怎么设想这种虚空，不是我自己和我的世界之简单的和当下的否定：仅仅由于我给它划定了界限——尽管是虚线——它就在我的世界中被切割开了，但我的世界和他人的世界是有交叉的。我们没有一般的自为以及支持自为的一般的自在，也没有一般的为他，也就是说，我们没有所有的一般自为通过陌生的目光而加入到一般自在中的可能性，换句话说，我们没有会潜在地不断增加数目的我的为我存在和我的为他存在，——我们和我的为我存在面对面，这同一个为我的存在作为场景给予了他人、作为承载为他的存在的他人的目光反击了我的目光，而且能惊呆我的目光，最终，这同一个为他的存在被瞄准并以某种方式被我投向他的目光触及和知觉。肯定的是，我与他人之间没有互换的关系，因为我是独自地是我自己的存在，因为我是我自己的独特人性，视觉哲学有理由指出我-他关系不可避免的不对称性。然而，尽管是一些表象，正是这种视觉的哲学通过声称所有境况都是不可进入的，并把这些境况都当作绝对的相互否定，教条地把自己置于所有的境况之中：我甚至不能走到这种绝对否定的尽头，否定在这里是教条的，它秘密地包含着对对立面的绝对肯定。从他人到我，从我到他人之间应该存在通道，这正是为了使我和他人不被教条地判定为原则上等值的东西，也正是为了使为自己的自为的特权被承认。视觉哲学通过将他人的经验建立在我在他人面前的客观化之上，从而相信它已在他和我之间建立了一种联系，既是一种存在关系——因为我正是在我的存在之中被他人从我身上获得的观看所触及的——也是一种纯否定关系的联系，因为我经历的这种客观化对我来说从字面上是不可理解的。在这里，我再次发现应该进行选择：或者*，这种关系真正是一种存在关系，那么，他人在我眼里就有一种自为的价值，他所占有的我的外部由它所支

* 在此后的文字中没有后面的或者，或者后面的或者没被明说。对二择一中前一项的反思决定着后一项的结果。实际上，正像立刻会显现的那样，说他人没有在我的自在世界本身中摧毁我，同说他不是对我之所是的自为的不可解释的否定是同一回事。此外，作者在下面的笔记中又回到了后一个概念。

配而使我成为纯自为，我的构成性虚无在我自己的眼前消失于我的境遇中，最终，他人和我不是两个并列的自为，各自在自身受到了致命的损害——在我们的自在中间逐一压碎我们的他人的呈现——我们是一些人为另一些人的[1] 一个自为的系统，我们能够相互知觉，一个知道另一个，不仅仅是在一个受到另一个的损害时，而是更普遍地说作为一个见证者而知的，而这个见证者本身又是可以被要求回避、拒绝的，因为他也是受指控的，因为他不再是

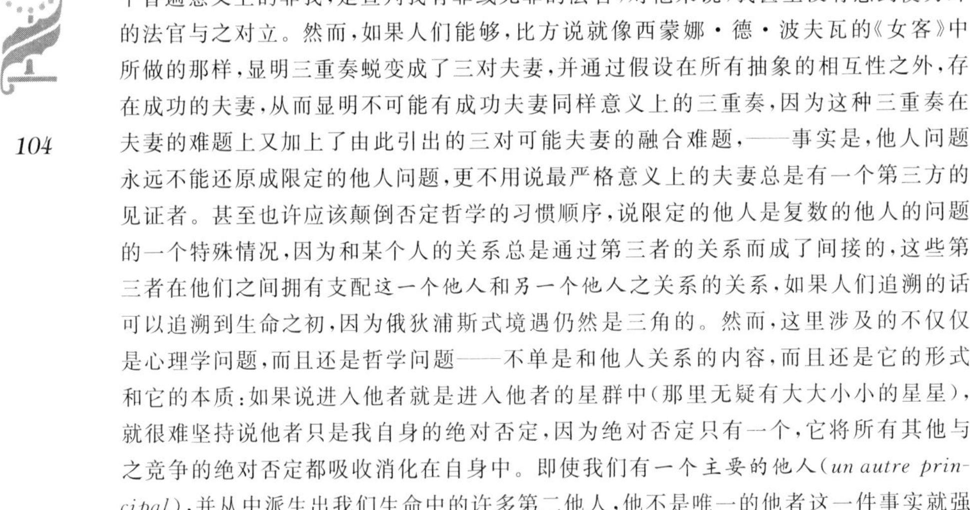

1　一些人为另一些人而不仅仅是这一个人为另一个人。他人问题总是被各种否定哲学以限定(le)的他人问题的形式提出，好像一切难题都是从这一个个人过渡到另一个个人似的。下面这一点是很重要的：即限定的他人不是其中的一个他人，他是一个普遍意义上的非我，是宣判我有罪或无罪的法官，对他来说，我甚至没有想到使另外的法官与之对立。然而，如果人们能够，比方说就像西蒙娜·德·波夫瓦的《女客》中所做的那样，显明三重奏蜕变成了三对夫妻，并通过假设在所有抽象的相互性之外，存在成功的夫妻，从而显明不可能有成功夫妻同样意义上的三重奏，因为这种三重奏在夫妻的难题上又加上了由此引出的三对可能夫妻的融合难题，——事实是，他人问题永远不能还原成限定的他人问题，更不用说最严格意义上的夫妻总是有一个第三方的见证者。甚至也许应该颠倒否定哲学的习惯顺序，说限定的他人是复数的他人的问题的一个特殊情况，因为和某个人的关系总是通过第三者的关系而成了间接的，这些第三者在他们之间拥有支配这一个他人和另一个他人之关系的关系，如果人们追溯的话可以追溯到生命之初，因为俄狄浦斯式境遇仍然是三角的。然而，这里涉及的不仅仅是心理学问题，而且还是哲学问题——不单是和他人关系的内容，而且还是它的形式和它的本质：如果说进入他者就是进入他者的星群中(那里无疑有大大小小的星星)，就很难坚持说他者只是我自身的绝对否定，因为绝对否定只有一个，它将所有其他与之竞争的绝对否定都吸收消化在自身中。即使我们有一个主要的他人(*un autre principal*)，并从中派生出我们生命中的许多第二他人，他不是唯一的他者这一件事实就强迫我们不将他当作绝对否定，而是当作典型的否定，也就是说，最终不把他当作对抗我的生命者，而是当作构成我的生命者，不是当作我将在其中异化的另一个世界，而是当作一个从来就不仅仅属于我的生命的优先变体。即使我们中的所有人都有他人的原型，然而，他是可分享的，他是他人的一种仪表或象征这一事实就迫使我们提出他人问题——不是进入另一个虚无化的问题，而是复数的他人的象征和典型的起始的问题，而这些他人的为己存在和为他存在是反思的变异而不是本质形式。

我所是的落在纯存在之上的纯目光，因为他的目光和我的目光都预先进入了一个是部分视景的系统，并指向我们共同存在于其中而且视景在其中交叉的同一个世界。他人要真正成为他人，以下这些不是足够的，也不是必须的：他是一个令人讨厌的家伙，是一个改变了立场的绝对的持续威胁，是一个凌驾于一切争议之上的一位法官本身，没有地点、没有相对性、没有面孔，像幽灵似的，并能只看一眼就能将我压碎在我的世界的尘埃中；足够和必须的是他具有使我偏离中心，以及以其中心对抗我的中心的能力，而他能够这样，只是因为我们不是不可比较的两个自在世界中的虚无化，而是两个朝向同一存在的入口，其中的任何一个都只能进入我们中的某一个，并向另一方显示为有权通过，因为它们两个都是属于同一个存在的。必须和足够的是：我所看见的他人的身体，我所听到的他的声音都作为我的视听场中的当下呈现而给予我们，它们以自己的方式向我们呈现我永远不会面临的东西，对我来说总是不可见的东西，我永远不会直接地成为它的见证者的东西，这种东西是一个缺席，然而它不是任一缺席，而是相关于一些维度的某种缺席和某种差异，这种维度一下子就对我们是共有的，并预先将他人判定为我的镜子，就像我是他的镜子一样，而且使我们不能具有两个并列的形象，某人和我们自己的形象，而是具有一个唯一的形象，我们两个人都涉及到其中的形象，还使我对自己的意识和我对他人的神秘不是两个矛盾体，而是一个矛盾体的两面。当人们说他人是我的被看见的存在的负责者 X 时，人们想说的也许就是这个意思。然而这样一来，就应该补充说，他人只是由于我看见他在看我时才能如此，他只是由于我们属于同一个为己存在和为他存

在的系统才能看不可见的我，我们是同一系统中的时刻，我们指望的是同一个世界，我们归属的是同一种存在。然而，对于作为纯视觉的人来说，这些都是没有意义的：他自己确实有其通向事物本身的信念；但是，在看的行动中他感到了惊讶，因为他突然也成了事物中的一个，而且在那里没有从一个目光到另一个目光的通道。作为纯看者，他由于本体论灾难和对他来说是不可能的事件而突然变成了被视物。或者，如果说他能理解事物，那只能通过回到视觉假定的无所不在之上，通过放弃成为一切，也就是说，放弃成为乌有，通过学习在视觉本身中认识对事物的某种触摸，在俯瞰本身中认识一种内在性。确定的是，我们的世界主要和本质上是视觉的；人们不会用香味或声音构成一个世界。但是，视觉的特权不是从无开始向一个存在无限地开放：视觉也有一个场、一个范围；只是在很远的距离上，它给我们的事物才是纯事物，才是和事物本身同一的、完全确实的事物，如星星，而且这个自在的界域只能作为开放的、不可穷尽的较近事物的领域之背景才是可见的。

无论涉及的是我和事物的关系还是我和他人的关系（这两个问题是一回事，因为自为的隔绝性只有当它们向"同一"事物开放时才持续），问题都在于知道我们的生命是否归根结底发生在我们后面的绝对个体和绝对普遍的虚无与我们前面的绝对个体和绝对普遍的存在之间——，对我们来说，这里就有一个不可理解和不可能的任务，就是以思想和行动的形式，将我们从存在那里获得的一切，也就是说我们一切之所是还给存在——或者，是否我与存在的全部联系，甚至是视觉的和言语的联系，都不是和世界之"肉身"的肉体联系，在这里，"纯"存在就只隐约地出现在界域中，出现在远距离处，而这个距离不是乌有，不是由我展开的，而是某种物，它属于存在，它是处于"纯"存在和我之间的它的那个为我和为他人存在的深度，而且，它最终使配得上存在之名者不是"纯"存在的界域，而是进入其中的视角系统，以及使整体的存在不在我面前，而在我的目光的交叉处，在我的目光和他人目光的交叉处，在我的各种行为的交叉处，在我的行为和他人行为的交叉处，使可感的世界和历史的世界总是一些世界间的空间，因为它们是在我们的目光之外，将我们的目光变得相互休戚与共，并与他人的目光相互休戚与共，它们是只要我们活着，就必须面对的法庭，它们是登记簿，那里登记了我们之所见，我们之所为，以便使我们之所见所为在那里变成事物，变成世界，变成历史。我们的生命远不是向纯存在或客体的炫目之光开放，我们的生命，在这个词的天文学意义上说，是气：它被人们称之为可感世界和历史世界的雾团紧紧包裹着，它被身体生命的人和人文生命的人，被现在和过去包裹着，作为身体和精神混杂的总体，它是面孔的、言语的、行为的混杂，是所有这些东西之间的、人们不能拒绝的一致，因为它们都是某种同一事物的达至极点的差异和不同。面对这种不可避免的交织，人们可能以两种方式出错：或者借口交织可以被我的身体所遭之不测和死亡所打断，或简单地说交织可以被我的自由所打断而否认这种交织；然而这并不意味着当这种交织发生时，它只不过是部分过程之和，如果没有这些部分之和，这种交织就不存在。这里的原则的原则是：人们不能通过死亡的力量来评判生命的力量，也不能武断地把生命定义为对抗死亡的力量之和，就好像它是要压迫非存在的存在之必要和充足的定义。人和世界的交织，人与人相互之间的交织，

尽管只能借助于知觉和行动才能实现,但相对现实空间和时间之多样性而言,它仍然是横向的。不过,这不应将我们引向相反的错误,也就是将这种交织的规定当作先验的和非时间的规定,当作先天的条件的系统:这将会是再一次假设生命仅仅是被取消的死亡,因为人们相信自己被迫借助于外在的原则来解释生命中超越其必然条件的简单总和的一切。向一个自然的和历史的世界的开放不是一个幻象,也不是一个先天,而是我们与存在的交织。萨特在解释这一点时说,自为必然地被一个想象的为己的自在所纠缠。我们仅仅说,为己的自在不只是一个想象物。想象物是没有稳定性的,不可观察的,当人们转入视觉时,它就消散了。这样,在哲学意识面前,为己的自在就自行消散,以便让位于是存在的存在,让位于不是存在的虚无,让位于严格的虚无的思,这种虚无需要存在,它通过对自身的否定达到存在,并由此完成了内在于存在中的沉默的自我证明。萨特的为己的自在的真理是纯存在的直觉和虚无的负直觉。相反,我们觉得应该认识到它之中的神秘的可靠性,也就是说一种行动的想象物的可靠性,这种想象物是我们构成的一部分,对于存在本身之定义来说是必不可少的。这就离我们所说的东西很近了,萨特自己也明确指出了存在与虚无之间的调停者。

认将乌有当作乌有(又由此将存在当作存在)为其研究原则的否定哲学在这些不可见的纯粹性中思考着不可见的,同时承认虚无的知是一种知的虚无,承认虚无只在不纯的形式中和被合并到存在中时才是可及的。否定哲学永远是逻辑的和经验的:在其中,存在与虚无的辩证法只是经验的一种准备;反过来,这种哲学所描述的经验是由存在的纯实在性、虚无的纯否定性支持和构成的。纯否定在否定其自身的同时为肯定而牺牲,而毫无保留地自我肯定的纯肯定认可了这种牺牲,——这种只是存在的存在、虚无的非存在延续到其结果中,只是非矛盾原则的实行意义的过程给出了一个与哲学家相一致的纯视觉图式。如果我将我和我对世界的视觉认作为一体,如果我在行为中和没有任何反思地后退考虑我对世界的视觉,它确实是虚无的一个集中点,在这个点上,作为自身的,作为自身之所是的虚无变成了被看的存在。具体的描述和逻辑分析中的共同点是——甚至更多的是:在否定哲学中把存在与虚无的绝对区别和对虚无陷入存在中的描述等同起来的是,——它们是当下思想的两种形式:一方面,人们寻找纯状态的存在和虚无,人们希望尽可能地接近它们,人们在存在的完满性中追求存在,在虚无的空洞性中的追求虚无,人们挤压含混的经验,直至从中挤出实在性和否定性,人们把经验夹在实在性和否定性中,就像夹在钳子中间那样,人们在可见的之外完全相信我们用存在和虚无的术语所思考的东西,人们实践一种“本质主义的”思想,这种思想把意义归到经验之外,从而建立了我们与世界的联系。同时,人们把自己置于我们的看者状况中,人们和这种状况相一致,人们自己进行人们所说的观看,人们不言说不是来自观看本身,不是从内部经验的东西。意义的清晰化和生命的活动构成为同一个东西,因为不言而明的看法是:生活或者思想总是——就像人们愿意说的那样——自我认同或者虚无化。如果说否定哲学既是本质的确定又是与体验相一致,这并不是不合逻辑或者折衷主义的,也不是偶然的,而是因为自发性在于以非存在的模式存在,反思的批判在

于以存在的模式不存在，还因为这两种联系构成了一个循环——我们就是这个循环。我们说在这种普遍的模糊性中，否定的哲学是难以把握的：而事实上，人们用来反对它的一切，它都全部接受。虚无不存在么？虚无的观念是一种伪观念么？存在是超越的么？或“人的实在”是一种存在的入口么？不是人拥有存在而是存在拥有人么？它是第一个承认这些的，这些就是它自己的原则。只不过，在这种哲学中，这些原则与相反的原则却是一致的：正是因为绝对虚无（*le nichtiges Nichts*）是不存在，“存在”（il y a）是留给一种纯粹的、肯定的和完满之存在的。正是因为没有虚无的观念，虚无才在存在存在之时自由地虚无化。正是因为超越是存在的入口和从自我中逃逸，这种离心的和不可触摸的力量——我们就是这种力量——才支配存在的所有显现，而且正是从自我开始，正是通过出神或异化，“存在”才得以产生。存在拥有人，正是因为人献身于它。否定哲学留下的那种烦恼就来自于此：它对我们事实境遇的描述比人们原先所做的更具有穿透性，——不过，人们保留了这样一个印象：这种境遇是被从上面俯瞰的，它确实是：人们越是将经验描述为存在和虚无之混杂，它们之间的绝对区别就越是被确认，思想越是附着于经验，它就越是与经验保持距离。这就是否定思想的魔力。然而这也意味着它不能通过它肯定——它肯定一切——的东西来勾勒出轮廓或辨认出来，而只能通过它抛在一边的东西，恰恰在它愿意成为一切时抛在一边的东西来勾勒或辨认：也就是哲学家的境遇，这个哲学家是区别于他所说的，这是就境遇给他所说的指定了一些不是它的明显内容而是潜在内容，就境遇暗含着在它确定的本质和应用于其上的体验之间，在经历世界的活动和他用来表达世界的实体性和否定性之间存在着间隔而言。如果人们考虑这一剩余，那么在体验和非矛盾原则之间就不再有同一性，思想——正是作为思想——就不再能自诩促成了所有的体验：它留住了体验所有的东西，除了它的深度和重量外。体验不再能在我们从它之中抽出的观念化中认出自己。在俯瞰式的思想或本质确定和内在于世界或视觉的生活之间，一种间隔重新出现了，它禁止思想提前投射到经验中，并邀请思想在更近距离重新进行描述。对于一种意识到自己是知识，是一种先在经验的二次确定(fixation seconde)的哲学来说，*存在在*，*虚无不在*的说法就是一种观念化，就是一种总体境遇的近似化，这种观念化、近似化除了我们所说的以外，还包括我们从之得到我们所说的沉默的经验。而且，就像我们被邀请到视觉后面重新发现那当下呈现给存在的存在的肉身和看者的肉身，同样，我们应该重新发现一个共同的地方，在其中，仅仅是空洞词语(λέχτα)的存在和虚无为反对对方而工作。我们的出发点将不是*存在存在*，*虚无不存在*，甚至不是：*有的只是存在*——这是一种总体思想的说法，是一种俯瞰式思想的说法，——而是：*有存在*，*有世界*，*有某物*；在希腊语说*实在词语*(λέγειυ)这样的强的意义上，有一致，有意义。人们不从虚无、无(ex nihilo)出发使存在涌现，人们从一种本体论的形态出发，在这种形态中，人们永远不能说背景是乌有。首要的不是虚无背景上完满的和肯定的存在，首要的是一个显象场，而这些显象中的每一个如果单独地看，也许会顺次地显现或消失(这是虚无的一部分)，但对于这每一个显象，我只知道它将会被另一个——它将是前一个之真理——所代替，因为有世界，因为有某物，一个世界，一个某

物就不必为了存在而首先取消乌有。关于虚无，说它不在，说它是纯否定都说得太多：这是在它否定中对它进行确定，是将它当作某种本质，是将词语的肯定性引入它之中，而它却只能在无名字、无地方、无性质时才有价值。原则上，否定哲学既不能从“纯”否定出发，也不能将纯否定当作其自身否定的施动者。通过颠倒反思哲学——它将整个肯定放入内部，而把外部当作简单的否定——的立场，通过相反地将精神定义为只经由其与外部存在的接触而存在的纯否定，否定哲学错过了目标：尽管现在是因为对立的理由，它还是再次将那是知觉信念向存在的开放变成不可能。由于没有在观念与观念的观念之间，在反思与被反思之间设置一种距离，反思哲学没有能解释向存在的开放。现在缺乏的仍然是这种距离，因为这位思考者，他作为乌有，既不能被任何东西将其与朴素的知觉者分离，朴素的知觉者也不能有任何东西将其与所知觉的东西相分离。对于思想和我们内在思想的哲学来说，不存在向存在的开放，——对于虚无和存在的哲学来说，也不存在向存在的开放，因为在这一种情况下和在另一种情况下都一样，存在并不更远，也不更有距离。对人们能够谈论向存在的开放来说，思想过于封闭于自身，而虚无又过于外在于自身，在这种关系中，内在和超越的界限是不清楚的。有人也许会说，这样也好。那么就让我们从向存在的开放出发吧。不过，为了真的有开放，我们不应该从形而上中走出来吗？向存在的开放者和看者不应该是存在中的绝对空隙吗？而最终，他不应该是纯否定吗？不然的话，我们不就像庸俗相对主义那样被从这个显象带到另一个显象，却从来没有绝对显象或意识，也没有自在存在发生么？没有绝对的否定性，我们不就是处在没被人意识到地在飘动的物理和心理形象的世界中么？有一种反对意见假设：问题在于知道，人们只能思考存在（物理的、生理的、心理的）或绝对陌生于事物存在的“意识”。它宣称回到了思想的反思的二分法，这种思想较少地超越这些二分法，而较多地把它们提前融入自发的生命中。

所以，当我们到达对沉入存在之虚无的描述时，就不认为存在与虚无的二分法仍然存在；于是我们觉得二分法是这些描述的一种抽象的导言，从导言到描述有着运动、进展和超越。我们是否能够仅仅通过说应该用辩证法取代存在的直觉和虚无的负直觉而表达这个意思呢？从最表层到最深层，辩证思想就是承认相互影响或相互作用的思想——它于是承认 A 项和 B 项之间的总体联系不能仅用一个命题来表达，承认这个总体联系还包括着好几个其他不能重叠的，甚至是对立的，并且可以用如此多逻辑地不可并存，但却真实地统一在它之中的观点进行定义的项；更多的是：这些观点的每一个都走向其对立面或其自身之反面，并且是通过自身的活动走向其对立面或其自身之反面的。因此，存在通过各种视角之每个的要求和定义它的排他性的要求就变成了有多个入口的系统；所以它不能从外面以及同时地被静观，而是应该被实际地穿越；在这种转变中，过去的阶段不是像我走过的路段那样被简单地越过了，相反它们呼唤或要求现阶段，由此它们为新的和令人困惑的，于是它们继续成为它们自身，这也意味着它们是回溯地被自己改变的；因此这里涉及的不是一种顺着预设道路走的思想，而是涉及一种自己开路的思想，它边前进边出现，它通过开路，证明路是可以开的，——这种思想完全服从于其内容，这种思想从其内容

中接受鼓励，不会将它自己构想为一种外在过程的反映或复本，它造成了始于他者的一种联系；由于这种思想不是外在的见证者，更不是纯粹的施动者，所以它融入到了活动当中，而不是俯瞰这个活动；它尤其不是在连续陈述中构成自己的，那将被如其所是地看待的陈述，而且为了成为真实的，每一个陈述在整个活动中都应该被带回它来自的阶段，并且只有当人们不仅仅考虑它明确地所言，而且也考虑它在构成其潜在内容的整体中的位置时，它才有其完全的意义；这样，说者（及其言下之意）总是共同确定他所言之意义，哲学家总是牵连到他提出的问题中，如果人们在评价所有陈述时，不考虑进行陈述的哲学家的到场的话，就没有真理可言；在显明内容和潜在内容之间，不仅仅能够有差异，而且能够有矛盾，而且，这种双重的意义都属于陈述——就像当我们想观察自在物时，我们通过集中关注自在物，达到了从自在物出发来确定它是怎样地为我们的；因此，对于辩证思想来说，自在的观念和为我们的观念各自在自身之外具有自己的真实，而且不属于总体和完全的思想之列，不属于以一种无限的解释来定义自己的思想。总之，辩证思想是这样一种思想，它承认——或者在存在的内在联系中，或者在存在与我的联系中——每一项只能通过走向对立的项才是自己，只能通过活动才成为它之所是，承认每一项转入它者那里或成为自身，走出自身或回到自身是一回事，承认向心运动和离心运动只是一个运动，因为每一项都是其自身的中介，都是一种生成的要求，甚至是产生另一项的自我摧毁的要求。如果辩证思想就是这样的，那么我们曾试图在存在与虚无的二分法中运用的不正是辩证思想吗？我们的讨论不正是在于指出这两个项的关系（无论人们

取它们在世界内的相对意义，还是取它们作为思想者和他之所思之标记的绝对意义）包含了许多具有双重意义的联系、不可并存的但又相互必须的联系（互补的联系，就像今天的物理学家所说的那样）？而且这种复杂的总体性是人们从之出发的抽象二分法的真理？辩证法及其所有的变化不就总是关系的颠倒，关系通过颠倒而形成的连带性，以及一种理智的活动？这种理智活动不是“存在在，虚无不在”这样的立场或陈述的总和，而是将这些立场或陈述分散到一些平面上，将它们纳入一个深层存在中。尤其是涉及思想和存在的关系时，辩证法不就是对俯瞰式思想，以及完全外在的存在和反省的否定？它不就是在存在中工作并与存在接触中的思想吗？而这种思想为存在开辟了一个显现的空间，它的所有始源性都在这个空间中登记、记录或沉淀——这只是被超越的错误——并获得有自己意义的历史形式，即使这种历史在转圈或者走之字步。总的来说，准确地说，我们寻找的思想不是双重性的，不是“作腹语”的，而是能够在同一个世界中区别和融合双重甚至多重意义的思想——正像赫拉克利特告诉我们的那样，对立的方向在循环运动中是相重合的。这种思想能够进行这种融合，是因为循环运动既不是对立运动的简单总和，也不是加于它们之上的第三运动，而是它们的共同意义，是两个可被看作同一的、成为了总体性的构成性的、成分性的运动，也就是说是景象：因此，由于辩证法是被看存在（être-vu）的思想，一个不是简单肯定性的存在的思想，自在，不是被思想构成的存在（être-posé），而是自我宣言，在其形成的过程中显露出来……

辩证法确实是所有这些。在这个意义上，它就是我们所寻找

的。然而如果我们至此尚未说出这个词，那是因为在哲学史上，它从来不纯粹是所有这些，因为从化学家给予这个词的意义上说，辩证法是不稳定的，辩证法甚至在本质上和定义上是不稳定的，以至于一直没能够在不改变它的性质的情况下对它形成论断，而且，如果人们想保持它的精神，也许甚至应该不命名它。它所指向的而且我们刚才试图指出的存在的类型也许实际上不可能接受一种实证的名称。可感世界中有很多这种存在，但条件是可感世界将本体论添加到它之上的东西剥去。作为一种境遇的思想，一种与存在接触的思想，辩证法的任务之一就是筛选掉那些虚假的明证性，就是揭露脱离了存在之经验的意义的空洞，就是当它自身也变成了空洞的意义之一时，进行自我批评。然而，当它以论断，以普遍意义的形式被说出，当它脱离了其前断定的背景时，它就有变成那样的危险。进行自我批评对它来说是重要的——当它变成了人们所谓的哲学时忘记这一点也是很重要的。它用以描述存在的活动的表达本身就可能错误地描述这种活动。假设有自我中介化这样深刻的观念，有一种活动——通过这种活动，每一项都为了成为自身而停止是自身，都为了自我实现而自我裂碎、自我开放、自我否定。然而，只有当中介者项和被中介者项是“同一的”——不过不是同一性意义上的同一——时，这种深刻的观念才能是纯粹的：因为在没有任何差异的情况下，就不会有中介，不会有活动，不会有变化，人们将继续保持为完满的肯定性。然而，如果中介者是被中介者的简单的和绝对的否定的话，也不会有自我的中介化：绝对否定将简单地清除掉被中介者，并通过转向自身而自我消灭，以至于仍然没有中介，而只有朝向肯定性的纯粹的和简单的后退。那么，

可以排除的是:中介来自肯定的项,好像中介曾经是其属性之一,——然而,中介同样也不能从外部否定性的深处来到肯定的项这里,这种否定性的深处不占有肯定项,并且不损害它。然而辩证法又是正式通过这第二种方法而表现出来的——当它停止作为解读我们与之有接触的存在、正在显现的存在和境遇的存在的一种方法时,当它想一劳永逸地、完全地表达出来,想以理论的方式陈述出来,以及想概括自身时。那么,为了走到终点,否定被带到了绝对,成为了自身的否定;与此同时,存在重新堕入纯肯定性,否定在纯肯定之外作为绝对主观性而集中于自身,辩证运动成为对立面的纯同一性,即双重性。正是这样,在黑格尔那里,上帝被定义为绝对的深渊或主观性,上帝自我否定,为的是使世界存在,也就是说,为了使一种投向它但不是它自己的目光存在,而在这种目光下,它是作为存在的后来者显现的;换句话说,上帝把自己构成为人——以至于黑格尔的哲学成了一种神学和人类学的双重性。在萨特那里也是如此,存在与虚无的绝对对立导致向肯定的回返,导致自为的牺牲——除了他严格地坚持认为否定意识是存在的边缘,坚持在他那里,否定的否定不是思辨活动,不是上帝的展现,结果是为己的自在(En-soi-pour soi)对他来说仍然是自为的自然幻象。然而,尽管有这种不同,辩证法的同一种变异,双重性的同一种返复还是由于同样的理由出现在两者那里,这就是:由于思想停止伴随或成为辩证的运动,并把这种运动转变为意义、论断或者被说出的物,因此,重新回到虚无和存在的双重形象中——虚无为了存在能够存在而自我牺牲,而存在由于其在先的本质容忍被虚无所认出。在辩证法中有一个陷阱:当它是内容的运动本身,就像运

动是通过内容的自动构建来实现的，或者当它是追溯和跟随吁请与回答、问题与解决之间联系的艺术时，当辩证法原则上是一种称号时，它就变成了——一旦人们将它当作标语，一旦人们说它而不是实践它时——一种存在的力量，一种解释性原则。曾经是存在的存在方式的东西变成了一个狡猾的天才。当哲学家发现真正的哲学可能会嘲笑哲学时，哲学家就会说：啊，辩证法！在这里，辩证法几乎成了某个人，就像事物的嘲笑那样，这是一种投到世界上的魔力，它把我们的期待变成了嘲笑，是一种在我们背后扰乱我们的诡诈力量，更糟的是它有自己的秩序和合理性；因此，这不仅仅是一种无意义的危险，而是更糟：它断言事物拥有我们所认识的那个意义以外的另一个意义。我们这就已经走在一种坏的辩证法之路上了，它反对自己的原则，强加一种外部法则和框架于内容之上，并为自身的利益而恢复了前辩证思维。从原则上说，辩证思想排除任何外推法，因为它指出，在存在中总是可以有存在的补充，数量的差异可以转变为质量的差异，作为外部的、部分的、抽象的意识总是被事件欺骗：然而这种脱离生命和历史解决问题的方法，以不同于外部意识的方法（它做的时好时坏）来解决问题的方法，被理解为一种方向，一种辩证运动的归向，一种占优势的力量，这种力量总是作用于同一方向，以过程之名扩展过程，并因而为不可避免的规定性提供证明。当辩证运动的意义是脱离了许许多多具体的东西被定义时，事情就是这样的。坏的辩证法几乎是和辩证法同时开始的，好的辩证法只是那做自我批评和自我超越而成为有区别的陈述的辩证法；好的辩证只是超级的辩证法。坏的辩证法是那种不愿为拯救其灵魂而放弃其灵魂的，想立刻就成为辩证的，是自主的，并最终因为逃避自身的双重意义而沦为犬儒主义和形式主义的东西。我们称之为超级辩证法的就是一种相反能够达至真理的思想，因为它毫无保留地面对关系的多样性和人们称为模糊性的东西。坏的辩证法就是那种认为用自发思想，陈述集，以及论题、反题和综合就能重构存在的辩证法；好的辩证法就是那种意识到所有论题都是观念化，存在并非是由——就像旧逻辑曾经以为的那样——观念化或言说之物构成，而是由相互联系的总体所构成的辩证法，而在这个总体中，意义总是在意向中才存在，在这个总体中，内容的惰性永远不允许将一个项定义为肯定的，将另一个项定义为否定的，更不能将第三个项定义为否定完全消除自身。需要注意的要点是：我们谈论的非综合的辩证法完全不是怀疑主义、庸俗的相对主义或无法表达的统治。我们抛弃的或否定的不是进行重新综合的超越前面的观念，而是导致一种新的肯定，一种新的立场的观念。在思想和历史中，就像在生活中一样，我们只认识具体的、部分的、充满残余的、携带着不足的对前面的超越；无论如何都没有这样一种对前面的超越，它既能保留前阶段之一切，又能在其中机械地加入更多东西，还允许把诸辩证阶段列入一个从较少真实到较多真实，从不太有根据到比较有根据的等级秩序中。但是，在超越之路的一个确定阶段是可以有进步的，尤其是可以有非长期性答案。换句话说，我们排除于辩证法之外的，是纯粹否定的观念，我们所寻找的，是存在的一种辩证定义，存在既不是自为，也不是自在——这是匆忙的、脆弱的、易变的定义，正像黑格尔正确地说过的那样，这种定义把我们从一个定义带到另一个定

义——也不是使双重性达到顶点的自在-自为，[一种定义][*]，它应该在反省的断裂之前，在存在的周围，在存在的域境，而不是在我们之外，不是在我们之中重新发现存在，应在这两种运动的交叉处，在“有”某物之处重新发现存在。

知觉信念与探究

对否定性的这些评论已经能使我们面对世界确定我们问题的意义，因为最困难的是在这个问题之所是、在它之可能是、在它确切的和本己的意义、在它之所问上不出错。我们已经知道这个问题不是要知道世界是否真实存在，或者世界只是一个安排得很好的梦这样一个问题：后一个问题掩盖着另一些问题，它假设梦和形象是被人所知的，被人很好地所知的，它只能以精神所谓的肯定性的名义才能探究世界，它将一种可能的非存在的影子投在世界上，但它没有阐明它用来代替世界的那种精神存在，实际上，它是将精神存在构想为变弱或降级的真实存在，如果被这样理解的怀疑经过一些争论被消除了，那么将被归于我们的梦的“真实”存在将就是这个“真实”存在本身，它是晦暗的、不可理解的存在，我们曾从这种存在出发，一切又将重新开始。我们不问世界是否存在，我们问什么是世界存在。然而，尽管被这样地改变过，这个问题仍然不是彻底的。因为人们仍然能够在隐匿了世界之真实原动力的表面意义上来理解它。当我们问事物和世界存在是什么时，人们可能

[*] 我们重新将这个词放在括号中，以避免歧义。

会认为涉及的仅仅是定义一个词。总之，问题都发生在语言中。尽管我们觉得肯定性思想能够脱离词语，建立在自己的内在一致上，但否定，尤其是探究——它们不表达事物的任何固有属性——只能被语言工具所支持。人们于是能够试图将关于世界的哲学问题置于语言事实之列，至于答案，它似乎只能在语词的意义中寻找了，因为用来回答问题的是词语。然而我们前面的思考已经告诉我们，这可能会错过问题：关于世界存在之意义的问题是如此地难以通过词语的一个定义——人们将从语言的研究中，从语言的力量中，从语言运作的实际条件中得出它——来解决，以至于它相反地重新出现在语言研究中，而它只是世界的一个特别的形态；人们只能通过假定语言自身具有明证性，“世界”或“事物”之词的意义原则上没有呈现任何困难，语词的合法使用规则在单义中是非常明确的，才能将哲学还原到语言分析那里。然而正是语言学家们告诉我们事情并非如此，单一意义只是语词意义的一部分，在单义之外，总是有一种意义的光晕，它在语词新的和未曾料到的使用中显现出来，而且，存在着一种语言对语言的操作，即使没有其他刺激，这种操作也可能会将语言抛进一个新的历史中，把语词的意义弄成一个谜。语言远不是拥有世界存在的秘密，语言本身就是一个世界，就是一个存在——一个具有次级力量的世界和存在，因为语言不可能完全对空无说话，它谈论着存在或者谈论着世界，因而它增加它们的谜，而不是让谜消失。对世界的哲学探究于是就不在于从世界本身转向我们对存在所说，因为它是在语言内部重复的。做哲学不是以语词的名义对事物提出疑问，好像言说之物的世界比原初之物的世界更清楚，好像实在世界是语言的一个区域，

好像知觉是模糊残缺的言语，好像语词的意义是一个完全可靠的实证性领域似的。然而，这个看法不仅仅是反对语言的实证主义：它影响到一切在纯意义中寻找意义之源的企图，甚至是在还完全没有提到语言之时。对世界的哲学探究不在于比方说为了“人类现象”范畴的利益，也就是说为了我们所能够构建的显象的一致系统的利益，对自在世界或自在物提出质疑，而这里的构建是根据我们的一些事实状况，根据我们的心理物理构成，根据使我们与一个“对象”的联系成为可能的联系类型来构建的。不论这种对象的构建是根据科学的方法和通过计算的途径被理解，或者人们是把构建与具体物进行对比，因为科学总是希望自己是一种直觉的科学，是世界本身的理智，或者最后人们更加普遍地想阐明各种行为和态度——情感的、实践的和价值方面的，意识就是通过它们自己指向客体或准客体，并使它们互指，以及实现一种态度向另一种态度的转变，但是在所有这些情况下，被提出的问题都不是彻底的和最后的，因为人们面对模糊的事物和世界，自己给予自己一个意识活动场和被构成的意义场，人们假设世界和事物是它们的最终产物，——而且，就像关于语言场那样，关于这个场（事实上它预设了前者），哲学家应该自问它是否是封闭的、自足的，它作为人为的存在，是否不向自然存在的原初景况开放，甚至假设它在关于被证实的存在、被断定的存在和被转变为作为客体的存在（être converti en objet）问题上是决定性的，它是否就没有一个原初存在和原初心灵的境域，没被哲学家解释的被构成的客体和意义就来自于此。

这样，我们面对被知觉世界所感到的惊讶的意义就明确了。

这不是皮浪式怀疑，甚至不是诉诸于肯定思想之内在领域，根据这种肯定思想，被知觉世界只不过是个影子：影子与其说存在于我们之外，还不如说它存在于我们之内；通过悬置世界的明证性，通过在我们关于世界的思想中或意识中，在其运作和论断中寻找根据，我们将找不到任何超越，或找不到仅仅等于和解释我们目光下的世界的实在性、我们的生命与世界的一致性的东西。通过这种对赞同和反对的颠倒，我们不仅得以重构否定思想，将其当作一种本源的思维方式，而且否定地形成——非如此便没有表象——因果关系原则，最终还将对于斯宾诺莎来说是肯定性本身的东西构想为否定性思想。那么现在，是否应该通过下面这个说法完成这种颠倒，或超越这种颠倒呢？即是说我不能够成为我本身，除非在我自己的中心，我什么都不是，而这个虚空的中心必须被存在、境遇和世界所承担，它永远只能作为它们的各种视角所指向的焦点才是可以被认识的，而且在这个意义上，存在着存在对于思想的在先性。这样，当笛卡尔指出看的思想比被看之物或视像更为可靠时，指出思想正因为是绝对显现，所以才是绝对地无可置疑的，正因为它处在存在与虚无之间，所以它才在怀疑面前比肯定的和完满的事物更加坚固时，开放的系统就关上了。确实，笛卡尔和笛卡尔主义最终将这只是处在半途中的思想之物推到了存在的身边：既然它毕竟不是乌有，既然虚无是没有属性的，于是它就变成了一个无限存在、一种精神肯定性的征兆和踪迹。但是，从世界的隐退，向内在的人的回溯、反思的无仍然被我思安置在了哲学中，并且，当思想不再相信能在自身把握自因的存在（Etre cause de soi）的自发发生时，它们必定会在哲学中产生其所有的结果：于是，不可看

见的或没有属性的否定性就不再能被别的而只能被世界本身所承担，不再能是别的而只能是存在中的一个空隙。在否定性与存在之间，甚至不再有怀疑的悬置的位置；行为中的否定于是就将是存在本身，或至少世界之“有”和哲学将不再是问题，以便成为这个双面行为的意识，成为这个也是是(oui)的否(non)，这个也是否的是的意识。把肯定性从世界移向意识(它成了世界的相关者及其联系原则)的长期演变(它同时为一种将非存在作为存在的支柱的哲学作了准备)将通过自在的恢复和自在的在先性而突然地在唯心论的极端处得以完成……

这就是最终向我们显示为不可能的东西。我们曾经觉得这种最终的变化更多地是过度地补偿了唯心论而不是超越了它，曾经觉得被乌有与存在之间的无限距离同时构建和拆毁的我对自在的当下呈现，更多地是唯心论和实在论的循环，而不是一个解决。哲学不是与世界的分裂，不是与世界的重合，但也不是分裂和重合的交替。这种由《存在与虚无》的哲学表达得如此清楚的双重联系也许仍然是不可理解的，因为这仍然是一种意识——一个完全显现的存在——负责承载存在。我们曾觉得我们的任务是严格地描述我们和世界的联系，这种联系不是虚无对存在的开放，而仅仅是开放：正是通过这个开放，我们才能懂得存在和虚无，而不是通过存在与虚无我们才懂得这个开放。根据《存在与虚无》的观点，向存在开放的意思是我把存在当成它本身来访问：如果它仍然处在远处，那是因为虚无，我中的匿名者在看，并将一个空无的区域推到存在之前，而在这种空无中，存在不再仅仅存在，而且是被看见的。因此是我的构成性虚无制造了与存在的距离以及与存在的接近，

制造了与事物本身相区别的视景，并且将我的领域的边界构成为边界；它在这样做的同时跨越了这些边界和这种距离；它只是通过首先使平面图显现出来而使视景出现，它将走向一切，因为它是乌有——从此时起，不再有某物，不再有开放，因为不再有目光作用于这些边界，不再有使我们说我们对世界开放着的视觉的惰性。这种视觉晕圈通过和一切要被看之物之间的妥协给出了我对世界的观点，它当然不是固定的：任何东西都不会阻挡我们以目光的运动跨越边界，但是这种自由仍然是秘密地受约束的；我们只能移动我们的目光，也就是说移动目光的边界到别处。然而边界总是应该有的；赢得了一边，就得失去另一边；一种间接和隐秘的必然性压在我的视觉上。这不是永远不可跨越的客观界限的必然性：我的领域的周遭轮廓不是一些划出的线，我的领域不是在黑暗中被切割的；当我靠近事物时，事物就离散了，我的目光就不再能区别了，由于没有了看者和清楚有别的事物，视觉也就停止了。甚至不必谈论我的原动能力，我也不是被关闭在可见世界的一个范围内。然而我仍然是被锁定的，就像既没有笼子也没有栅栏的动物园中的动物，其自由被某种它们逾越不了的鸿沟温柔地剥夺了。对世界的开放假设世界是并仍然是远景，这不是因为我的目光把它推到了远方，而是因为从某种意义上说，看者就因此属于并就在那里。于是哲学就不试图分析我们和世界之间的关系，就不会试图去拆散它，好像它原先是被装配起来似的；然而，哲学不会由于存在当下的和完全的被确认而终结，而对确认则没有什么可再说的。哲学在阐释我们和世界的关系时，不能自诩在它中找到了有可能是我们放在其中的东西，它不可能通过以暗含的形式将我们能够

在后来对事物和世界所思考和所说的一切压缩进事物和世界重建事物和世界。哲学仍然是个问题,它探究世界和事物,它在我们面前重复和模仿世界及事物的具体化。由于这种具体化一方面是现成地呈现给我们,另一方面又是永远不会结束的,我们就能够通过这,看到世界是如何构成的。它是在某种结构法则的支配下构成的:事件让一些非常普遍的力量显现,比方目光或言语这样的力量,这些力量根据一种可辨认的样式,根据"如果……那么……"的关联,根据一种行动的逻辑而行为,而如果我们想摆脱思想的那些现成概念,那些主体和客体给我们造成的麻烦,并最终知道世界之所是和存在之所是的话,我们就必须定义这种逻辑的哲学地位。哲学不会将我们与世界的关系拆成真实成分,或者甚至拆成使关系成为一个观念对象的观念的参照物,而是从中辨别出各种关联,唤醒前拥有、再现和重复的有规律的联系,而这些联系在我们的本体视景中好像睡着了,好像只以痕迹的形式在其中存在,但是却仍在其中起作用,在其中构成新的东西。

因此,哲学家的提问方式不是知识的提问方式:对哲学家来说,存在和世界不是一些未知的东西,需要通过其与已知项的关系来确定的未知物,这些已知和未知的预先就属于同一个可变的领域,进行领会的思想试图尽可能接近的领域。哲学也并不是意识的觉醒:对它来说,问题不在于它在立法意识中重新发现它可能通过名称定义给予世界和存在的意义。正如我们不是为了说话而说话,正如我们是对某人说某事或说某人,正如在这种言说的始源那里,牵涉进了对世界和他人的指向,在这种指向这里,我们所说的一切被悬置起来了，同样，词汇的意义，甚至是纯意义像几何学的意义那样被仔细地重建的意义都指向一个原初存在的世界和当我们言说和思考时已被抛入其中的共存世界，这个世界原则上不承认客观的或反思的近似法，因为它在远处，在地平线处，并且是潜在的或隐匿的。哲学指向的是这个世界，它——正如人们说的——是哲学的对象，但是在这里，空隙永远填不满，未知被转换成了已知，哲学的“对象”永远不会来填充哲学的问题，因为这种填充将会夺去本质上属于它的深度和距离感。实在的、在场的、最高的、第一的存在以及事物本身原则上都通过各种角度而被透明地把握，于是它们就只面对不是想拥有它们而是想看它们的某个人，不是想把它们像夹在钳子中那样拥有它们，或把它们放在显微镜镜头下那样固定住它们，而是让它们存在并旁观它们存在的继续的人，因此，它们面对的是这样一个人，他仅限于给予它们反过来要求的虚空和自由空间，它们迫切要求的共鸣，他跟随着它们的运动，因此他不是完满的存在将前来填充的一个虚无，而是和有孔隙的存在一致的问题，他追问这个存在，但不是从这个存在中得到答案，而是得到其惊讶的确认。应该将知觉理解为这种探究的思想，它让被知觉世界存在，而不是设定它，在这个世界面前，事物在某种是和否之间的滑动中构成或解体。

我们对否定性的讨论向我们揭示了哲学的另一个悖论，这一悖论将哲学与知识的所有问题区分开来，禁止我们在哲学中谈论解决：接近作为远景的远景，因此哲学也是向不说话者提问。哲学向我们关于世界的经验询问，世界在成为人们谈论的东西之前是什么，在它被还原成可操作和可支配的意义集合之前自然而然地

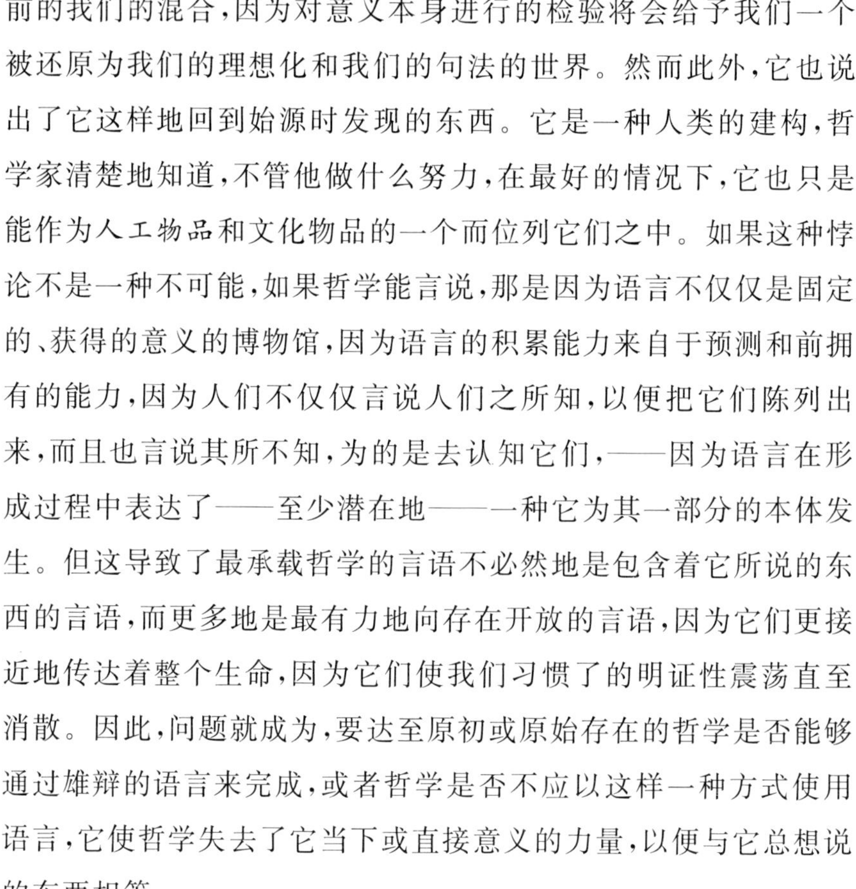

是什么；它向我们沉默的生命提出这个问题，它面对着世界和反思前的我们的混合，因为对意义本身进行的检验将会给予我们一个被还原为我们的理想化和我们的句法的世界。然而此外，它也说出了它这样地回到始源时发现的东西。它是一种人类的建构，哲学家清楚地知道，不管他做什么努力，在最好的情况下，它也只是能作为人工物品和文化物品的一个而位列它们之中。如果这种悖论不是一种不可能，如果哲学能言说，那是因为语言不仅仅是固定的、获得的意义的博物馆，因为语言的积累能力来自于预测和前拥有的能力，因为人们不仅仅言说人们之所知，以便把它们陈列出来，而且也言说其所不知，为的是去认知它们，——因为语言在形成过程中表达了——至少潜在地——一种它为其一部分的本体发生。但这导致了最承载哲学的言语不必然地是包含着它所说的东西的言语，而更多地是最有力地向存在开放的言语，因为它们更接近地传达着整个生命，因为它们使我们习惯了的明证性震荡直至消散。因此，问题就成为，要达至原初或原始存在的哲学是否能够通过雄辩的语言来完成，或者哲学是否不应以这样一种方式使用语言，它使哲学失去了它当下或直接意义的力量，以便与它总想说的东西相等。

总体而言，哲学探究知觉信念——但它既不等待也不接纳平常意义上的回答，因为不是揭示一个可变或未知的不可变就能满足这个问题的，还因为现存世界存在于提问方式之中。哲学，就是正在探究自身的知觉信念。对这种信念，人们可以像说所有信念一样，说它是信念，因为它是怀疑的可能性，而这不知疲倦地遍历事物——实际上就是我们的生命——也是一种不断的提问。这不仅仅是哲学，这首先是探寻事物的目光。我们不像唯心论认为的那样，拥有构成事物的意识，也不像实在论认为的那样，拥有事物和意识之间的预定顺序(它们就我们这里感兴趣的东西而言是不可区分的，因为它们两个都断定了事物与精神之间的一致性)——，我们以及我们的身体，我们的感觉，我们的目光，我们理解言语和说话的能力拥有的是存在的*测定尺度*，是我们能够使存在参照它的维度，但这不是一致的或内在联系。知觉世界和历史就是这种测定的实施，是测定它们相对我们的标准而言的差别或差异。如果我们在我们生命的过程中是发问的，这不是因为一个中心的非存在每时每刻都威胁着要取消它对存在的默许，而是因为我们自身只是一个持续的发问，是在广大的世界之上重建我们自身，在我们的维度中重建各种事物的永久事业。好奇心问题本身或科学问题本身，都内在地受到根本探究的激励，而这种探究在哲学中则显得是直接的。“一个人不时地抬起头，感觉、倾听、关注、认识自己的方位：他思考，他喃喃低语，从贴身衣袋中掏出手表，看时间，*我在哪儿？几点了？*这就是我们对世界提出的没有穷尽的问题……”[1] 手表和地图在这里只给出了一个回答的外表：它们向我们指出我们正在经历的东西是怎样相对于星座的过程或相对于人类的一天，或相对一个有名称的地点而给自己定位。然而，这些参照事件和这些有名称的地点，它们自己又在哪里呢？它们又把我们引向了它者，回答只是因为我们不注意它，因为我们自以

1 克罗岱尔：《诗艺》，法兰西水星出版社，第 9 页。

为是“在自己家里”才使我们满足。如果我们反过来也想给我们所在的层面定个位,也想确定我们的基准位的话,如果我们问:可是世界,它在哪儿呢?为什么我是我呢?[1] 我究竟有多大年纪?真的仅仅只有我自己是我自己吗?是不是在某个地方还有我的一个副本,一个孪生兄妹呢?那这个问题还会出现,并且事实上将是不可穷尽的,甚至变成荒谬的。那位患者平静时想的这些问题,或者仅仅这看手表的目光——好像在这样西下的阳光下,在世界生命的这个时刻发生的痛苦是非常重要的——在生命受到威胁时将深层运动揭示了出来,将我们通过它安置自身到世界中,并将会重新开始的深层运动揭示了出来。古代的人们在天上读出了战斗的吉时。我们则不再相信那些吉时真的写在什么地方,而是相信,而且将总是相信此时此地发生的事是具有同时性的一件事;如果我们不知道事情发生的时间,所发生之事对我们来说就不完全是真实的。时间不再预先命定属于事件,但事件——无论它是怎样的——都拥有时间;如果我们不把事件放在世界无限的同时性和世界不可区分的延伸中,事件就不完全是它自己。所有问题,甚至简单的知识问题,都是核心问题——我们就是这个核心问题——的一部分,也是对总体之吁请的一部分,这是任何客观的存在都不对之回应,是我们现在必须对之进行更准确的审查的吁请。

1 阿兰说,这是《玛依·莱斯克特》中产生自痛苦的深处的问题。不可思议的传奇:我们没有在《玛依·莱斯克特》中发现它。人们也许会问这个问题是从什么样的梦境的深处来到阿兰脑子中的,又为什么借语录作为掩护。

探究与直觉

哲学不提问题，也不给出将会一点一点地填充空隙的答案。问题内在于我们的生命、我们的历史：它们在那里生，在那里死；如果它们发现了答案，通常它们会在其中对之进行转化，总之，这是经验的一个过去，是在某一天将达至生命和历史之源的知识的一个过去。哲学不将环境当作所予，它回溯到所予，以寻找问题的根源和意义，寻找答案的意义，以及寻找提问者的身份，由此，它通向探究，探究赋予所有的知识问题以活力，但却与问题不同。

我们平常的问题，——"我在哪儿？""几点钟了？"——，是一个事实或一个肯定陈述的缺失和暂时不在场，是事物或指示符之织物上的一个洞，而我们确信这一织物是连续的，因为存在着时间和空间，因为这只涉及知道我们是在这个空间和这个时间的那一点上的。初看来，哲学仅仅普遍化了这种问题。当它问空间、时间、运动和世界是不是存在时，问题的范围就宽多了，然而这仍然和自然问题一样，只是封闭在基本信念中的半问题，而基本的信念则是：存在着某种东西，问题仅在于知道我们看到和感受到的空间、时间、运动、世界是否为真。信仰的消失、他人和世界象征的死亡、视觉和可见的断裂、思想和存在的断裂没有像它们所声称的那样把我们置于否定性中；当人们摆脱掉这一切时，人们就置身于剩下

的感觉和意见中；所剩之物不是乌有，也不是人们所删除之物的另一种，而是受到怀疑攻击的含混的无所不在的实在的残缺片断，这些片断以其他名称复活了这种含混——显象、梦、心灵、表象。确实的实在就是以这些飘忽不定的实在的名义而被怀疑的。人们走不出某物，摧毁确定性的怀疑不是怀疑。当怀疑系统地构成时，当它不再是确定性之继续，而是有意识地后撤，并拒绝与确定性合为一体时，情况也不会是另样的。这一次，人们不再争论说确定性是有的，而且现在它们是不可否认的；如果人们把它们悬置起来，只是因为它们是我们的确定性，是在我们生命之流中形成的，更长一点时间地看它们的话，我们就应信任我们内在构造那模糊的和暂时的外表，而这种内在构造也许只能给我们一些协调一致的幻觉。这种骗人的性质，这种将我们关在我们自身之光中的晦暗之物，只不过是我们的严格主义的一个幽灵，是一个也许。如果这种可能足以使我们的明证得到尊重，那是因为我们不暗中预设任何东西的决心增强了它的力量。如果我们以它的名义假装消除了一些我们不可能消除的光，我们将只是条件式的东西当作为假的，我们将明证与真实之间可能的间隔变成无限的距离，将思辨的怀疑变成像谴责一样的东西，这是因为作为被动的存在，我们感到受制于一个离我们而去的存在之重，或者甚至受一个邪恶的东西操纵，我们以一种绝对的和摆脱了一切事实性的明证来对抗这种厄运。这样，方法论的怀疑、被导入我们自己意志领域中的那种怀疑就会涉及存在，因为这种怀疑抵抗事实的明证，拒绝它承认已经存在的非意志的真，而寻求绝对明证之谋划本身就是从这种非意志的真中受到启发的。如果说它仍然是怀疑，也许只是通过重新提出怀疑主义的各种模棱两可，通过不提它对存在的模仿或通过提及存在本身的虚假来完成，而存在本身的虚假是一个大骗子、一个隐藏着的存在、一个将我们思想和其明证性之幕推到它前面的存在，好像这个逃逸的存在就是乌有。哲学探究如果仅限于将怀疑普遍化，将是否有一个世界(an sit)的这样一个平常的问题普遍化，并且把它们扩展到世界或存在之上，如果仅限于将自己定义为怀疑、非知或非信仰的话，它就不可能达至自身的目的。事情不是那么简单，在向一切扩展时，平常的问题改变了意义。为了和所有存在分开，哲学挑选了几种存在——“感觉”、“表象”、“思想”、“意识”，甚至是欺骗性的存在。正是为了完成它的激进主义意愿，它就应该将这种总是与存在相联系的脐带般的联接作为主题，将这个从此就是错觉的不可消除的视域作为主题，将这种它徒劳地想回到其上的最初的开启作为主题，就应该不再否认，甚至不再怀疑；并且只是为观看世界和存在才后退，或只是将它们放入括号中，就像人们谈及其他东西那样，让它们讲话，自己只听……

那么，如果问题不能是是否有一个世界(an sit)的问题，那么它就成了有什么(quid sit)的问题，剩下的只是在我们和它们共谋的关系中去寻找世界之所是，寻找真实，寻找存在。在怀疑的同时，人们放弃了对一个绝对外界、一个世界或将成为一个实在个体的存在的肯定，人们转向在其所有的广延上和我们的思想并列的存在，由于我们的思想是对某种物的思想，所以它们本身不是乌有，这个存在因此是一个意义和意义的意义。这个意义不仅是与语词相连，属于陈述和言说之物的领域，属于世界的特定的领域和存在的某种样式的意义——而且是普遍的意义，它不但能支持逻

辑运演和语言，而且还能支持世界的展开。它将是这样一个东西，是“没有它”(ce sans quoi)就不会有世界，不会有语言，不会有任何东西的那个东西，它将是本质。当纯目光——它不隐含什么，不像我们的眼睛的目光那样有身体和过去的黑影——从世界移开，转向造成世界的那种东西时，就只能应用到没有条件没有限制地存在在它前面的事物上：只能应用到使世界成为世界的东西上，应用到存在的命令式语法上，应用到不可拆解的意义内核上，应用到不可分割的属性系统上。本质是内在的意义，是原则的必要性，无论它们混杂于什么样的存在中(而且要在混杂是有价值的情况下)，也只有它们才是合法的和真正的存在——声称并有权力存在的存在，肯定自身的存在，因为它是一个纯观者的目光下的所有可能事物的体系，是所有的层面上，都是某物——某种普遍的事物，或某种物质的事物，或某种精神的物，或某种生命的事物——的全图或素描。

哲学通过有什么(quid sit)比通过怀疑更成功地摆脱了所有存在，因为它按它们的意义改变了它们——这方法已经是科学的方法了，当为了回答摇摆于是与否之间的生命问题时，它就质疑已被认可的范畴，创造存在的新类型、本质的新天空。但是它不会结束这件工作：它不会把它的本质完全从世界中抽出，而是将它们置于事实的裁判之下，而事实将来是可能要求另一种构设的。伽利略只给出了物质之物的一个草图，古典物理学完全建立在也许并非物理之真正本质的物理本质之上：是否应该保持它们的原则，并通过某种辅助性假设，无论怎样都将波动力学引入其中呢？或者，相反，我们考虑的是寻找物质世界的新本质呢？应该坚持马克思主义的历史的本质吗？应该将似乎怀疑马克思主义的历史的本质的各种事实当作经验的和混乱的变体吗？或者相反，我们是否处在一个转折点上，在这个点上，在马克思主义的历史的本质之下，出现了一种更加真实和实在的本质呢？在科学知识中，这个问题仍然难以确定，因为在科学知识中，事实的真实和理性的真实相互渗透，因为事实的划分和本质的构成一样，都是被仍需探究的各种预设引入科学知识中的——如果我们要完全知道科学的含义的话。哲学将也是这种对意义的解读（以它自己的术语），是严格的科学，唯一严格的科学，因为只有它才是矢志不渝地努力认知自然和历史、世界和存在之所是的科学——当我们和它们[①]的接触不仅仅是物理实验或计算的或历史分析的抽象的和部分的接触时，而是生活在世界及存在中的，想看到其整个生命，尤其是其知识生命的人的总体的接触时，以及驻于世界中并试图在世界中反思自身和在自身思考世界，涤清它们混杂的本质，最后形成“存在”的意义的人的总体的接触时。*

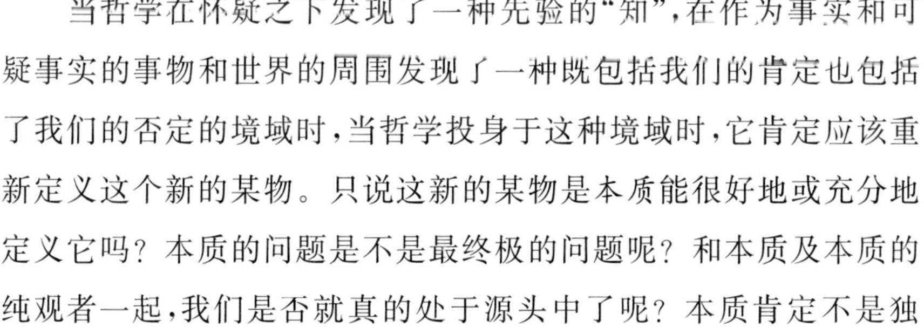

当哲学在怀疑之下发现了一种先验的“知”，在作为事实和可疑事实的事物和世界的周围发现了一种既包括我们的肯定也包括了我们的否定的境域时，当哲学投身于这种境域时，它肯定应该重新定义这个新的某物。只说这新的某物是本质能很好地或充分地定义它吗？本质的问题是不是最终极的问题呢？和本质及本质的纯观者一起，我们是否就真的处于源头中了呢？本质肯定不是独

① 自然、历史、世界和存在。——译者

* 边注：这里真实的是，非乌有的东西是某物，但是：这个某物并非如钻石般硬的、绝对的、经验的（ERFAHRUNG）事物。

立的。本质之各种必然性之构成总是由于一种假设(这种情况经常在康德的著作中出现):如果说这个世界是为我们而存在的,或者如果某处应该有一个世界,或者如果某处应该有某物,那么,它们就应该遵循这样或那样的结构规律。但是,我们的假设从何而来呢?我们从哪里知道有某物,有一个世界呢?这种知在本质之下,是经验,是本质为其一部分且不能包括它的经验。本质的存在不是第一位的,不建立在自身之上,能够告诉我们存在之所是的不是它,本质不是对哲学问题的回答,哲学问题不是由一个纯粹的观察者向我们提出的:哲学问题首先是知道纯粹观察者是如何,以及在什么样的基础上构成的,它来自于什么样的更深基础。没有本质之各种必然性,没有各种不可动摇的联接,没有各种不可否认的牵涉,没有各种牢固稳定的结构,就不会有世界,就不会有普遍意义上的某物,也不会有存在;但是,它们的本质权威、它们的肯定力量、它们的原则尊严并非自然而然的。我们没有权力说我们发现的各种本质给出了存在的原始意义,说它们是自身可能的,是整个可能;没有权力将一切不服从于它们规律的东西看成是不可能的,也没有权力将存在和世界看作它们的必然结果:它们是存在和世界的方式或风格,它们是自在而非存在。如果我们有充分的理由说我们的思想和所有的思想一样都尊重它们,如果说它们都有普遍价值,那只是因为建立在另一些原则上的另一种思想应该为了得到我们的承认而与我们交流,顺从于我们的思想和我们的经验条件,置身于我们的世界,最后,是因为所有思想家和所有可能的本质都向一个唯一的经验和同一个世界开放。无疑,为了建立和陈述这一点,我们运用本质,这种结论的必然性是本质的一种必然性，但它会跨越一种思想的界限，会强加给所有的东西，它甚至能逃离我即时的直觉，对我来说，因为我的经验与它相连，并通过向唯一的一个世界开放，通过属于唯一的一个存在而与他人的经验相连，所以它具有持久真理的价值。于是，终极的本体的力量就属于经验，本质、本质的必然性、内在的或逻辑的可能性，无论它们在精神目光下怎样地可靠和不可争议，其力量和说服力，都只是由于我的所有思想和他人的所有思想被纳入到唯一的一个存在的组织中。我之中的纯粹观察者把一切提升为本质，产生其观念，他确信有这些观念就能接触到存在，因为存在呈现在现实经验中，这种现实经验被各种现实经验、现实世界和现实存在所包围，而这种存在则是谓项存在的根基。本质的所有可能性完全能够包括和统治事实，它们本身来自于另一种可能性，更加根本的可能性：作用于我们的经验，将我的经验向世界和存在开放的那种可能性，以及肯定不把世界和存在当作它之前的事实来发现，而是激活和组织它们的事实性(facticité)的可能性。当哲学停止怀疑而进行解释和阐释时，它为自己打开的场域就完全是由意义和本质构成的——因为它脱离了事实和存在——但这些意义和本质不是自足的，而是开放地与我们的观念化行为相连，与把它们从原初存在那里抽取出来的观念化行为相连，在原初存在那里，重要的是在原初状态中找到我们的本质和我们的意义应答者。

当我自问什么是某物，或什么是世界，或什么是物质之物时，我还不是将通过观念化而成为的纯粹旁观者；我是一个经验场，在其中以下东西只是被描述：物质之物系列和其他系列(世界是它们共同的样式)，言说之物系列(言语世界是它们共同的样式)，最后

是普遍的某物抽象的和干巴巴的样式。为了从那里转入本质中，我应该积极地介入，应该使事物和场域产生变化，但不是通过操纵它们，而是并不触及它们，通过假设这样的联系或这样的结构已经改变或通过把它们置于范围之外，并记录这会对它者有什么影响，以便辨认出它们中什么是可与事物分开的，以及相反，什么是人们不能在事物没有停止是自身的情况下取消或改变的东西，使事物和场域发生变化。本质从这种检验中显现出来——于是它就不是一个肯定的存在。它是一个非变者(un in-variant)，这正是由于：变更或缺席会改变或摧毁事物；本质的可靠性和本质性正是由我们具有的使事物产生变化的能力来衡量的。一种完全没有被事实污染和干扰的纯本质只能来自于总体变化的尝试。如果我们想确认没有任何东西被偷偷地引入其中的话，它将需要有一个没有秘密和潜在性的旁观者。为了真正将一种经验还原为其本质，我们就应该和它保持一定距离——这个距离将经验以及在经验中起作用的感受性和思想完全地置于我们的目光之下，就应该将它，也将我们全部地转入想象物的透明中，应该在没有支撑之地的情况下思考它，简单地说，就是退回虚无的深处。只有这时我们才可能知道什么时刻肯定地构成了这种经验的存在。然而，由于我将俯瞰它，它仍然是一种经验吗？如果我试图和它比如在思想中保持一致，它是不是本义上说的我将看到的一种本质呢？一切观念化——因为它是一种观念化——都在我的绵延的担保下在存在的空间中形成了，而我的绵延则必须回到它自身之中，以便在那里重新找到我刚才所思考那同一个观念，并且必须转入他者之中，以便在他者中与这同一观念重新相遇。所有的观念化都由我的绵延以

及其他绵延之树所支撑；这种尚未为人所知的东西滋养着观念的透明性；在观念的后面有一种统一性，有一切真实和可能绵延的同时性，有一个唯一存在的完全的一致性。在本质和观念的可靠性之下是经验的组织，是这时间之肉身，所以我不能肯定我已经进入了存在的坚实内核：我那不可置疑地进行选择，并从真实中抽出的可能的能力不能达到控制场景的所有蕴含的地步，也不能达到将真实做成可能性之简单变体的地步；相反的是，可能的世界和可能的存在才是变体，就像是现实世界和现实存在的复本。我有足够的用其他东西代替我经验中的这些时刻，指出这样并不取消我的经验，因而确定非本质的东西的选择空间。然而在这些排除之后所剩的是否必定属于这里涉及的存在呢？为了证明这一点，我必须俯瞰我的场域，中止或至少激活沉淀在我的场域周围——首先是我的时间和身体——的所有思想，这不仅对我来说是事实上不可能的，而且将使我完全失去世界和存在的深度一致；没有这种深度一致，本质就是主观的疯狂和傲慢。于是对我来说就有一种非本质的东西，有一个区域，有一个凹陷，在其中聚集了那些不是非本质的和不是不可能的东西，对我来说就没有一种决定性地将本质的本质性(essentialité de l'enssence)给予我的肯定的观看。

那么，我们应该说，我们缺乏这种本质，我们只是原则上拥有它，它处在总是不完善的观念化的界限内吗？然而，这里的问题在于确定这种本质是否成立，以及挽救将我们置于相对主义中的本质的假定，或者相反，我们通过放弃非时间性的和无确定地点的本质也许能获得一种关于本质的真正思想时，这种将原则和事实对立起来的双重思维只是以“原则”的名义挽救本质的假定。正是通

过从事实和本质的对立，通过从个体化于空间和时间中一个点的东西和永远不存在于任何时间和空间的东西的对立出发，人们才最终被引导去将本质当作一种界限观念，也就是说使其成为了不可接近的观念。因为正是这一点强迫我们将本质的存在当作超出“事实”领域的第二种肯定性来寻找，强迫我们梦想一种事物的变体，它能把一切不真正是事物自身的东西从事物中清除出去，并使总是被掩遮着的事物完全地显现出来，——强迫我们梦想一种经验作用于经验的不可能的活动，这种活动把经验的事实性当作一种非纯粹性从经验中剥离出来。相反，如果我们重视事实和本质的反题，我们也许能用一种使我们能够进入其中的方式来重新定义本质，因为它不在外边，而是在刚才还在制造困难的经验作用于经验之上的缠绕的中心。

只有从别处也就是从正面观察存在的思想才必须接受本质与事实的分道。我如果是*观看世界者*(kosmotheros)，我的至高无上的目光就能看到位于它们各自时间和空间中的每一事物，作为处于唯一地点和时间中的绝对个体的每一事物。因为它们都是从它们自身的位置加入到同一的意义中的，人们被引向去构想另一种维度，它是这种平面的多样性的横切面和没有地点性和时间性的意义系统。此后，由于应该重新连接这两个领域，以及理解这两个领域是怎样通过我们而相互联结的，人们达至了本质的直觉之错综复杂的问题。可是，我是*观看世界者*吗？更确切地说，我是最高意义上的观看世界者吗？我原初是沉思能力，是把事物定位在其时空中和把本质定位在不可见的天空中的纯目光，是将会从某个乌有之处突现的知识之光吗？然而，即使在我驻于存在的这一零点之中时，我也很清楚这个零点与空间性及时间性之间有某种神秘的联系：也许明天，也许过一会儿，这种居高临下的目光以及它所包含的一切就会在时间表的某个日子中降临，我将会在尘世和我的生命中给它指定一个显现的地方。应该相信时间在它之下继续流动，尘世也继续存在。因为我毕竟到了另一边，为什么不说我是在时间和空间中，或者我不在任何地方，而干脆说我由于在此时此地而无所不在，无时不在呢？

因为可见的现时不是在时间和空间中，当然也不是在时间和空间之外：在可见的现时之前、之后，及其周围没有任何可与其可见性相竞争的东西。然而可见的现时既不是独自的，也不是一切。确切地说，它挡住我的目光，也就是说，时间和空间在超出可见的现实的同时又处在可见的现时之后，在深层中藏匿着。这样，可见的能充填我，能吸引我，只是因为看它的我不是从虚无的深处看它的，而是在它本身之中看它的，因为看者的我本身也是可见的；产生各种声音、各种感觉组织、现时和世界的重量、厚度、质地的，正在于把握这些东西的人感到自己是通过某种与这些东西完全同质的缠绕和重复而从它们那里涌现出来的；他感到自己就是回到自身的可感的东西，反过来说，可感的东西在他眼里则好像是其复本或其肉体的延伸。事物的空间、时间是其自身的碎片，是自己空间化和时间化的碎片，不再是被历时地和共时地分布的个体的多样性，而是同时性和连续性的形式，是时间和空间的髓质，个体就在这里通过差异而构成。于是事物在任何时间、任何地点都不在其自身，不在其地，不在其时，它们只存在于空间性和时间性之光的末端，而这光则是来自于我肉身的奥秘。事物的可靠性不是精神

所俯瞰的纯客体的可靠性，由于我在事物之中，事物是通过有感觉之物的我而得以传播的，所以我是在内部经验它们的可靠性的。就像精神分析学家的记忆屏（souvenir-écran）那样，现时或可见的对我来说如此重要，具有一种绝对的权威，只是因为它所具有的，但它时而显现，时而又隐藏的很多的过去、未来和别处的潜在内容。于是就没有必要给空间-时间原子的多样性上加上一种本质的横向维度：这里所有的东西就是一种结构，就是一种现象"重叠"，就是一个"存在层面"[1] 系列，它们通过可见的和普遍的在某种可见的之上的缠绕分化——这种缠绕就建于某种可见的之上，在其中，它得以重复和记载。事实和本质不再是可分辨的，不是因为它们（它们是混杂于我们的经验中的）在其纯粹性中是不可进入的，是作为超出我们经验的界限观念而存在的，而是由于——存在不再是在我面前，而是在我四周，并且在某种意义上是横贯我的，还由于我对存在的观看不是发生在别处而是发生在存在之中——所谓的事实和空间-时间个体就一下子被置于了轴心处，所以所有的支轴，所有的维度，我的身体的普遍性，以及所有的观念便已经嵌在了轴心的连接处。时间和空间的任何定位，都系于他者，都是他者的一个变体，正如他者是它的变体一样；任何个体都是存在的类或系列的代表，任何个体都拥有并且是操作他有能力操作的时间和空间领域的某种式样或某种方法，都拥有并且是表达、言说这一领域的某种样式或方法，都拥有并且是显现、传布一个完全潜

1 让·华尔（Jean Wahl）："芬克论存在、真实、世界"（Sein，Wahrheit，Welt，par E. Fink），载《形而上学与精神》，1960 年，第 2 期。

在之中心的某种样式或方法，简言之，是存在的某种方式，从积极的意义上说，是某种本质——这是海德格尔说的本质这个词被当作动词[1]来使用时的意义。

简而言之，没有一种不和历史和地理领域相关联的本质和观念，这不是因为本质和观念被关闭在那里，它者不能进入，而是因为和自然的本质和观念一样，文化空间和时间的本质和观念不能被从上面俯瞰，因为一种构成的文化与另一种文化的交流经由一个原始区域，两个文化之源就在这个区域中。在所有这些中，本质在哪里呢？存在在哪里呢？Sosein（本在）在哪里呢？Sein（存在）在哪里呢？我们从来没有在我们的面前拥有纯粹的个体，不可分的存在的冰川，既无地点也无时间的本质，不是因为它们存在于别处，在我们的可及范围之外，而是因为我们是一些经验，也就是说是一些思想，它们感到了经验、思想后面它们所思考的空间、时间和存在本身的分量，它们因此在自己的目光下既未持有一个连续的空间、时间，也未持有系列的纯观念，而是在其四周拥有一个重叠的、增殖的、侵越性的、杂乱的时间和空间——持续的孕育、持续的分娩、生成性、普遍性、原初本质、原初存在。它们是同一本体论的中心和关键。

而如果人们问，一旦抛弃了事实与本质之间的区别，那么我们

1　对于三十年后回到那里的我们来说，同现在住在那里的人们一样，中学不只是一个有用的和可以通过描述其特征而对其进行描述的对象，不只是某种气味，某种影响其邻近空间的情感组织。这些绒，这些丝在我的手指下，都是某种特有的抵抗及屈服于手指的方式，是一种粗糙的、光滑的力量，它从某一点对我的身体进行回应，并顺从身体的肌肤运动或在身体呆滞时诱惑它。《形而上学导论》，尼迈伊尔出版社，图宾根，1953 年，第 26 页。

身处其中的这个未定的领域究竟是什么的话，那就应该回答说它就是我们的生命领域本身，就是我们的知识生命的领域本身。也许是将被敬重地代代相传的感应和本质直观（Wesenschau）的神话抛弃的时候了。不过很清楚的是，胡塞尔本人并没有得到一个唯一的本质直观，他后来又谈到了唯一的本质直观并重新对之进行研究，不是为了揭穿它，而是为了让它说它最先并未真正说出的东西，因此在观念的天空，或在意义的深处中寻找可靠性是幼稚的：它既不在显象上面，也不在显象下面，而是在它们的连接处，它是秘密地将一种经验与其变体相连的联系。同样清楚的是，纯感应是一种神话。让我们先把物理领域放在一边，让我们等一会儿再指出说，对客观知识的精神分析是没有止境的，或更确切地说，和所有的精神分析一样，对客观知识的精神分析不是要取消过去，取消虚幻，而是要把它们从是死亡的力量转变成诗的生产力，以及指出，客观知识观念，作为精神自动机的算法观念和自我告知、自我认识的客体的观念是——和其他观念一样，甚至比其他观念更甚——依赖于我们的梦的。让我们暂且先把这搁置在一边。无论如何，只要一涉及生命的存在和身体，尤其是涉及人，非常明显的是，没有任何富有成果的研究是纯感应性的和恒定的东西的纯统计清点，心理学、人种学、社会学只有通过使病态的或古老的或只是他者的经验和我们的经验相接触，通过让它们相互启发、相互批判，通过构造相互交织（Ineinander），最后通过实现胡塞尔错误地理解的本质变更，才能教给我们一点儿东西——胡塞尔错误地将这种本质变更首先留给想象和哲学家独自的视觉，而它其实却是被人们称之为科学的共同意见（opinio communis）的载体和场所。

肯定的是，至少在这条道路上，人们不是通过进入到一个自在而进入客观性中的，而是通过使外在的所予与我们拥有的它的内在的副本相互揭示、相互纠正而进入的，而我们是作为人类的和生命的可感的-感觉者（sentants-sensibles）、原型和变异而拥有的，也就是说我们是在生命、人类存在和存在的内部，就像存在也在我们中一样，我们不是在晦暗事实和清澈观念之间的中途中生活和认识，而是在这样的交叉和重叠处生活和认识，在其中事实系列刻记下它们的普遍性及其亲缘性，并把自身聚合在各种维度以及我们自己的存在之处。这种原初存在和原初本质所在之处不是神秘的：我们不离开那里，我们没有其他住所。事实和本质是一些抽象概念：真正有的是一些世界、一个世界和一个存在，不是事实之和，或观念系统，而是无意义或本体论空无的不可能性，就像空间和时间不是地点和时间意义上的个体之和，而是他者中的每一个的后面以及我们不知其所是但至少知道它们是原则上可确定的在另一些他者后面的在场和潜在性。这个世界、这个存在、这个事实性和不可分的观念性并不是它所包含的个体意义上的一，更不是同样意义上的二或多，它没有任何神秘之处：无论我们怎么说，它都是我们的生命，我们的科学，我们的哲学*驻于其中的东西。

我们将解释时间的一致性、空间的一致性、空间与时间之间的一致性、它们的组成部分的同时性（空间那里字面意义的同时性和时间那里象征意义的同时性）、空间和时间的交织，我们将解释我

---

* 下面这几行文字是插在这一段中的：在这项为本质之肉身背景的对经验之经验的研究中，应该特别指出对言语的研究（重新进行对作为言语差异的本质的讨论和理解）。

的身体的正面和反面的一致;我的可见的、像事物一样可触及的身体,造成了自己看自己,自己与自己的接触,在这种观看和接触中,它以这样的方式分身、重合,以至于客观的身体和现象的身体相互缠绕,或者相互侵越。这时,只需使人看到以下这一点就足够了,这些时刻、这些层面、这些维度所从属的唯一的存在,所从属的维度性超越了古典的本质和存在,并使它们之间的联系成为可理解的。

对于本质和对于事实一样,我们必须做的只是置身于我们讨论的存在中,而不是从外面观看它,或者,这会导致同样的事情,我们必须做的只是将它重新放到我们生命的组织中,从内部关注与我的身体之分裂相似的分裂,这种分裂向自身开放,并使我们向它开放,而且由于它涉及本质,它也是言与思的分裂。就像作为可见的之一的我的身体也是自我观看的,并由此使自己成为把自己的内部向可见的开放的自然之光,以便可见的在这里变成我的景象,实现人们说的那种由存在到"意识"的神奇推进,或者像我们更愿意说的那样那种"内部"和"外部"的分离,——同样,受特定语言(langue)的许多理想关系的支持,并因此在科学眼里是被构成的语言(langage),是意义世界中的特定区域的言语(parole)也是意义所有其他区域的某种构件和共振器,并由此成为可与可思的共存的。言语是意义总体的部分,就像肉身是可见的部分一样,就像肉身一样,言语是通过一个存在与存在发生的联系,就像肉身一样,言语是自恋的、色情的,并赋有把其他意义吸引到自己的网中的天然魔力,就像身体通过自我感觉而感觉世界那样。事实上这里更多的是并列性或类似性、相互关联性和相互交织性:如果仅仅

只是理智世界的一个区域的言语也可以是理智世界的住所的话，那是因为言语深入到了不可见的之中，扩展到了语义活动——身体对存在的所属和每个存在的身体关联性——之中，而这种存在的身体关联性是由可见的向我彻底地证实的，每个理智的明证性都在远处反映着关联性的观念。在如其所是地考虑活动的、运作的、在场和一致的世界的哲学中，本质绝不是一块绊脚石：作为活动的、运作的本质，它在这种哲学中有其位置。在我们之上再也没有被给予，像实证对象那样被给予精神目光的本质，但在我们之下有一种本质，有一种能指和所指的共同之脉，有能指与所指的相互依赖性和相互可逆性，就像可见物是我们的肉身的秘密褶皱，而我们的身体则是可见物之一。就像世界在我的身体后面一样，活动的本质也是在活动的言语的后面，也就是说活动的言语对意义的拥有还比不上意义对言语的拥有，活动的言语不谈论意义，而是用意义来说话，或根据意义说话，或者让意义在我之中说和被说，这种言语穿透我的在场。如果存在一种观念性，一种在我这里有远景，一种甚至穿透我的意识空间，一种在他者中有其远景，最终因为成为文字而在任何可能的读者那里都有远景的思想的话，这只不过是因为这种使我和他人产生渴望，指出我的景象的一般偏差，并把这种偏差向普遍性开放的思想恰恰更多地是一种非思(impensé)。被过分拥有的观念不再是观念，当我谈论观念的时候，我已经不再思考它，就好像对于本质来说，本质的东西在明天，就好像本质只是言语织物上的一根丝线那样。讨论不是观念的交流或冲突，就像每个人都有自己的观念，并且把它们展示给他人，注视他人的观念，然后回来用自己的观念改正它们那样……某人

说话，其他人立刻就是相对其言语而言的某种分歧了，并且这个某人自己也确定了自己相对于他人而言的分歧。无论声音高低，总之每人都完全是自己在说话，以自己的“观念”说话，不过他也以萦绕他的东西说话，以他秘密的历史说话；他者在将这些萦绕和历史构成为观念时突然将它们揭示无余。生活变成了观念，观念归返生活，每个人都被卷入这团他最初是有节制地参与其中的旋涡中，每个人都受自己所说和别人对其的回应去引导，都受他的但他不再是其唯一的思考者的思想的引导。人们不再思考，每个人都说话，大家都在存在中生存和活动，就像我在我的景象中活动一样，如果我想留在这儿或到那儿去，我就根据需要观察，或需要还原的差异度来行动。无论是在讨论中还是在内心独白中，处于活的和积极状态的本质总是由言语构造所指出的特定的消失点，是言语的不可进入的“另一面”，那些同意首先而且永远在言语中生存的除外。

正如叶脉总是从里面支撑着叶子一样，观念是经验的织纹，是它的风格，它首先是沉默的，接着被大声说出来。就和任何风格一样，观念在存在的深处中形成，而且它们不但在事实上，而且也有权不再为了被展示在目光下而被从存在中抽出来。

于是哲学探究就不简单的是对意义的等待，不是对将会满足它的期待的意义的等待。“世界是什么?”或更恰当地说：“什么是存在?”这些问题只有通过某种复视，并且指向事物的状态和自身也是追问者的问题本身——同时指向“存在”的意义、意义的存在和意义在存在中的位置才会成为哲学问题。哲学探究的特征就正是转向自身，并追问什么是追问，什么是回答。这是一个有二次力量的问题，一旦被提出，就不可能被抹去。于是，一切都不可能好像从来就没有过问题那样继续存在。只有探究是意义的简单缺席，是逃回到只是乌有的虚无，遗忘问题，回到肯定中才是可能的。然而提问者却不是乌有，他是——这完全是另一种东西——一个自我探究的提问者；他的否定是由存在的基础结构所承载的，所以他不是把自己从账目中抹去的一种乌有。我们曾说过怀疑是一种暗地里的肯定主义，有必要超越怀疑而走向它所否定然而却肯定的东西。然而反过来，如果人们想超越怀疑而走向一种是意义或本质的领域的绝对确实性的领域的话，这种绝对的肯定主义就将说，提问者使自己和存在及世界离得那样地远，以至于它就不再属于存在和世界了。就像怀疑的否定主义那样，本质的肯定主义秘密地说出了与其公开所说的相反的东西。想进入本质之绝对坚硬存在中的意图掩盖了成为乌有的虚假企图。没有任何问题向存在提出：这是否只是通过其是问题的存在，问题已经交往过的存在，问题才回到存在中呢？正如问题不是和存在的真正分离，不是体验的虚无一样，问题也不是观念的分离，不是观看被还原到其意义或其本质的经验的绝对的纯粹日光。正如问题不能没有答案，不是开向超越存在的纯粹开口一样，答案也不是内在于问题之中，也不像马克思所说的那样，人类只提它能解决的问题。这两种观点由于同样的原因而被排除，这就是，在这两个假设中，最终将不会有问题，在这两种观点中，我们的原初境遇被忽视了，这或者是由于我们脱离了存在，我们甚至没有足够的肯定性去提问题，或者是由于我们已经处在存在中，我们就已经超出了所有问题。人们想将哲学还原到其中的本质的问题不再自然而然地是哲学问题，而

更多地是事实的问题，但这些问题也许会同哲学问题一样的是哲学的。哲学的维度与本质的维度和[事实]*的维度是交叉的。对时间和空间的本质进行提问还不是做哲学——如果接下来不对时间本身和空间本身与它们的本质关系进行提问的话。而且在某种意义上说，事实的问题会比理性真理走得更远。"一个人不时地抬起头，感觉、倾听、关注、认出自己的方位：他思考，他喃喃低语，从贴身衣袋里掏出手表，看时间，我在哪儿？几点了？这就是我们向世界提出的没有穷尽的问题。"**[1]……没有穷尽的，因为时间和地点不断地变化，但尤其是因为出现在这里的问题其实不是要知道我们是在空间的什么地点（它是被当作给定的），在时间的什么时刻（它也是被当作给定的），而是首先要知道我们和时间以及地点之不可摧毁的关联是什么，知道什么是我们永恒地建立在事物之上，什么是我们持续地处于事物之中，由此我首先必须在一个时间中和一个地点中，无论它们是怎样的时间和地点。肯定的是一个陈述——无论它是什么样的——都只会改变这个问题和欺骗我们的渴望。它们把我们交给我不知道是什么样子的我们的存在法则，这种法则设定了在空间之后有空间，在时间之后有时间，但我们的事实问题针对的恰恰就是这个法则。如果我们能够发现它们的最终动机，我们就能在"我在哪儿"、"几点了"这样的问题下面发现要被追问的空间和时间的隐秘知识，发现一种探究的隐秘知识，

* "事实"二字被不慎删掉，所以我们把它们放入方括号。

** 读者可能会注意到：克罗岱尔的这段话已经被引用过和评论过（见本书第129页）。这里的重复证明了这部手稿处于未完成状态。

1 克罗岱尔：《诗艺》，法兰西水星出版社，第9页。

这是探究是与存在的终极关联，是本体的构件的探究。和事实一样，本质的必然性不是哲学所要求的“回答”。在原初的存在中，“回答”比“事实”高，比“本质”低，在那里，它们是并将继续是未分的，而我们习得的文化对它们的划分或者太滞后，或者太低层。

我们关于这个问题的建议和用于对抗本质研究的，不是回到和存在者当下的、重合的和实际的融合，不是对原初完整性的寻找，不是对已失去的和需要重新发现的秘密的寻找，——这将会消除掉我们的问题，甚至会指责我们的语言。如果说重叠消失了，这不是偶然的；如果说存在隐藏着，这本身就是存在的一个方面，没有任何揭示能让我们理解它。失去的当下性恢复起来非常困难，如果人们要恢复它的话，它将会在自身中带有批评方法的残余，人们可以通过这种方法重新找到它，但它将不再是当下性了。如果它必须是当下性，如果它必须不保留我们走向它的行动的任何痕迹，如果它是存在本身的话，那就意味着从我们这里到它那里没有任何通道，就意味着它原则上是不可进入的。我们周围的可见物驻于它们自身之中，它们的自然存在是那样地完满，以至于似乎包含了它们被知觉的存在，就好像我们对它们的知觉是在它们本身之中进行的。然而，如果我通过说物各居其所，说我们与它们融为一体而表达这种经验的话，我立刻就使这种经验成为不可能：因为当我接近事物时，我就停止存在，当我是存在时，就不再有事物，而只有它的那个副本存在于我的“暗室”之中。当我的知觉将变成纯知觉、事物和存在时，它就熄灭了；当它燃起时，我已不再是事物了。同样，和过去的存在是没有真正的重合的：如果纯回忆是保留下来的过去的在场，如果在追忆中我又变成我之曾是的话，那我就

看不到它怎么能够向我开放过去的维度;如果每个在场在我之中注册时丢失了它的肉身的话,如果在场在之中被改变的纯回忆是一种不可见的话,确实存在一种过去,但它和在场并不重合,我在场的厚重把我与在场分开了,在场只能通过以某种方式在我的在场中找到位子,使其成为新的在场才是我的在场。就像我们从来不会同时有事物和对事物的意识,从来不会同时有过去和对过去的意识那样,同理:在重合和融合的直觉之中,人们给予存在的一切都被取自于经验,人们给予经验的一切都取自于存在。真实的是,重合的经验只能像柏格森常说的那样,是"部分地重合"。可是什么是只能部分重合的重合呢?这是一种总是过去的或未来的重合,是这样一种经验,它回忆一种不可能的过去,期待一种不可能的未来,它从存在中涌现出来或去融入存在之中,它"属于"存在但还不是存在,所以它不是重合,不是真正的融合,不像两个肯定项或两种材料那样的融合,而是一种像低地与高山那样有明显的差别重叠。哲学在世界之后,在自然之后,在生活之后,在思想之后,并且发现它们在哲学之前就已构成,所以,哲学探究这个先在,追问自身与这个先在的联系。它是向自我的回溯,向一切事物的回溯,但不是向当下的回溯。当哲学想接近当下并融入其中时,当下马上就离开自己。当下是在地平线那里,应该以此来认识它,它只能通过保持着距离才能保持它自己。存在着一种可见物(它是先于我的视觉的)的经验,但这种经验不是融合,不是重合:因为我的看的眼睛,触的手也可以是被看和被触的,因此,在这个意义上说,它们是从内部看和触到了可见的与可触的,还因为我们的肉体覆盖甚至包裹了所有可见与可触之物,而我们的肉身又是被这些可见和可触之物包围着，世界与我互在对方之中，知觉(percipère)对被知觉(percipi)没有在先性，而是有同时性甚或后时性。因为自然世界的分量已经是过去的分量。我的生命的每一个场景，由于不是飘忽不定的感觉集，或转瞬即逝的判断系统，而是世界绵延的肉身之肌段，它作为可见的，除了我的视觉之外，还蕴含着许多其他视觉；我看到的和我谈论的可见的——尽管不是西迈特山(Hymette)或德尔斐城(Delphes)的梧桐树[①]——也是与柏拉图和亚里士多德之所见和所谈论的可见的是同值的。当我在我手下，在我眼前，在我身上按其所是重新发现了现实世界时，我发现的就远不止是一个对象：而是一个我的视觉是其一部分的存在，一个比我的活动或动作早得多的可见性。然而这并不意味着我和它之间有一种融合和重合：相反，融合或重合是因为有某种断裂将我的身体一分为二，是因为在被看者和看者、被触者和触者之间，有一种重叠或侵越，以至于应该说，事物进入了我们，我们同样也进入了事物。柏格森说，我们的直觉是反思的，他说得有道理；他的直觉和反思哲学都具有一种前定论的成见：存在的秘密存在于我们后面的完整性中的。柏格森所缺乏的——和反思哲学一样——是双重含义，是进入自我和走出自我的同一，是体验与距离之间的同一。回溯到当下感觉材料，把经验追溯到现场无疑是哲学与朴素知识相反的标志。然而，过去与现在、本质与事实、空间与时间不是在同一意义上被给出的，它们中没有任何一个是在重合的意义上被给出的。“基原的”并非只有一个类型，它并不完全在我们的后面；恢

① 前者之上有宙斯神庙，后者城里有阿波罗神庙。——译者

复真实的过去和先在不是全部哲学;体验不是平面的,不是没有深度,没有维度的,不是我们会与其融合的晦暗层;对原初的呼吁将从几个方向发出:基原裂开了,哲学应该伴随这种裂开、这种非重合、这种差异。重合的困难不仅仅是不触及原则的事实的困难。在关于本质的直觉中,我们已经遇见过这种双重真的系统了,它也是一种双重假的系统:因为原则上真的东西从不是事实的真,反之,事实的境况从不保证原则,这两种情况中的任一种都判决另一种,但又缓期判决,让对方在其范围内是有能力的。如果重合永远是部分的,就不能以总体的或实际的重合来定义真理。而如果我们有事物本身和过去本身的概念,那么它就应该在事实中有某种应答者。因此这样的偏离——没有它,事物的或过去的经验就将会降至零——就应该也向事物本身开放,向过去本身开放,就应该进入它们的定义中。那么,被给予的便不是赤裸的事物,甚至不是其原样的过去,而是做好准备被看的事物,它在原则上和事实上都蕴含着人们对之能够具有的一切视觉、某一天中的过去、还有一种不可解释的变化、一种奇怪的距离——,它在原则上和事实上都是和追忆相连的,这种追忆跨越了这种距离,但没有取消它。这里有的不是一种原则的或推定的重合、一种事实的非重合、一种有害的或缺失的真理,而是一种否定性的重合、一种远处的重合、一种隔离以及某种如“好心的错误”(bonne erreur)那样的东西。

正是通过考虑语言,我们才会更好地看到何以不必须和何以必须回到事物自身。如果我们梦见通过重合重新发现了自然界或时间,梦见自己与我们在远处看到的O点同一或与在我们深处支配我们追忆的纯记忆同一,那语言就是一种错误的力量,因为它切断了我们与事物和过去活的、连续的纽带，并像一个屏幕那样置于我们和纽带之间。哲学家言说，而这正是他的一个弱点，一种不可理解的弱点：他应该沉默，在沉默中重合，以及在存在中和已构成的哲学重逢。相反，一切都就好像他想把自己正在倾听的自己之中的某种沉默放到词语中似的。他的全部“作品”就是这种荒谬的努力。他写作就是为了说出他和存在的接触；可是他并没有说出它，也说不出它，因为这种接触是一种沉默的接触。于是，他又重新开始……那么，他就应该相信语言不简单地是真理和重合的对立面，相信有或将有一种重合的语言，一种让事物自身言说的方法——这正是他所寻找的。这将是这样一种语言：他不是它的组织者，他也不汇集诸语词，而是语词通过他而由自身意义的自然交织，以及由隐喻神秘的变迁汇集在一起，而在隐喻这里重要的不再是每个词和每个形象的显义，而是其转化和变迁中牵涉到的隐藏的联系和亲缘关系。柏格森曾经为哲学呼吁的也正是这样一种语言。然而我们也应该清楚地看到它的后果：如果语言不必然是欺骗性的，那么真理就不是重合和沉默的。

同样我们只需理解语言的活生生的或初生的状态，以及它所有的指称，即那些在它后面将它与它所追询的沉默之物相连和那些它置于自己之前并构成言说之物的世界的指称——还有语言的运作、微妙、颠倒、生命，这种生命表达和倍增了赤裸之物的生命。语言是一种生命，是我们的生命和事物的生命。不是语言控制生命，把生命据为己有：如果只有言说之物，那么它还将有何可说？语义哲学错误地将语言封闭起来好像它只是言说自己：语言只靠沉默生活；我们扔给他者的一切都在这个永远不离开我们的沉默

的地方萌了芽。但是，由于在自身中感到有说话的需要，感到言语在其沉默经验的深处像冒泡一样的诞生，哲学家比任何人都更清楚，体验外是言说的体验，产生自这种深处的语言不是存在上的面具，但是，如果人们知道如何去把握语言以及它所有的根系和枝叶，这存在最有价值的见证，人们就不会中断这种没有人也照样彻底的直接性，视觉本身、思想本身就像人们说过的那样，是“像语言那样有结构的”[1]，是文字之前的关联，是某种东西的影子而这时尚无任何东西或其他东西。因此，语言的问题只是一个区域性的问题，如果人们愿意这样说的话，也就是说，如果人们考虑的是现成的语言、语言翻译的从属性和经验性的活动、编码和解码、人工语言、语音和意义之间的技术联系——这两者只是通过明确的约定连接的，因此它们是完全可分的。相反，如果人们考虑正在言说的言语，考虑对生活在语言中的人是自然的语言约定，考虑在他之中可见的和体验对语言的缠绕，以及语言对可见的和体验的缠绕，考虑他的沉默的景象的关联与其言语关联之间的交流，以及最后考虑不需要翻译成意义和思想的施效言语，考虑可以被当作一种武器、一种行动、一种攻击和一种诱惑的物语(langue-chose)，因为物语让它在其中生成的体验的深层联系绽放了出来——这是生命与行动的语言，也是文学与诗的语言，那么，这种逻各斯(言语)就是一个绝对普遍的主题，就是哲学的主题。哲学本身就是一种语言，就建立在语言之上；然而这并不使哲学不能谈论语言，谈论前语言，谈论使语言和前语言两义的沉默世界：而是相反，哲学是一种

1　雅克·拉康语。

施效的语言，这种语言只能从内部出发并通过实践才能被知，它向事物开放的、被沉默之声呼唤，它继续着一种为一切存在之存在的关联的努力。

人们将哲学定义为对本质的探寻同把哲学定义为与事物融合是同样地错误的，这两种错误没有多大差别。人们或者寻求更加纯粹的本质，这时观看本质者不处于世界之中，人们是从虚无深处观看本质的，或者人们试图在他们所在的地点本身和时刻本身与现存物融合；这种无限的距离和这种绝对的接近以两种方法——俯瞰式的或融合式的——表达了与事物本身的同一种联系。这是两种肯定主义。不论人们是把自己置于陈述——它是本质特有的范畴——层面，或置于事物的沉默中，还是人们绝对信任言语，或相反绝对怀疑言语，对言语问题的无知在这里都是对一切中介的无知。哲学被压在观念性的唯一平面上或存在的唯一平面上。人们希望观念的内在一致性或事物的自身同一性这两方面之中有某种东西来挡住目光，人们或者排斥或者轻视距离的思想、视域的思想。每个存在都以一定距离呈现出来并不妨碍人们知道它，相反却保证它能被知：这是人们没有考虑的东西。世界的呈现正是它的肉身向我的肉身的呈现，我“属于世界”但我不是它：这是一被说出就被忘记的东西：形而上学仍然是重合。我们和存在之“硬核”之间存在这种肉身的厚度，这是没有参与到定义中的东西：这些厚度被归之于我，这是主观性总是揽在身边的非存在护套。然而，不论是无限距离或是绝对接近，不论是否定或是认同，在这两种情况下我们和存在的关系都以同样的方式不被了解。在这两种情况

下，人们都缺乏这种关系，因为人们相信通过尽可能地接近本质或事物，才能更好地确定它。人们忘记了，在我们面前的这种或由我们放在那里或是它把自己当作被置存在而置于我们中的迎面存在(être-frontal)原则上是第二位的，是在视域中被切割的，这种视域并非乌有，但对于存在来说，这种视域也不是构成的。人们忘记了我们对存在的开放，忘记了我们和存在的根本联系，使我们不能假装不存在的那种基本联系。这种联系不能在被置存在的范围内形成，因为正是这种开放告诉我们，无论被置存在是真是假，它们都不是乌有；无论是什么样的经验，它总是和某种经验比邻；我们的知觉、我们的判断、我们关于世界的全部知识都是可以被改变，可以被划掉但这不是被取消(胡塞尔语)；在怀疑的打击下，会出现其他的知觉、其他的更加真的评判，因为我们在存在中，而且有某物存在。柏格森曾恰当地说过，根本的知识不是这样的知识，这种知识想像把东西挟在钳子中那样来把握住时间，固定住时间，用时间各个部分之间的联系来确定时间、度量时间，而是相反，根本的知识把自己呈现给仅仅想“看它”[1] 的人，而这个人恰恰因为放弃捉住知识，通过视觉重新触到了知识的内在动力：融合或重合的观念最经常地取代这样一些东西，这些东西呼唤一种哲学的观看或视觉理论，最真正接近分裂的存在的理论……应该回到这种通过距离而达至的接近观念，回到像在深处听诊或触诊那样的直觉观念，回到一种自我观看、自我扭曲并使“重合”成为问题的观念上。

---

1 《思想与运动》，阿尔坎出版社，巴黎，1934 年，第 10 页。

由此人们将会最终看到什么是哲学探究。哲学探究不是有世界吗(an sit)和怀疑——在这里已经暗含有存在了，不是“我知道我什么也不知”——在这里已经出现了观念的绝对确实性，而是真正的“我知道什么？”这个“我知道什么？”不完全是蒙田的那个“我知道什么？”因为“我知道什么？”可以是仅仅要求对我们所知之物做清楚的解释，而不对知识的观念进行任何审查。这将是诸知识问题中的一种，就像“我在哪儿？”也可以是知识问题中的一种一样。在知识的问题中，人们只是在用什么称谓被看作自身具有明证性的存在，如空间，知识的问题上犹豫不决。然而，当我在一句话中说：“我知道什么？”时，另一个问题已经出现了，因为它超出了认知观念，它乞灵于我不知道是什么样的理智之地，在那里，应该有一些我所没有的事实，一些例子，一些观念，它暗示问句不是从倒置或直陈式和肯定式的颠倒派生出来的，也不是被掩藏的或被预料的肯定和否定，而是追求某物的独特方式，可以说是一种发问认知(question-savoir)，它原则上不能被任何陈述或“回答”所超越，由此它可以是我们与存在的关系的形式本身，就好像它就是我们的问题的沉默或有所保留的对话者。“我知道什么？”不仅仅是“认知是什么？”也不仅仅是“我是谁？”而最终是：“有什么？”和甚至是“‘有’是什么？”——这些问题不呼唤终结问题的言说之物的展示，而是呼唤一个尚未确定的存在之揭示，因为这种存在不需要存在，因为它静静地待在我们所有的肯定、否定，甚至待在所有已经形成的问题后面，但这并不是由于这里涉及的是在存在的沉默中忘记诸问题，也不是将存在囚禁在我们的喋喋不休中，而是因为哲

学是沉默与言语的相互转换:“这仍然涉及将[……]沉默的经验引向其本来意义之纯表达。”*

* 胡塞尔:《笛卡尔式沉思》,法译本,Vrin 出版社,巴黎,1947 年。

交 错 与 交 织

如果当哲学自称为反思或重合之时就预先断定了它将发现的东西这一点是真的，那么它还需要从头开始，抛弃反思和直觉给予它们自己的工具，把自己置于反思和直觉尚未分之处，把自己置于尚未经过"加工"的经验中，这些经验同时地、杂乱地向我们提供"主体"和"客体"、存在和本质，并向哲学提供重新定义这些东西的手段。看、说，甚至思考——这有所限制，因为人们一旦绝对地区别思与说，人们立刻就处于反思状态——都是这一类的经验，它们既是无可置疑的又是高深莫测的。它们在各种语言中都有一个名字，但它在所有语言中都带有一堆乱麻般的意义，带有本义和引申义的灌木丛，以至于它不是像科学名词那样的名词，通过给予被命名者 个限定的意义进行阐明，而是一种重复的标志，一种对既熟悉又解释不清楚的神秘的不断提醒，是一种自身之源头仍处在晦暗中，却照亮此外的一切的光亮。如果我们能够在看与说的活动中发现某种在语言中为这种经验指定如此命运的现实的指称的话，这种经验也许会教我们如何去构成我们的新工具，首先教我们如何去理解我们的研究和我们的探究本身。

我们周围的可见的好像是建立在它自身基础上的。就好像我们的视觉是在其心中形成，或就好像在它和我们之间有某种海与

沙滩般紧密的联系。然而，我们不可能融合到它中，它也不可能来到我们中，因为当视觉形成的那一刻，就会因看者或可见的消失而消失。因此，存在的东西并不是起初与自身同一，后来呈向看者的事物，也不是一个先是空空的，然后向事物开放的看者，而是某种我们不能比用目光触诊更能接近它的东西，是我们不可能梦想看到其“完全赤裸”样子的东西，因为目光本身也会包裹这些东西，以自己的肉身为它们的衣裳。那么，为何目光会让事物各就各位，我们关于它们的视像似乎是来自它们的呢？为何被看见对于它们来说就是其卓越存在的一种堕落呢？这种表面的神奇似的东西究竟是什么呢？什么是可见的这种特有的性质呢？即使自己在目光下远不只是我的视觉的一个关联物，而是把我的视觉当作它的至高存在的延伸而强加给我的东西。为何我的目光包裹事物而不掩藏事物呢？最后，为何目光通过揭示事物而掩盖事物呢？*

首先应该懂得的是，我眼前的这红色，并不像人们常说的那样是一个感觉质料(quale)，是没有厚度的存在的表皮，是一种无论人们是否接收到它，都是既不可破译又是明证性的信息，但是，如果人们接收到它，就知道了所有要知道的东西，总的来说关于这个

* 在原文本中下面几行文字用方括号插入在此：这是由于目光本身就是看者对可见的渗入，是在可见的中寻找自身(这自身属于可见的)——这是由于世界的可见的不是感觉质料的外罩，而是存在于感觉质料之间的外部与内部界域之间的连接物——这是由于可见的像肉身呈现给肉身那样有其自存性(aseité)，这我的自存性——肉身像可见(Sichtgkeit)和普遍性那样→由此，视觉既是问题也是回答……通过肉身的开放，我的身体的两层面及可见的世界所有的层面……正是在这种层面之间才有可见的……我的身体使事物成形，事物使我的身体成形：身体的各部分都与世界相连，都靠在事物身上→所有这些意味着：世界、肉身不是作为事实或者一些事实，而是作为真理注册的地点：虚假被划掉但未被取消。

信息就没有什么可说的了。这种信息要求有一种注视，哪怕很简短，它会从某种不太确定，而更一般的红中凸现出来，在那里，我的目光在锁定它之前就被占用，就沉入它之中了，就像人们恰当地说过的那样。而如果现在我锁定了信息，我的目光进入到了它固定的结构中，或如果我的目光重新开始在周围转悠，感觉质料就会恢复其模糊的存在。它的确切形式与某种毛绒绒的、金属的或多细孔[?]的结构或组织联系紧密，与这些参与到确切形式中的东西相比，感觉质料就微不足道了。克罗岱尔说过几乎同样的话，他说海的某种蓝色是那样地蓝，以至于只有血才是更红的。颜色在另一种变化的维度中才是不同的，在它与周遭联系的维度中才是不同的：这种红色只有从其自身位置上与周围其他红色——与这些红色构成灿烂的一片颜色——相联时，或者与被它支配或支配它的、它所招引或招引它的、被它排斥或排斥它的其他颜色相联时，才是其所是。简言之，这是同时性和连续性网状结构中的某种交叉点。这是可见性的一种具体化，不是一种原子。更何况，红色长裙的一切质感系于可见的组织，并通过它，系于不可见的存在的组织。红色事物场中的分段，比如包括屋顶上的红瓦、道口值班员手里的红旗和革命的红旗、埃克斯或马达加斯加的某种红土的事物场中的分段，也是红色长袍场中的一种分段，包括比如女子的红色长裙、教授在学位授予典礼上的红色长袍、大主教或大法官的红长袍的红色长袍场中的分段，它还是某些女士成套装饰物场和某些军服物场中的分段。这里所说的红色在严格意义上说是根据其在不同的场合下出现的不同而不同的，如 1917 年革命的红色给予它的或

永恒的妇女之象征的红色给予它的，公诉人的红色或25年前香舍丽榭大街上一家啤酒店做招牌用的穿轻骑兵军服的吉卜赛人的红色给予它的纯本质是不同的。某些红色还是从想象世界深处上取来的化石般的东西。如果人们考虑所有这些不同成分的参与，人们就能看到，赤裸的颜色，更一般地说可见的颜色，不是一块硬邦邦的不可分割的绝对存在，赤裸地呈现给只能是总体的或不存在的视觉，而更多地是外部和内部界域之间某种总是敞开着的隘口，是前来轻触有色的或可见的世界的不同区域并使它们在远处产生回响的某种东西，是这种世界的某种改变和转瞬即逝的细微变化，较少地是颜色或事物，较多地是颜色与事物之间的区别，是颜色的存在或可见性的短暂凝结。在所谓的颜色和可见的之间，人们将发现联系二者，支撑二者，供养二者的组织，但这种组织不是事物，而是事物的可能性、潜在性和肉身。

如果人们回到看者，人们就会注意到这并不是一种类推或含糊的比喻，而是应该被看作严格确定的。我们说过，目光包围、触摸可见物并与可见物贴合。就好像它和这些可见物处于一种预定和谐的联系中，就好像它在知道它们之前就了解它们，它以自己的方式不连续地及突然地移动，不过，看不是随便什么东西，我不看混沌，我看事物，以至于人们不能说是看者还是事物在控制。可见的这种预先拥有，按其意愿对可见的进行探究的这种艺术，这种神启般的解释究竟是什么呢？我们也许能在手触的触感中发现答案，在这种触感中，问者与被问者离得更近，而且总的来说，眼光的触感也是它的一种引人注目的变化。我如何将能让我感到织物的粗糙和柔细的动作的程度、速度、方向给予我的手呢？在探究和探究告诉我的东西之间，在我的动作和我触到的东西之间应该存在着某种原则的联系，某种亲源关系，按这种亲源关系，我们的这些动作不只是像阿米巴虫的伪足那样的身体空间的含糊和转瞬即逝的变化，而是向着触感世界的开放。只有当我的手从内部进行感觉的时候也可以被从外部接近，即它本身也是可触的时候，向触感世界的开放才会发生，比如，对我的另一只手来说，如果它在它所触之物中占有了一席之地，它就在某种意义上是那些物中之一，就最终向它所属的可触的存在开放了。通过这种触与被触之间的再交叉，触的手之动作本身融入到了它们所探究的世界中，并被带到了和手相同的地方；这两个体系相互与对方贴合，就像一个橘子的两半相互贴合那样。视觉也是同样的，除了据说这里的探究和探究收集到的情况不属于“同一意义”之外。然而，这种意义界线是很粗略的。我们刚才已经在“触”中发现了三种相互蕴含的不同经验，三种相互交叉，但可相互区分的维度：感到柔细与粗糙的触、感到事物的触——这是身体和其空间的被动感受，——最后是触之真正的触，当我的右手触到正在触物的左手——通过这触，“正在触的主体”就转入被触行列——时，我的左手就降到了事物的行列，以至于触本身是在世界中和事物中形成的。我对我被封于其中的袋子的感受和我的一只手对另一只手实施的外在控制是非常不同的，它们的不同就像我眼睛的运动与运动在可见的中导致的变化之间的不同一样。相反，就像所有关于可见的经验总是在眼睛运动的背景下给予我的那样，可见景观完全和“触感性质”一样

属于触。我们应该习惯于认为一切可见的都在可触的中被切分，一切可触的存在都以某种方式在可见性中被允诺，而且不仅在被触者与触者之间，而且在可触的与嵌入自身之中的可见的之间都有互相侵入与侵越，正如反之，可触的本身不是可见的之虚无，不是没有视觉的存在。因为同一个身体既看也触，可见的和可触的属于同一世界。很少被人注意的奇迹是，我的眼睛的一切运动——甚至是我的身体的一切移动——在我通过这些运动而仔细研究和探究的同一个可见的世界有其位置，就像反过来，一切视觉在触觉空间的某处有其地点一样。在可触的中有可见的重复和交叉，在可见的中则有可触的重复和交叉，这两种图式是完整的，相互不混淆。这两部分是总体的部分但又不是可叠合的。

那么，不用进入看者和可见的蕴涵本身，我们就能知道，既然视觉是通过目光的触知，它就必须也处于它揭示给我们的存在的领域中，看者本身不应该是它所看之世界的局外者。当我看时，视觉就应该是（正如这个词的双重意义很好地指出的那样）一个补充视像或另一个视像的复制品：从外面看到的我自己，比如他人看到的我的那样，是处于可见的中间的，并又正在从某个地点考虑可见的。我们暂时不审查看者和可见的之统一性走向何处，我们是否有关于这种统一性的完整经验，或者是否缺乏什么东西以及这个东西是什么。我们暂时只需注意到，看者只有被可见者拥有，只有它属于它*，看者根据目光和事物的关联的规定只是可见的之一，并能通过一种独特的转变而去观看可见的，观看他也是其中之一

* 边注：超表现（Uerpràsentierbarkeit），就是肉身。

的可见的，他才能拥有可见的*。

这样，我们就明白了为什么我们在事物之所在地看到它们本身，在此它们的存在远不只是它们被看的存在，并明白为什么我们同时又由于目光和身体的厚度而远离事物：这是因为这种距离不是这种接近的反面，它是和接近深层相合的，它是接近的同义词。这是因为看者与事物之间的肉身的厚度是由事物的可见性构成的，就像它是由看者的肉体性构成的那样；这不是事物与看者之间的障碍，而是它们之间的交流手段。同理，我是在可见的中间的，同时我又是远离它的：这是因为可见的是有厚度的，由此，它自然注定要被一个身体去看。感觉质料中、颜色中不可定义的只是这样一种简短专断的方法，它通过整个的组丛给出唯一的某物、唯一的存在状态、过去和未来的视觉。正在看的我也有自己的深度，我是被我所看的，在我身后关闭的同一种可见的支撑着的，我很清楚这一点。身体的厚度远远不能与世界的厚度对抗的，相反，身体的厚度是我通过把自己构成为世界、将事物构成为肉身而进入事物的中心的唯一方式。

介于这两者的身体本身不是物，不是间质物，不是连接物，而是自为的可感的，这就是说，不是这样一种荒诞：颜色自己看见自己，表面自己触摸自己——而是这样一个悖论[?]：一种被触和视所占据的表面和颜色的集合，也就是可感的范例，它向占据它和感觉它的人提供一切他感到外在地与他相似的东西，以至于当他处于事物之组织中时，就将这个组织完全拉近自己，融入组织中，又

* 边注：可见的不是可触的之零，可触的不是可见的之零[相互侵越的关系]。

以同一个动作与事物交流，并使这种无重合的同一性、这种无矛盾的差异性、这种构成其原生秘密*的内部与外部的分离关闭在事物之上。身体通过自身的本体发生将我们与事物直接联合，就像将两块陶泥像两片嘴唇那样贴合起来：身体之所是的质团和可感物的质团，而身体是通过分离在可感物那里产生，它作为看者仍然朝向这种可感的质团开放。这就是身体，仅仅是身体，因为它是一个两维的存在，它能够将我们引向事物本身，但这种事物本身不是平面的存在，而是有深度的存在，它不向俯瞰它的主体开放，而只向身体开放，向如果可能将会与事物在同一个世界中共存的身体开放。当我们说到可见的之肉身时，我们并不是想讲人类学，描述一个充满我们的投射的世界，一个可以用处于人类面具下的东西来构成的保护区。相反我们想说，肉身存在和深度存在一样，是多层多面的存在，是潜在的存在，是某种缺席的显现，是存在的一个原型，而我们的身体（可感的感觉者）则是它的一种引人注目的变异体，其构成性矛盾已处在所有的可见的中了：这个立体的东西已经将非共同可能的可见的（visibilia）汇集于其中，就像我的身体一下子成了现象的身体和客观的身体那样，而且如果这种肉身存在最终是存在的，那是因为它和我的身体一样，是通过一种强力行动成为存在的。我们说，人们称之为可见的东西，就是带有质地的质、深度之表层、实在存在之上的切面、被存在之波带走的粒子和

* 在原文中用方括号插入了如下几行字：人们可以说我们知觉到了事物自身，甚至说我们是思考自己的世界——或世界在我们的肉身之中。无论如何，承认了身体-世界的联系，那就有我的身体的分叉，有世界的分叉，有它的内部和我的外部的交感，有我的内部和它的外部的交感。

微粒。因为总体的可见的总是在人们看到的它的面貌的背后、后面或在其间，我们就只能通过像总体的可见的那样完全外在于自身的经验才能进入它：我们的身体正是以此，而不是以认识主体的承载者来为我们控制可见的，但它不解释可见的，不阐明可见的，而只是集中其散乱的可见性之神秘；这里涉及的确实是存在的悖论，而不是人的悖论。确实，人们可以回答说，在我们的身体的“两面”之间，也就是在作为可感的身体和作为能知觉的身体——我们过去称之为客观的身体和现象的身体之间，更多地是存在一种将自在和自为分开的深渊，而不是存在一条隔缝。可感的感觉者如何也能是思想是一个问题，我们不会回避它。但是在这里，由于我们期图在回避古典死胡同的情况下形成我们的第一批概念，我们无需使人接受这些概念可能提出的难题——当人们将它们与本身也是有待重视的我思相对时。是否：我们是否有一个身体，也就是说不是恒久的思想的对象，而是一个受伤后并用手触它时会痛的身体呢？人们知道：仅仅有手是不足以构成触，但仅仅因为这个原因，就去断定我们的手不触，并将它们打发回对象或工具的世界，这是接受了主体和客体的分离，这将会是预先放弃了去理解可感的并让它的光离开我们。相反我们建议一开始就按照身体一词的原义去理解它。我们于是说，我们的身体是一个两层的存在，一层是众事物中的一个事物，另一层是看见事物和触摸事物者；我们说——因为这是明显的——这个存在将这两个属性聚于自身，它对“客体”范畴和“主体”范畴的双重归属向我们揭示了这两个范畴之间很令人意外的关系。如果身体有这种双重意义，它并不是由于不可理解的偶然原因。它告诉我们说：每一个意义都会呼唤另

一个意义。因为如果身体是众事物中的一个事物，它也是比众事物更强更深意义上的一事物：这种意义是，我们曾说过，身体是属于事物的，这是说身体是突显在事物之上，因此是相离于事物的。它不仅仅是事实上被看的事物（我不能看到我的背），它是合法地可见的，它落入了既是不可避免又是不同的视线下。反之，如果它触和看，不是因为它有可见的在它面前作为对象：可见的是在它的四周，它们甚至进入它的内部，它们在它之中，它们里里外外覆盖着它的目光和它的双手。如果它触它们和看它们，仅仅是因为，作为事物家族的成员，作为可见的和可触的，它将其存在用作加入事物之中的手段，因为这两个中的一个是另一个的原型，因为身体属于事物的范畴，就像世界是宇宙的肉身那样。甚至不应该说——就像刚才我们所作的那样——身体是由两层构成的，其中的一层，即"可感的"那一层是与外部世界紧密相连的；在它之中没有两个层或两个层面，它本质上既不是被看见的事物，也不仅仅是看者，它是时而游散时而聚合的可见性，以此它是不在世界中的，它不像保持在私人围墙内那样持有对世界之看：它看到的是世界本身，一切的世界，而不用走出"自我"，因为它整个地是可见的这个参照，因为它的手、眼睛只是可见的这个参照，是可触-标准的参照，这个标准是那些它带有它们的相似性，以及它通过奇妙的视和触收集到了它们的明证的东西的标准。谈论层或层面，这仍然是在反思的目光下压平和并置活生生和站立着的身体中共存的东西。如果人们喜欢隐喻，就最好说被感觉的身体和正在感觉的身体就像反面和正面，或者像同一次环形行程的两段，在起点是从左到右，在终点是从右到左，但是同一运动的两个阶段。而人们对被感觉的身体所说的一切都属于身体为其一部分的可感的整体以及世界。如果这两个阶段的身体是同一个身体，那么它就融入可感的整体之中，并由这同一个动作融入到"可感的自身"之中。我们应该抛弃将身体放在世界中，将看者放在身体中，或相反将世界和身体放在看者中——像放在一个盒子里那样——的古老偏见。既然世界是肉身，那么将身体和世界的界限放在哪里呢？既然身体中很明显只有"塞满脏器的晦暗"，也就是说塞满仍然是可见的晦暗，那么将看者放在身体中什么地方呢？被看的世界不是在我的身体"中"，我的身体最终不是在可见世界"中"：敷在另一肉身上的肉身，世界不包围它，也不被它包围。作为可见的参与者和联姻者，视觉既不包裹可见的，最终也不被它所包裹。可见的表面膜对我的视觉和我的身体来说才存在。但是这个表层下的深度包括我的身体，因此也包括我的视觉。我的作为可见的身体是包含在整个景象中的。但我的正看的身体暗含着这个可见的身体和所有与其在一起的可见的。它们之间互有插入和交织。或者，正如再一次应该的那样，如果人们通过平面和远景放弃了思维，那么就有两个圈、两个旋流、两个轨迹，当我不思索时，它们是同心会聚的，而当我反思时，它们就会有点偏离中心……

我们必须自问，我们在看者和可见的这种奇怪的相联中究竟发现了什么。当某种可见的，某种可触的转向它是其一部分的整个可见的，整个可触的时，或者它突然被它们包围时，或者在它与它们之间通过它们之间的交往而构成一种自在的可见性、一种自在的可触物——这种可见和可触的完全既不属于作为事实的身体，也不属于作为事实的世界——时，才有视与触。这就像两面面

对面的镜子，它们映出两组不确定的影像，这些影像并不完全地属于它们之中的任何一面，因为它们中的任何一面都只是反射另一面而已，这两组影像构成了一对夫妻般的东西，这一对东西比它们之中的任何单独一面都更真实。因此，因为看者被摄入了被他看之物中，所以他看到的仍是他自己：所有视觉中都有一种根本的自恋主义；同理，他也使他所做的视看经历事物，以致就像许多油画家曾说的那样，我感到我被事物注视着，我的活动同样是被动的——这是自恋主义的第二层含义但又是更深层的含义：人们居住在其中的那个身体的轮廓不是在外面被看，就像其他人看它那样，而是尤其被居住者所看，存在于居住者之中，在它之中显现出来，以及被幻象所引诱、捕获、异化，以至于看者与可见物互为条件，人们甚至分不清谁在看谁在被看。我们刚才称之为肉身的正是这种可见性，这种自身可感的普遍性，这种我自身天生的匿名性。人们知道，在传统哲学中没有指称这些的名词。肉身并非这种意义上的物质，它是以增加或连续的方式构成存在的微粒。可见的（如我的身体这样的事物）也不是我不知道是什么的“精神”物质，它将——天知道它如何——被事实上存在着并作用于我的现实身体的事物带入存在。总的来说，它不是事实，也不是“物质”或“精神”事实之和。它也不是精神的表象；精神是不会被其表象所捕获的，它将拒绝进入对看者来说是至关重要的可见的中。肉身不是物质，不是精神，不是实体。最好还是用“元素”这个旧术语意指它，这是用它被人们用来谈论水、空气、土和火时的意义，也就是说用它的普遍事物的意义，即它处在时-空个体和观念之中途，是一种具体化的原则，这种原则在有存在成分的所有地方给出存在的样式。肉身在这个意义上是存在的“元素”。不是事实或诸事实之和，然而却附着于地点和此时。更进一步：它是什么地方和什么时候的启幕、事实的可能性和事实的要求，用一个词来说，事实性：是使事实成为事实的东西。与此同时，也是使诸事实具有意义的东西，使零碎的事实处在“某物”周围的东西。因为如果有肉身，也就是说，如果立体的隐匿的一面照向某处，就像我目光之下的一面所做的那样，并与目光下的一面共存，如果看这个立体的我属于可见的，我也是可见的，如果我和这个立体一起属于同一种“元素”——我们应该说这是看者或可见的元素吗？——那么这种内在相联，这种原则上的可见性就战胜了一切暂时的不和谐。所有视觉或所有部分的可见的（它确定会是归为消失的）预先就不是被消除的——这将在它这里留下裂缝，更恰当地说：它是被一种更确定的视觉和一种更确定的可见的按照可见性原则所代替，而这种原则似乎通过对空无的排斥，已经呼唤真正的视觉和真正的可见的，这种真正的视觉和可见的不仅仅是每个视觉和部分可见的之错误的替代者，而且还是它们的解释，它们之有限的证明，以至于正像胡塞尔所说的，它们不是被抹掉，而是被“划掉的”……这些是非常奇怪的后果，当人们认真对待和追问视觉时，人们就会被引向这些后果。当然人们可以避免如此，避免走得更远，然而，这样人们将会发现，可见的这种本体论的模糊的、不清楚的碎片混杂在我们所有的知识理论中，尤其混杂在勉强地承载着科学的那些理论中。我们肯定还没有完成对它们的思考。在这最初的勾勒中，关键的只是隐约地看到这个奇怪的领域，本来意义上的探究可以通向这个领域……

人们很快就看到这个领域是无限的。如果我们能够表明，所谓肉身是一个终极的观念，表明它不是两个实体的合并或组合，而是通过其自身而成为可思考的，如果存在着可见的和它自身的联系，而这种联系经由我，并使我成为观看者，如果这个不是我造成的，而是它造成了我的循环圈，这个可见的在可见的之上缠绕可以经由和刺激其他的身体，就像它经由和刺激我的身体那样，如果我弄懂了这种模糊性是怎样出现在我身上的，那边的可见的是怎样同时为我的视景，我另外会更能理解它是自我关闭的，除了我的视景还有其他的视景。如果它任凭它的碎片之一所吸引，吸引的原则就被确认了；这个场就为了"身体间性"(intercorporeité)而开放，向其他的自恋者开放。如果我的左手能够触正在触可触物的我的右手，能够触到它正在触，并能够将右手的触转向自己的话，那么为什么在触另一个人的手时，我却不能在那只手上触到我在自己手上触到的那同样的和事物相合的能力呢？确实，这里涉及的"事物"是我的事物，所有的动作都像人们所说的那样，是在"我"中进行的，在我的视景中进行的，然而，这里涉及的却是创立另一个视景。相反的是，当我的一只手触另一只手时，其中的每一只的世界都向另一只的世界开放，因为这个动作是任意可反转的，因为像人们所说的，我的两只手都是属于唯一的意识空间的，因为是同一个人通过其两只手触及同一个物。但是，若要我的两只手向唯一的一个世界开放，那么它们向唯一的一个意识开放是不够的：或者事情是如此，不过那萦绕着我们的难题也就消失了；另一些身体将像我认识自己的身体那样被我认识，它们和我都还是相关于同一世界。不，我的两只手触到的同样的事物，因为它们是同一个身

体上的两只手；但它们中的每一只都有其自己的触觉经验；如果它们仍然与唯一的一个可触的相关，那是因为它们通过身体空间，就像我两眼之间那样，而具有一种相当特殊的关系，这种关系使两只手成为经验唯一的器官，就像它使我的两只眼成为独眼巨人唯一的视觉之渠道那样。不可思议的关系，因为一只眼、一只手也能够视，也能够触，因为需要理解的是这些视觉、这些触摸、这些小小的主观性、这些“对……的意识”能够像花儿一样被拢集成束，当它们中的任一是“有意识”的、是自为的从而将其他的当作客体时，它们就可以集成花束。人们要走出困境，只能放弃“有意识”和客体之间的分离，承认我的有协同能力的身体不是客体，承认身体通过与“意识”相关而为旁侧的和横切的行动，将附着于手和眼的“意识”集中成束，承认“我的意识”不是许多“对……的意识”之综合的、非造成的、离心的统一体，虽然它是离心的，这就暗示着，它是受我的身体之前反思和前客观的统一体支持的。这就意味着每一个单目视看、每一种一只手的触摸在拥有可见的和可触的同时都各自与另一种视、另一种触相连，而且是以这种方式相连的，即和它们一起构成唯一世界面前唯一身体的经验，并通过颠倒、转化的可能性而把它的语言转入它们的语言中，在它们的语言中恢复、颠倒它的语言，根据这种可能性，每个人的私人小世界与所有其他人的私人小世界不是并列的，而是被他人的私人世界所包围的，是从他人的私人世界中抽出来的，这两种私人世界都是普遍可感的面前的普遍的感觉者。可是，这种构成我的身体之统一性的普遍性为什么不能向其他的身体开放呢？握手也是可逆的，我能在触的同时也确实地感到被触，肯定的是，现在并没有一种我们的身体是它们的

一些器官的大动物，如像手、眼是我们身体的器官那样。既然协同性在每一身体内是可能的，那么为什么在不同身体之间就不存在这种协同呢？如果人们不再把原初的感觉定义为属于同一个“意识”，而是将感觉理解为可见的回到自身，理解为从感觉到被感觉者，从被感觉到感觉者之间的肉体联系，身体的视景就能相互交错，它们的行动、它们的热情就能准确地相互配合。因为作为联与分、同一与差异的协同使一种自然之光得以出现，这种自然之光照亮所有的肉身，而不仅仅是我的肉身。人们说过，他者的色彩和可触的轮廓对我来说是一种绝对神秘，是永远不可理解的。事实并非完全如此，我要得到它的内在经验，而不是得到它的观念、形象或表象，我只需观看一个景象，和某个人谈论这个景象就够了：这时，通过他的身体和我的身体之间的协同动作，我所看到的东西传给了他，我眼中的个人化的草地之绿就在不离开我的视觉的情况下侵入了他的视觉中，我在我眼里的绿色中认出他眼里的绿色，就像海关官员突然在这个散步者身上认出了人们已经告诉了他的那个人的体貌特征一样。这里不存在他我的问题，因为不是我在看，不是他在看，因为匿名可见性依照肉身的原初特性，在我们两者中都置入了一种普遍的视，肉身的这种原初特性通过处于此时此地而向所有的地方永恒地散播，通过作为个体而成为既是具体的，又是普遍的。

有了可见的和可触的可逆性，向我们开放的东西即使仍然是非身体性存在，但至少也是一种身体间的存在，一种可见的和可触的前定领域，它比我现实之所见的事物延展得更远。

被触者和触者之间有一个循环，被触者抓住了触者；可见的与看者之间有一个循环，看者是不能没有可见的而存在的[*]；甚至，在可见的中有触者的加入，在可触的中有看者加入，反之亦然；最终，存在着这种互置向被我看和触的那种类型和那种样子的身体的蔓延——而这通过感觉者和可感的之间的根本分裂和间隔，这种分裂和间隔使我身体的器官互相交流，并建立从身体到身体的可传递性。

一旦我们看到其他的看者，我们的面前就不再有没有眼珠的目光，没有事物的镜子，没有事物通过在我们从之观看事物的地方，也就是在它们中间为之指定一个地方而唤出我们微弱的映像和影子的镜子：从此，通过他人的眼睛，我们成了对自身完全可见的；我们的眼睛，我们的背所处的空间是被充满着的，被仍然是可见的充满的，被我们不是其拥有者的可见的充满；确定的是，为了相信这一点，为了考虑一种不是我们的视觉，我们不可避免地总是要到我们唯一的视觉宝库中去吸取灵感，那么，经验就不能告诉我们任何没有在我们的视觉中被概略地勾勒的东西。但是我们说过，可见的本身是属于不可穷尽的深度之表层的：正是这不可穷尽的深度使得可见的可以向我们的视觉以外的其他人的视觉开放。于是，在自我实现的同时，这些他人的视觉揭示出了我们的事实视觉的局限，它们指出了唯我论的幻觉——这种幻觉相信一切超越都是自我超越。我之所是的看者第一次成为对我来说真正的可见的；我第一次在我自己的目光下进入自己的深层。也是第一次，我

* 在文本中这里用方括号插入了这一注释：和声音与听之间的联系相比，这两种联系是什么？

的动作不再趋向要看、要触之物，或者趋向正在看和触这些事物的我的身体，而是趋向普遍的身体，趋向为己的身体（无论这是我的还是他人的身体），因为我第一次通过另一个身体看到，在身体与世界肉身的结对中，身体带来的比它接受的更多，给我所看的世界增加了他者观看所必要的宝藏。身体第一次不与世界结对，而是与另一个身体相互交织，[把自己]*全部的广延仔细地置于另一个身体之上，用它的双手没完没了地描绘出一个奇怪的形象，这个形象也给出了自己所接受的一切，而且身体一心想与另一个生命在存在中一起飘荡，想使自己成为其内部的外部，使自己成为其外部的内部，因而丢失在世界之外、在其目的之外。从这时起，对它者、对自身实施的动作、触、看都向自己的源头回溯，而且在欲念耐心、静静的工作中，表达的悖论开始了。

可是人们看到和触到的这种肉身不是肉身的全部，我们看到和触到的这个实在的身体也不是身体的全部。定义肉身的这种可逆性存在于其他场域中，它在其他场域中甚至无比地更加灵活，更加有能力在身体与身体之间建立紧密的关系；这一次，这种关系不仅仅扩大可见的的范围，而且最终超越了这个范围。我的动作中有一些动作不针对任何东西——甚至不在其他身体中寻找其相似性或其原型：这是些脸部的动作、许多的姿势，尤其发出叫声或声音的喉咙和嘴巴的奇怪动作。这些动作最终变成了音响，而且我听见了它们。就像结晶体、金属以及很多其他物质一样，我是一个有声的存在，但是我是从我内部听到我自己身体的振动的；就像马

---

* 我们补上了显然被作者错误地删去了的句子成分，即“把自己”(Sy)。

尔罗所说的那样，我用我的喉咙来倾听我自己。据此，还是像马尔罗所说，我就是无可比拟的，我的声音是和我的生命的实体相连的，就像所有人的声音都与其生命相连那样。但是如果我和一个正在说话的他人离得足够地近，以至于能听到其呼吸声，能感觉到其激动与疲惫，那么我几乎就——就像在我自己的身体中那样——在其身体中，与其一起参与了这些令人震惊的声音的产生。就像存在着触、看以及触-看系统的自反性那样，存在着发音和听觉活动的自反性，这种发音与听觉的活动有其声音的记录，这些声音在我的身体中有其反响机制。这种作为表达的肉身的新的可逆性和新的浮现是沉默世界中说与思的切入点。*

在沉默的或唯我的世界的边缘，在其他看者在场的情况下，我的可见的被证明为普遍可见性的一个例子，我们就触及到了视觉之第二层的意义或转义，也就是精神直觉（institus mentis）或观念，我们触及到了肉身的升华，也就是精神或思想。但是，其他身体事实上的在场却不能产生思想或观念，如果其根源不在我的身体中的话。思想就是与自我与世界，以及与他者的联系，思想因此是同时建立在三个维度上的。应该直接在视觉的基础上使它显现

* 这里用方括号插入了下面的文字：我们在任何意义上都没有引入思：当然，我们也不是处于自在中。当我们说看、可见的时，当我们描述可感的裂缝时，就可以说我们已经在思想的领域中了。我们不是在这样的意义上处于思想中的：我们引入的思是存在着，不是向我显现……（将构成整个存在的显现、自显）。我们的论点是，这种内在的存在是必然的，我们的问题表明，在狭义上（纯意义、看和感觉的思想），思想只有这样才能被理解：它是存在之意愿通过其他方式的完成，是存在的升华，以及不可见的实现，而这种不可见的正是可见的反面，可见的力量。以至于在音与义之间，在言语和它意谓的东西之间，还有一种可逆性，而且不存在优先性的讨论，因为言语的交流正是思想是它的完整性的差异性。

出来。我们说的是使它显现出来,而不是使它诞生:我们暂时不去问它是否已经诞生。感觉越是在我的身体中明显地散开,比方说我的手明显的有触感,我们就越被禁止预先将只是思想的一个形态的感觉归于思想,那把触设想为集合在一起的触感经验也就越显荒谬。我们不在这里提出任何思想的经验论的发生:我们要问的恰好是,这种连接所有散乱视觉的中心视觉是什么,这种控制我的身体的整个触觉生命的唯一的触又是什么,应该能够伴随我们所有经验的这个我思是什么。我们想进入中心,我们试图弄懂怎么会有一个中心,弄懂唯一的又是由什么构成的,我们不说唯一的是总和或结果,如果我们让思想在视觉的基础上显现,那仅仅是根据不可置疑的明证性而为,这种明证性就是:为了思必须以某种方式看或感;为我们所知的思想发生在肉身中的。

再一次说,我们谈论的肉身不是物质。它是可见的盘绕在正在看的身体之上,可触的盘绕在正在触的身体之上,当身体在看和触的同时被看和被触尤其证实了这一点,以至于身体作为可触的下降到了事物中,而同时,作为触者,它又控制所有的事物,并通过自己存在的断裂或裂缝,从自身中抽取出这种关系,甚至抽取出这种双重关系。这种可见的在其之一周围的集中,或者这种身体存在朝向事物的突然显现——它们使我皮肤的颤动变得平和和激烈,使我的目光跟随事物自身的活动和轮廓——,事物和我之间的神奇关系和契约——我依照这种关系和契约将身体给予事物,以便它们记入于其中,并向我显现它们的模样——,可见的这种褶折和中心孔洞——这是我的视觉——,看者和可见的与触者和可触的这两道相向排列,它们构成了一种我所依赖的连接体系,定义了一种普遍视觉，和可见的一种恒定的样子，即使这样的视觉被揭示为是幻象，我也不能脱离它，因为在此种情况下我仍然相信，通过更清楚地看，我将有真正的视觉，而且无论如何，无论有什么样的视，总是存在真正视觉的。肉身(世界的肉身或我的肉身)不是偶然性，不是混沌，而是重新回到自身和适应自身的结构。我永远看不到自己的视网膜，而是，如果某物对我来说是真实可靠的的话，那是因为人们会在我的眼球的深处发现这些灰暗和神秘的薄膜。而最终，我相信——我相信我拥有人的感觉并且拥有人的身体——因为，如果以我们——我和他人——之间的对比来进行判断的话，我自己的世界景象与他人的世界景象并没有特别大的差别，它在我中和在他人中都明显地指向可见性的典型维度，最终指向视觉的潜在策源地，指向也是典型的探测者，以至于在晦暗的身体和晦暗的世界的连接处，有一种普遍性和启示之光。反过来，当我从身体出发，寻思它怎么使自己成为看者的，当我审视感性身体中关键的部分时，就像我们已指出过的那样，[1] 一切都进行得似乎可见的身体仍然是未完成的、张开着的，似乎视觉的生理机能并没有成功地在自身之上关闭神经的功能，因为凝视和会聚的活动都在可见的世界来到身体之前的时候暂停了，而这些活动则被认为是提供可见的世界的解释的；因此，似乎是视觉突然来给散乱地留在建筑工地上的材料和工具一个它们所期待的会聚，似乎通过所有这些渠道，通过这些准备好了但没有使用的通道，那种将穿过它们的流动就成为可能的，从长远来看还是不可避免的，就有可能把

1 《行为的结构》。

一个胚胎做成一个新生儿，把一个可见的做成一个看者，将一个身体做成一个精神，或者至少做成一个肉身。尽管我们有这些实体论的概念，看者仍然在初期发展的对位主题中被预设了，因为可见的身体通过对自己工作，给出了一个视觉将从之产生的深窝，开启了漫长的成熟过程，最后它将突然看见了，就是说它将成为对自身的可见的，它将建立看者和可见的无限的相互吸引和持续不断的变形，而它们的原则已经确定了，这种原则已经与最初的视觉一起起作用了。我们称之为肉身的东西，这个内在地工作的东西在任何哲学中都没有名称。作为客体和主体的构成性介质，它不是存在的原子，不是处在唯一地点和时间中的实在自在：人们完全可以说我的身体不在别处，但人们不能在客体的意义上说我的身体是这里或现在；然而，我的视觉不俯瞰客体，我的视觉不是那种全知的存在，因为它有其惰性和依赖。因此，不应该从实体、身体和精神出发来思考肉身，因为那样的话肉身将是矛盾的统一，而应该，我们说过，把它看作是普遍的存在的元素和具体标志。我们在开头简要地谈到了看者与可见的之间、触者和可触的之间的可逆性。现在应该指出，这涉及的是一种总在逼近但事实上从来没有实现的可逆性。当我的右手触摸事物时，我的左手总是处于要触摸我的右手的状态，然而我从来达不到这种重合；这种重合总是在正出现时消失，总是“一事两面”：或者我的右手正处在被触摸状态，可这时它对世界的控制却停止了，——或者，它保持了对世界的控制，可是这时我却没有真正触及，我并没有用我的左手触及右手对世界的触，只感到了触的外部。同样，我也不是像倾听他人那样倾听自己，对于我来说，我声音的声响存在并没有很好地展示出来；

它更多地是其发音器官的反响，它更多地是通过我的头而不是通过外部产生震动。我总是和我的身体在一起的，我的身体以一种不变的景象呈现于我。这种不断的回避，这种无能——不能使我的右手对物的触和我的左手对正在触的右手的触完全重合起来，或者，不能使手的摸索动作中，一个点的触觉经验与下一时刻这一点的触觉经验完全重合起来，或者不能使我的声音和其他声音的听觉经验完全重合起来——这不是一种失败：因为，如果这些经验从不完全重叠，如果它们在相遇的时刻逃开，如果它们之间总是有“晃动”，有“间隔”，那正是因为我的两只手都属于同一个身体，因为这个身体在世界中运动，因为我同时从内和从外听到我自己的声音；我经验到了这些经验中的一种到另一种的转化和变形，而且想经验多少次就可以经验多少次，只不过好像这些经验之间那种牢固的、不可动摇的联结对于我来说永远是不可见的。但是，我的被触的右手和我正在触的右手之间的、我的被听到的声音和我正在发出的声音之间的、我的感知生命的某个时刻和下一个时刻之间的间隙，不是一种本体论空无，不是一种非存在：它被我的身体的总体存在和世界的总体存在所跨越，是使两个实体相互附着的实体之间的零压力。因而我的肉身和世界的肉身包括一些光亮区域，晦暗区域围绕着的光亮区域，而且最初的可见性，即感觉质料和事物的最初的可见性，如果没有次级的可见性，即力之范围和维度的可见性，便是不可能的，厚重的肉身如果没有纤巧的肉身便是不可能的，瞬时性的身体如果没有光耀的身体便是不可能的。当胡塞尔谈论事物的视域——事物的外视域，所有人都认识的视域，以及事物的“内视域”，即事物的表面只是其界限的充满了可见性

的晦暗——时，就应该严格地对待这个词，这个视域并不比天或地更大，它是一些细小物的聚汇，或是一个类名，或是概念的逻辑可能性，或是“意识的潜在性”系统：它是一种新的存在类型，是一个多孔性、蕴含性或普遍性的存在，是视域在其面前展开的存在被捕捉、被包含在自己之中的存在。他的身体和各种远景都加入到同一个普遍的身体性或可见性之中，这个身体性或可见性延展于远景和他之间，甚至在视域之外，在他的肌肤之下，直至存在之深处。

我们在这里触及到了最困难之处，也就是肉身与观念之间的联系，以及这种联系所展现和藏匿的可见的与内在构架之间的联系。在确定可见的与不可见的关系，在描写不是可感的对立面，而是可感的内里和深处的观念上，没有人比普鲁斯特走得更远。因为他对音乐观念所说的，也是他对所有文化存在所说的，比如《克莱芙王妃》和《勒内》，也还是对爱情的本质所说的，关于这种爱情的“小短句”不仅呈现给斯旺①，而且对所有听这个小短句的人来说都是可交流的，即使这种小短句是他们所不知的，即使后来他们不知道怎样在他们只是其旁观者的爱情中认出这种小短句——，普遍地说，也是对许多其他观念所说的，比如音乐这样的“无法替代的”观念，这是“光线的、声音的、立体物的、肉体快感的观念，我们的内在领域因富有这些观念而变得多彩与绚丽。”[1] 文学、音乐、欲念，还有可见世界的经验，都和拉瓦锡和安培的科学一样，是对不可见的的探索，也是对观念世界的揭示。[2] 只不过这种不可见

① 普鲁斯特的长篇小说《追忆逝水年华》中的男主人公。——译者

1 《在斯旺家那边》，第二卷，第 190 页，《新法兰西杂志》，1926 年。

2 《在斯旺家那边》，第二卷，第 192 页，《新法兰西杂志》，1926 年。

的、这种观念不像科学的那样使自己脱离可感的外表，上升为第二层次的肯定性罢了。音乐的观念、文学的观念、爱情的辩证法，还有光线的节奏，声音和触摸的展示方式，它们都在对我们说话，它们都有自己的逻辑、自己的一致、自己的交汇、自己的协调，而且在这里也一样，显象是未知的“力”和“法则”的伪装。只不过，这些未知的力和法则所是的秘密以及文学表达从之抽取出它们的秘密似乎就是它们的存在方式；这些真理不仅仅像物理实在那样被掩盖着，我们尚未发现它们，它们事实上是不可见的，但我们终有一天能够面对面地看见它们，而且对另外一些人来说，如果他们处的位置更好，如果屏幕的遮布被移开，他们现在就能看见它们。可是在这里却相反，不存在没有屏幕的看：如果我们没有身体，没有感觉，我们就不能很好地认识我们所说的观念，因此，观念对于我们来说就将是不可进入的；“小短句”、光线的观念和“理智观念”一样，不会在它们的显现中被穷尽，只有在肉体经验中才能作为观念给予我们。这不是在肉体经验中我们发现了思考观念的机会；而是这些观念保持着它们的权威，它们迷人的、不可摧毁的力量，正是在于它们在可感的后面或在其中心是透明的。每当我们想立刻进入或把手伸向它*时，或剥开它的壳，或撩开面纱看它时，我们就强烈地感到这种企图是错误的，就强烈地感到它随着我们靠近它而远离我们；解释并不给我们提供观念本身，解释只是观念的第二个版本，是一种最容易控制的衍生物。斯旺完全能够将“小短句”紧紧束在音乐观念的坐标上，把它调到构成它的五个音符之间差别

* 它，指的是观念。

最小的地方，把它调到最能体现其本质和意义的两个音符的“差异极小极细微的音色”上：当他思考着这些音符和这种意义时，他就不再有“小短句”本身，而只是有“方便其理智而代替他所感知到的神秘实在的简单的音价”。[1] 这样，对这种观念来说，最重要的就是“蒙上黑面纱”，就是“带着伪装”显现。这样的观念向我们保证，“我们那难以进入、令人望而却步的心灵之夜”并非空白，并非“虚无”；但是这些遍布于和驻足于心灵的存在、区域和世界，心灵感到了它们的到场，就像感觉到黑暗中的某个人的到场那样；心灵只能通过与可见的(存在与之紧密相联着)的交往才能获得这些存在。就像瓦雷里曾讲述过的奶的神秘的黑色只能通过其白色才能接近那样，光的观念和声音的观念只有在光和声音下面才能与之叠加，才能有其另一面及其深度。光和声音的肉身组织向我们呈现了整个肉身的缺席；这是一条在我们眼前不可思议地划过的没有航船的航迹，这是某种凹陷、某种内在、某种缺席、某种并非乌有的否定性，它正好被限制在它所处的这五个音符中，被限制在我们称之为光的可感的存在系列之中。我们看不见，也听不见观念，即使我们用心之眼或第三只眼也看不见：可是，观念确实在那儿，在声音后面或在声音之间，在光的后面或在它们之间，总是以特别的、唯一的方式才可以认识的，即它们藏在光和声音后面，可是又“完全地相互区别，其价值和意义是不等的。”[2]

有了最初的看，有了最初的接触，有了最初的乐趣，就有了起

1 《在斯旺家那边》，第二卷，第 189 页，《新法兰西杂志》，1926 年。

2 《在斯旺家那边》，第二卷，第 189 页，《新法兰西杂志》，1926 年。

始，就是说，不是设定内容，而是一种不可能再被关闭的开启，而是一个所有其他经验从此可以依据它而被定位的层面的建立。观念就是这种层面，就是这种维度，因而它就不是像一个东西藏在另一个后面那样的事实的不可见的，也不是与可见的毫不相干的绝对不可见的，而是这个世界的不可见的，是居于这个世界之中，支撑这个世界，使这个世界成为可见的不可见的，是世界内在的和自身的可能性，是这种存在着的存在的存在。当人们谈论"光"，当音乐家们达至这个"小短句"时，我之中没有任何间隙；我所经验的像肯定性思想可能是的那样"确实"、"确定"——甚至更多的是：肯定性思想是它之所是，但仅仅是其所是，因此，它不能固定我们。精神的活动已在别处得到了此。正是音乐的或可感的观念是否定性或有限缺席，所以我们不拥有它们，而是它们拥有我们。演奏者不再制造和再造旋律：演奏者是在自我感觉，其他人通过旋律来感觉演奏者，旋律如此突然地通过演奏者来吟唱或者呼喊，以至于演奏者必须"冲上琴弓"去追随它。而这些在声响世界中开启的旋流最终形成为一个观念在其中相互一致的世界。"口头语言从来不会成为如此毫不动摇的必然，不会达至认识到问题的确切性和答案的明证性。"[1] 不可见的因而也是微弱的存在才能构成这种密实的织体。在一种是肉身经验的经验中存在着严格意义上的观念性：奏鸣曲的小段、光场的片断，都通过一种无概念的一致而相互联结着，这种一致和我的身体各个部分之间的一致，或者和我的身体与世界之间的一致是同类型的。我的身体是事物还是观念呢？它既

1 《在斯旺家那边》，第二卷，第 192 页，《新法兰西杂志》，1926 年。

不是事物也不是观念，因为它是事物的度量者。那么我们就要去认识一种对肉身来说并不陌生的观念性，它给了肉身以轴心、深度和维度。

可是，一旦进入了这个奇怪的领域，人们就看不到从中走出来怎么会成为问题。如果存在着身体的活力，如果视觉与身体是相互交缠在一起的混杂，——与此相关，如果感觉质料的薄片、可见的表层的全部广延上被覆上了一层不可见的限制，——如果，最终就像在事物的肉身中那样，在我们的肉身中，现实的、经验的、实在的可见的通过某种退隐、内缩或者补充，展现了一种可见性，一种可能性，这种可见性、可能性不是现实的影子，而是现实的原则，不是“思想”带来的东西，而是思想的条件，是一种讽喻的、省略的样式，就像所有的样式那样，但这又像所有的样式那样，是一种不可模仿的，不可异化的样式，是一种内在的视域和一种外在的视域，在这两种视域之间，现实的可见的是一种暂时的区隔，不过，这种视域只能无限地在其他可见的之上展示，那么——可见的和不可见的、广延和思想的直接的和二元论的区别被放弃，不是因为广延是思想或思想是广延，而是因为它们是互为正反的，从来不是一个在另一个之后——肯定的是这样一个问题：“理智的观念”如何在这之上建立起来，人们如何从视域的观念性走向“纯粹”观念性，尤其是被造的，文化的和知识的普遍性通过一种什么神奇的方式来占领和改正我的身体的以及世界的自然的普遍性。然而，无论我们最终怎么理解这种普遍性，它都已经融入了感性身体的联接中，融入了可感事物的轮廓中，而且，不论它是多么的新，它都走一条它没有开启的道路，它都改变它并没有开启的视域，它都借用普鲁

斯特所谓的“不等值”观念的根本的神秘，这种观念，正如普鲁斯特所说，只是因为在可见的世界之连接处被预感到，才能在思想的黑夜中过其神秘的生活。现在就来阐明这种在原地的超越还为时过早。让我们仅仅说纯粹的观念性本身既不是无肉身的，也不是摆脱了视域的结构：尽管这里涉及的是另一种肉身和另一种视域，纯粹的观念性也都是与之生死与共的。这就好像是使可感的世界获得生命的可见性不是移到所有的身体外，而是移入一个较轻的，更透明的身体中，就好像可见性换了肉身，为了语言的肉身而放弃了身体的肉身，由此，它就不是摆脱而是超越所有的境遇。为什么不承认——对这一点，普鲁斯特知道得很清楚，而且他还谈到过这一点——语言和音乐能够通过其本身的构造持有一种意义，能够在其自身的设置中获得一种意义，以及每当它是征服性的、主动的、创造性的语言的时候，每当某种东西在说的意义上被说出时它都是如此；为什么不承认就像乐谱是对音乐存在事后的原样复制，是音乐存在的抽象表达那样，语言作为符号和所指、声音和意义之间的明确关系的系统，是实际语言的产品和结果，而在这种实际的语言中，意义与声音的关系和“小短句”与五个音符的关系是相同的，人们事后在这种语言中发现了这种关系？这并不意味着乐谱、语法、语言学和“理智观念”——这些都是获得的、可运用的、名称性的观念——是无用的，或者，像莱布尼兹所说的那样，意味着径直走向草堆的驴对直线的性质知道得和我们一样的多，而是意味着客观关系的系统和获得的观念本身都受到像非原初的生命和知觉那样的东西的侵袭，而这种非原初的生命和知觉使数学家直接走向尚未被任何人看见的存在，使实际的语言和算术使用第二层次

的可见性，使观念成为语言和算术的另一面。当我思想时，观念就激发我的内在言语，它们就像“小短句”掌握着小提琴手那样萦绕着我的内在言语，而且超越了词语，就像小短句超越音符那样，这不是因为它们处在另一个向我们隐藏着的太阳下面而闪耀其光辉，而是因为它们是这种确定的距离，这种永远无法完成的差异化，这种总是要在符号与符号之间重新开始的开启，就像我们说过的，肉身是看在可见的之中和可见的是看之中的裂缝那样。而且，正如我的身体只是因为是身体在其中的可见的一部分才能看一样，声音的排列开启于其上的意义反应着声音的排列。对于语言学家来说，语言是一个观念的系统，是理智世界的一个片断。然而，正如对于我去观看来说，我的目光对于某个人来说是可见的是不够的，我的目光必须对自身也是可见的那样，而这是通过某种扭曲、某种翻转或某种只是因为我的出生而被给出的反射现象而获得，同样，如果我的话语有某种意义，这并不是因为它们给出了语言学家将要揭示的系统结构，而是因为这种结构和目光一样，是指向自身的：实际的言语是一个晦暗的区域，被构成的光就来自这个区域，就好像身体对自身的沉默反思就是我们称之为自然之光的东西那样。就像存在着看和可见的可逆性，就像在它们的这两种变形之交汇点上产生了人们称为知觉的东西，同样存在着言语与其所指的可逆性；意义是来确认、终结和汇集表达的物理的、生理的、语言学的多样手段的东西，是来一下子建立所有这些的东西，就像目光来完成感性的身体那样；而且，就像可见的捕捉住了揭示它并为它的一部分的目光那样，意义反过来又影响到了它的手段，意义把成为了科学的对象的言语归并到自己这里，并通过一种从来没有完全落空的回溯运动而把自己置于前面，因为言语在开启可命名的和可言说的境域的同时，就已经承认意义在境域中有其位置，因为没有任何言说者不是预先把自己构成为受话者而说话的，即使只是它自己的受话者，因为它以唯一的动作关闭了他与自身和与他人联系的道路，而且借助这同一个动作，他也把自己构成为非受话者，构成为人们言说的言语：他把自己以及所有的言语都呈现给普遍的言语。我们应该更仔细地追踪从静默世界到言说世界的过渡过程。我们暂时只想指出，人们既不能谈论沉默的解构，也不能谈论沉默的保留（更不能谈论进行保留的解构或进行摧毁的实现，这不是解决问题，而是提出问题）。当沉默的视落入言语中时，当言语反过来开启了一个可命名的和可言说的场域，并根据自己的真理把自己铭记在其中，铭记在自己的位置上时，简言之，当它改变可见的世界的结构并使自己成为精神的目光、精神直觉（intuitus mentis）时，这总是根据可逆性同样的基本现象而形成的，而这种可逆性支撑着沉默的知觉和言语，并且就像通过肉身的升华那样，通过观念的几乎是肉身的存在而显现。在某种意义上说，如果人们要彻底地揭示人类身体的结构系统，揭示它的本体论构架，揭示它是怎样自看和自听的，人们将会发现它的沉默世界的结构是这样的，语言的所有可能性已经在它之中被给予了。我们作为看者的存在，也就是说（我们已经说过），我们让世界回转向自己、走向另一边、通过眼睛相互观看的存在，尤其是我们对于他人及自身而言的声音的存在，包括了相互之间存在言语，以及存在关于世界的言语所需要的所有的东西。在某种意义上说，理解一个短语不是完全接收其声音的存在，或者，就像人们很恰当地说过的

那样，听见了它；意义不是像黄油在面包片上那样在知识之上，不是像第二层的“心理实在”铺在声音上那样：它是已被言说的东西的全部，是词语链之所有差别的整体，它和词语一起被给予了那拥有耳朵的听者。反之亦然，所有受到词语和其他入侵的景象在我们看来仅仅是言语的一个变种，谈论它的“样式”，在我们看来就是进行隐喻。从某种意义上说，就像胡塞尔说的那样，整个哲学都在于恢复意指的力量，就在于恢复意义或原初意义的诞生，就在于恢复通过经验的经验表达，这种表达尤其阐明了语言之特殊领域。在某种意义上，就像瓦雷里说的那样，语言就是一切，因为它不是任何个人的声音，因为它是事物的声音本身，是水波的声音，是树林的声音。我们应该理解的是，上述观点之间不存在辩证的颠倒，我们没有必要把它们汇集在一种综合中：它们是最终真理的可逆性的两个方面。

附　　录

前客观存在:唯我世界*

向前客观存在还原

既然科学和反思最终没有触及原初世界之谜,我们就被邀请不带任何先入之见地向它提问。因此,要描述它,我们不用求助于任何我们每天都依赖的已建立的“真理”、事实上充满着晦暗的真理,而这种真理只能通过对原初世界的追忆,通过对将真理当作上层结构置于世界之上的认知活动的追忆才能摆脱这些晦暗。比如,我们通过实践和科学所能知道的,关于作用于我们的知觉和行动的“原因”的一切就都将被认为是未知的。比人们想象的更难理解的教训是:从被知觉的东西出发构建知觉,从我们已经知道的关于世界的东西出发构建我们与世界的关联几乎是一种不可抗拒的诱惑。我们可以看到有些作者证明说,所有的“意识”都是“记忆”,他的理由是,我今天看到的星星也许已经消失了很多年,而且一般来说所有知觉都后于其客体。这些作者似乎没有看到这个“证明”

* 手稿编码清楚地表明,从这里开始的一章不会被作者保留。它已被“探究与直觉”一章所代替。但是,像前面那样,这一章并没有被删去。我们认为将它作为附录列出是有好处的。

的蕴涵：它假设“记忆”不是由被记物的形态及特性所决定，而是由外部，由在记忆时自在世界中相应的客体之不存在所决定；这个证明于是假设我们周围存在着这个自在世界；它假设在这个自在世界和我们之间，有一些同时性和相继性的联系，这种联系把我们和自在的世界都关进了同一种客观的时间之中；它假设存在着能够认识这个真实世界的心灵，而这个真实世界的被知觉的简短之道所缩略的关系就将知觉构成为一个“记忆”事实。我们要走的是一条相反的道路，我们试图从按其所呈现的样子被描述的知觉及其变异出发，去理解知识的世界是如何地得以被构成。对于我们所经历的东西，这个世界除了间接地通过其给予我们的缺漏和疑难外，不能告诉我们任何东西。这并不是因为这个所谓的“客观”世界中有这样或那样的特性，使得我们能够把这些特性看作是在生活经验的世界中获得的：对于我们来说，这些特性最多只是研究手段的导线，我们通过这种手段得以在生活经验的世界中认识这些特性，并在我们的生命中遭遇这些特性。而反过来，也不是因为“客观的”世界中，这样或那样的现象没有可见的迹象，以至于我们必须放弃使它在生活经验的世界中显现；对于那将非连续的图像在观众眼中连续起来的运动现象的真实，电影的非连续图像并不能证明什么——甚至不能证明生活经验的世界包含着不动的运动：运动的完全可以被知觉它者映射出。关于世界我们将要提出的所有的看法都不能来自习惯世界——在其中，我们最初向存在的开启和在历史中被重复的各种伟大的理智活动就只能以混乱的样子，缺乏它们的意义和动机的状态被铭记——而必须来自在我们生命的门口守候着的这个现时的世界，在这个世界中，我们能发

现某种激活遗产的东西，而且，如果有机会的话，我们还会将这种遗产重新记入我们的账户。我们承认一个预构的世界，承认一种逻辑，只是为了看到它们从我们原初存在的经验中涌现出来，而这原初的存在就像是我们的知识脐带和我们意义的源泉一样。

此外，我们也禁止自己将来自反思的概念引入到我们的描述中，无论这种反思是心理的还是先验的：这些概念经常都只不过是客观世界的关联词或对等物。我们在开始的时候就应该放弃如“意识行为”、“意识状态”、“物质”、“形式”，甚至“图像”、“知觉”这样的概念。在知觉这个术语意味着把生活经验切割成非连续的行为，意味着指向地位尚未确定的“事物”，或仅仅意味着可见的与不可见的之间的对立的整个范围我们都拒绝它。这并不是因为这些区分确定是无意义的，而是因为，如果我们一开始就承认它，我们就可能回到本来正要走出的死胡同。当我们谈论知觉信念时，当我们将回到知觉信念作为自己的任务时，我们不仅仅不指任何为科学家划定知觉界限的物理或心理的“条件”，也不指任何感觉论或经验论哲学的公设，甚至不指关涉到与概念或观念相反的，在某一时空点上存在的各种存在的经验的“原初层”的任何定义。我们其实还并不知道什么是看，也不知道什么是思，不论这种区分是否有价值以及是什么意义上的区分。对于我们来说，“知觉信念”包含了在经验之源中最初给予自然人的一切东西，这种给予具有最初的和直接呈现的严格，并且根据对自然人来说是终极的而且不能被构思得更完善或更接近的一种观点看，不论这涉及的是知觉一词通常意义上的被知觉的事物，还是自然人最初走向过去、想象、语言、科学的断定性真理、艺术作品、他者或历史。我们不预先

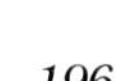

断定这些不同"层"之间可能存在的关系，甚至不预先断定说这是些"层"，根据对我们原初或初始经验进行的探究所告诉我们的来决定它们是我们任务的一部分。我们首先要研究的是与自然事物相遇的知觉，这种知觉不是解释他者那样简单的感觉功能，而是被与过去、想象物、观念的相遇所模仿和更新的原初相遇的原型。我们甚至并不预先知道我们的探究本身和我们的研究方法将会是什么。提问的方式会预先规定某种类型的答案，现在就确定我们的提问方式就会是预先确定我们的解决方案。比如，如果我们想说这里关键的是，在我们的生命于其中敞开的不同领域中将我们生命的本质（即 Eίδος）显露出来，这将是假定我们会发现一些理想的恒定存在，这些恒定存在的关系将建立在本质之中，这将是一下子就把我们经验中可能是流动的东西从属于固定的东西，就让流动的东西服从于可能并非是一切可能经验的条件，而是已经以词语来表达的那种经验的条件，最后这将是把我们封闭在对词语意义的内在的探索中。或者，如果为了不预先断定任何东西，我们在一个更宽泛的意义上确定本质，把它当作一种自我理解的努力的话，那么这种确定不会引起任何怀疑，但这是因为它对结果的样子不作任何预先的规定。确实，我们知道纯粹探究不应该是什么。探究应该是什么，我们只有通过尝试才会知道。决定跟随原初或根本或始源意义上的经验之所是只是假设了"我们"和"所是"——这是些被当作需要确定的意义之简单迹象的语词——之间的相遇。相遇是不可怀疑的，因为如果没有相遇，我们就不会提出任何问题。我们不需要一开始就将相遇看成所是包含在我们之中，或者看成我们包含在所是之中。不过表面看来，我们确实应该在世界

“中”,在所是中,或者相反,所是应该在“我们中”。询问经验的秘密的决定不就已经是唯心主义者的立场吗?如果我们这样理解的话,我们可能会让人误解的。我们是对自己的经验发问的——因为任何问题都是对某人或某物的发问,因为我们不能选择比为我们的整个所是更与我们相关的对话者。然而这种选择的要求并不会关闭可能答案的范围,我们不在“我们的经验”中暗含对自我或斯宾诺莎之“经验”(“experiri”)那样的与存在的某种理智关系的任何指涉。我们探究我们的经验,正是为了知道它怎样使我们朝向那不是我们本身的东西。由此,甚至不排除我们在我们的经验中发现一种朝向无论如何都不会原初地呈现给我们的东西的运动,而这种东西必然的缺席还会因此被计算在我们的原初经验之内。只不过,仅仅为了看到呈现的这些边缘,认出这些指涉,以及验证它们和追问它们,可能就必须首先把目光固定在明确地给予了我们的东西之上。人们正是应该在这种完全是方法论的和暂时的意义上,理解人们将暂时使用的各种次级的区分法。我们不需要在居于世界或他者之中的哲学和居于“我们中”的哲学之间,在从“内”理解我们的经验的哲学和从外部——如果可能——比方说以逻辑标准的名义从外部评判我们的经验的哲学之间进行选择:这种抉择不是必需的,因为自我与非自我也许就像一物的正反两面那样,因为也许我们的经验正是将我们置于远离“我们”,将我们置于它者中或事物中的这种转变。就像自然人那样,当我们通过某种交错而成为他者或成为世界时,我们就将我们置于我们中和事物中,就将我们置于我们中和他者中。哲学只有拒绝进入世界的唯一入口,同样也拒绝哲学家可以进入的世界的多个入口时,哲学才成为哲学本身。像自然人那样，哲学处于自我进入世界以及进入他者的道路构成之处，而这是在各种通道的交叉之处构成的。

I. 呈现

事物与某物

因此，让我们把自己看作处于事物、生命物、符号、工具和人的多样性中，并且让我们尝试构造能使我们理解我们所遇到的东西的概念。我们的原初真理——它不预先断定任何东西而且是不容怀疑的——将是：存在着呈现，有“某物”在那儿，有“某人”在那儿。在思考“某人”之前，我们先思考“某物”之所是。

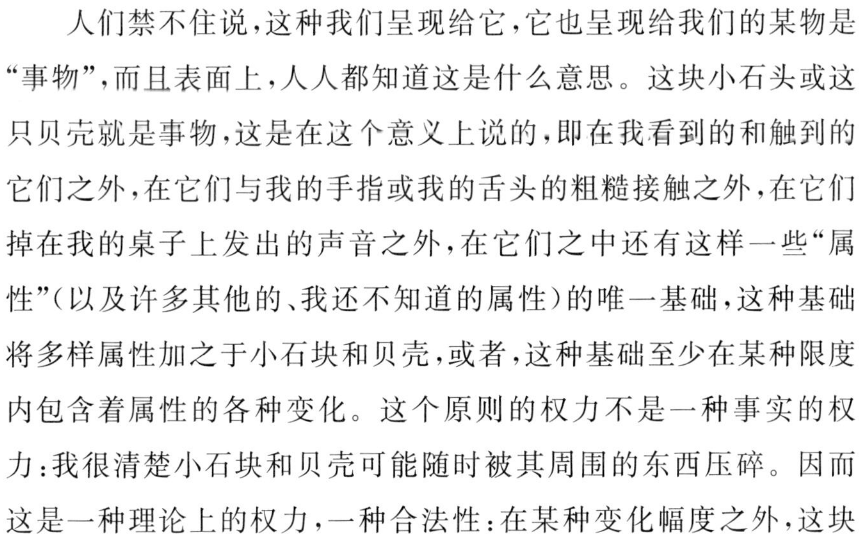

人们禁不住说，这种我们呈现给它，它也呈现给我们的某物是“事物”，而且表面上，人人都知道这是什么意思。这块小石头或这只贝壳就是事物，这是在这个意义上说的，即在我看到的和触到的它们之外，在它们与我的手指或我的舌头的粗糙接触之外，在它们掉在我的桌子上发出的声音之外，在它们之中还有这样一些“属性”（以及许多其他的、我还不知道的属性）的唯一基础，这种基础将多样属性加之于小石块和贝壳，或者，这种基础至少在某种限度内包含着属性的各种变化。这个原则的权力不是一种事实的权力：我很清楚小石块和贝壳可能随时被其周围的东西压碎。因而这是一种理论上的权力，一种合法性：在某种变化幅度之外，这块

小石头或这只贝壳将不再是这块小石头或这只贝壳，它们甚至将不再是一块小石头或一只贝壳。如果它们想作为个体继续存在，或至少继续承担这两个普通名称，那么它们就应该展示一些相互派生的属性，这些属性某种程度上是原子性的，它们都来自这个石块个体，这个贝壳个体，或从普遍意义上说，来自同名的每一个体。因此，当我们说这里有一块小石头，有一只贝壳时，甚至说有这块小石头或这只贝壳时，我们想说的是，它们直接满足了这种要求，我们想说的是，至少暂时，这种被人们简要地称为“这块小石头”或“一块小石头”，“这只贝壳”或“一只贝壳”的原子属性的唯一基础毫不受阻地展示着，并准备在我们的眼前展开这些属性，因为这些属性来自于这一基础，因为它毫无保留地是这块小石头和这只贝壳，或至少是石块和贝壳。那么事物——我们保留可能发生在它之上的一切以及它被摧毁的可能性——就是属性的纽结——如果其中的某一个被给定的话，它的任何一个都是被给定的，就是同一性原则。它是通过其内在的设置成为其所是的，因而是完全地、毫不犹豫地、无裂缝地、整个儿地是其所是或一点也不是其所是。它是根据其自身和在自身中成为其所是的，是在环境允许的和不对之做解释的外在展示中成为其所是的。它是客-体，也就是说，它是通过自己的效能展示在我们面前的，而这正是因为它是自身聚拢的。

如果事物就是这，那么对于生活在事物中的我们来说，就应该询问它是否真的原初地包含在我们和任何事物之接触中，我们是否真的可以通过它来理解剩下的一切，我们的经验是否原则上是事物的经验，是否比方说世界是一个巨大的物，我们的经验是否直接指向事物，是否我们确实获得了它的纯粹的答案，或者相反，我们是否没有将事实上是派生出来的并且其自身也要被阐明的元素当作本质的元素引入答案中。我们说过，事物、小石块、贝壳没有面对和反对一切而存在的力量，它们仅仅是一些柔性的力量，这种力量在有利条件汇聚时才展开它们蕴含的东西。不过，如果以上所说是真的，那么事物和自身的同一性，我们在同一性中认出的这种自身的基础，这种依赖自身，这种饱满性和肯定性就已经超越了经验，就已经是经验的二次翻译了。从事物的朴素意义出发，即从它是可识别的坚核，但还没有任何自身的力量出发，我们只有通过给予经验一种它不了解的抽象的二难推理，才能达至客体-事物(chose-objet)，达至自在，达至与自身同一的事物。也许事物没有自身的和内在的力量，但是，如果它想能使我们认出它，如果它要不消失，如果我们想能够谈论事物，它就必须总是有自身的和内在的力量，这是因为显象表现得好像它们具有内在的同一原则似的。人们只有通过把另一种可能不包含事物的经验的假象置于事物经验的对立面，才能迫使事物的经验说出更多它不曾说出的东西。我们只有通过名称的迂回，通过威胁事物我们不认识它们，我们才能最终承认客观性、自身同一、肯定性、完满性，如果不是事物的原则，也至少是事物对我们而言的可能性条件。被这样定义的事物不是我们经验的事物，而是人们通过将其投射到一个世界而获得的它的形象，在这个世界中，经验不与任何东西建立联系，在这个世界中，观看者不看景观，简言之，只是通过将事物与虚无的可能性相对立而获得的形象。同样，当人们说：事物即使在分析中，也总是处在证明之外，总是作为一种推断而显现，那么，这总是

我们看到一些小石块，一些贝壳，至少在这时，这满足了我们的要求，而且总是我们有权将事物定义为完全是自身或完全不是自身——这种从赞同到反对的颠倒，这种建立在先验唯心论之上的经验的实在论仍然是一种建立在虚无基础上的经验的思想。然而，我们能够通过把我们具有的经验勾画在虚无的可能性之上而思考它们吗？事物的经验和世界的经验不正是我们为了以某种方式思考虚无之所是时所需的基础吗？在虚无的基础上思考事物，这不是对于事物和对于虚无的双重错误吗？还有，人们把事物勾勒在虚无之上不就完全地改变了它的性质吗？被还原到它们在经验达至它们的环境中所意指的东西的同一性、肯定性、完满性不是根本不足以定义我们向"某物"的开放吗？

研　究　笔　记

真理的根源[*]

1959年1月

引言

我们的非-哲学(non-philosophie)状况——危机从未如此地带有根本性——

所有辩证的"解决办法"=或者是将对立面视为同一的"糟糕的辩证法",这是非-哲学的辩证法,——或者是一种"不腐的"(embaumée)辩证法,已不再是辩证的辩证法。是哲学的终结还是新生呢?

回到本体论的必要性——本体论的探究及其分支:

主体-客体问题

主体间性问题

自然的问题

概述被设想为原初存在本体论的本体论——以及概述逻各斯。通过扩展我关于胡塞尔的文章[**]概述原初存在。然而,只要

---

* 真理的根源:作者起先想为这部著作定的题目。

** 《哲学家及其影子》。载《埃德蒙德·胡塞尔1859－1959纪念文集》,Martinus Nijhoff出版社,海牙,收入《符号》,《新法兰西杂志》,1961年。

我们不根除“客观哲学”(胡塞尔),对这个世界,对这个存在的揭示仍然还只是一纸空文。应该有一种起因(Ursprugsklärung)。

对笛卡尔本体论的思考——西方哲学的“曲解”——*

对莱布尼兹本体论的思考。

问题的概括:曾存在一种通向无限,通向客观的无限那样的无限的道路——这种道路是开启(Offenheit)、生活世界的主题化(和忘却)——应该在这上面下大功夫。

第一部分的方案:看看“自然本性”究竟变成了什么(用内在分析法),——甚至由此看看生命究竟变成了什么,——甚至再由此研究作为心理-物理主体的人变成了什么——研究的相互关联性:我们就自然本性所说的预期了一种逻辑并在第二部分中会被重新涉及——我们就灵魂或者心理-物理主体所说的预期了我们将对反思、意识、理性和绝对等所说的。——这种相互关联性不是一个目标——我们遵循的是物质的秩序,理性是没有秩序的——理性秩序不能像物质秩序那样给我们以确信——哲学像一个中心,而不像一个建筑。

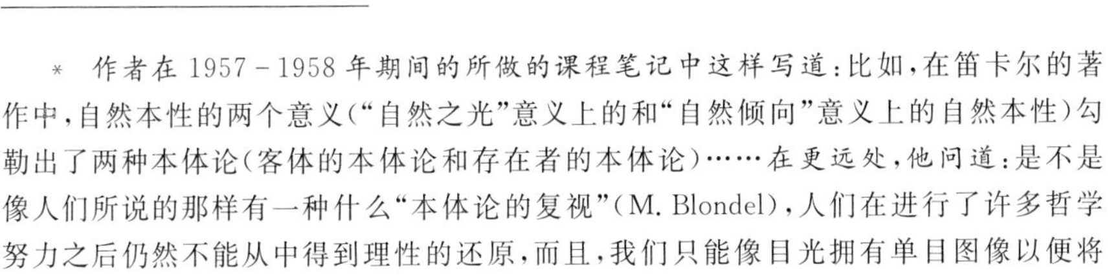

* 作者在1957-1958年期间的所做的课程笔记中这样写道:比如,在笛卡尔的著作中,自然本性的两个意义(“自然之光”意义上的和“自然倾向”意义上的自然本性)勾勒出了两种本体论(客体的本体论和存在者的本体论)……在更远处,他问道:是不是像人们所说的那样有一种什么“本体论的复视”(M. Blondel),人们在进行了许多哲学努力之后仍然不能从中得到理性的还原,而且,我们只能像目光拥有单目图像以便将其构成为一个完整的视看那样,完整地拥有这种复视吗?《法兰西学院年鉴,第58期(1958年)》

真理的根源*

1959 年 1 月

在指出物理学与物理存在的差别、生物学和生命存在的差别时，我们是要在自在的、客观的存在和生活世界的存在之间找到一条通道——而这条通道已经意味着没有任何存在形式能够不涉及主体性而被设定，意味着身体有一个意识的对立面(Gegenseite)，意味着这一通道是心理-物理的——

通过达至由人之身体所体现的主体性，我仍然认为属于生活世界的主体性，我应该找得到某种东西，这种东西不是心理学意义上的“心理”的东西(也就是说一种自在自然的近似抽象[Gegen-abstraktion]，一种原初物[blosse Sachen]的本性)，我应该达到一种主体性和一种主体间性，达到一种精神(Geist)的世界，这种精神世界尽管不是第二自然，却同样拥有自己的坚实性和完整性，不过是在生活世界的样态中拥有的——也就是说我仍然应该通过语言学和逻辑的客观化，重新找到生活世界的逻各斯。

同样，原则上应当通过真理的历史性(Urhistorie，erste Geschitlichkeit)来揭示“有机的历史”，这种真理的历史性是由笛卡尔构建起来的，是作为科学无限的地平线而被构建起来的——这种真理的历史性还是激发了马克思主义的东西。

---

* 参见 204 页，注*。

原则上，仅仅在此后我才着手定义一种本体论和哲学。本体论可能是一些观念的构设，而这些观念则应取代先验主体性观念，取代主体、客体、意义的观念——哲学的定义将会包含着哲学表达本身的澄清，因而包含着对应用于"天然地"在先的东西中的方法的意识，就好像哲学仅限于反思存在之所是，就像前科学的科学那样，就像那些是先于表达的东西之表达那样，那些在后面支撑表达的东西之表达那样——在这里作为主题的难点是：如果哲学想成为绝对的，那么它就是自我包含的。然而事实上，所有对自然本性、生命、人之身体和语言的具体分析，将使我们能够慢慢地进入生活世界和"原始"存在；那么我就不应该在这种情况下放弃进入它们的确定描述，也不应该放弃进入各种时间性的分析中——从引言开始就讲这个。

真理的根源的第一卷*

1959年1月

胡塞尔：人的身体有一个"另一面"，——精神的一面，——

（参见"隐藏着的方面"的、总是隐藏或暂时隐藏的存在的样态，——对跖存在的样态，——差异在于，一个有生命的身体"精神的"一面原则上只能作为缺席来给予我的）。

---

* 题目（参阅第204页注释）上方有这样一行字：从一开始分析自然本性就指出有一种相互关联性：我们在此处讲的东西将在逻辑的层面上再次被涉及（第二卷）。没关系。应该开始了。

在我的第一卷中，——在物理自然和生命之后，写一个第三章，在这一章中，人的身体将被描述为具有“精神的”一面。指出，人的身体不可能在它还没有成为心理-物理的身体之前被描述。(笛卡尔，——但要继续处在灵魂与身体的复合中)——给出我的与笛卡尔的自然本性观相对应的观点，笛卡尔的自然作为原则一下子就使我们掌握了神的科学将教给我们的东西——给出一种感性学。一种关于时间的、“灵魂”的观念，胡塞尔意义上的作为“自然的”身体间性的观念——但所有这些——深入、修正了我最早的两本书，这些观念应该在本体论的角度上得到完整的研究——第一卷据以得出结论的对被知觉世界的描述是非常深刻的(作为差别的知觉——作为运动和知觉之肉身的身体——超越性——原初呈现[urpräsenntierbar]的领域)。尤其是：问题来自这些“真理”和作为彻底反思的、向先验内在还原的哲学之间的联系——“原始的”或“原初的”存在被引入——连续的时间、“行动”的时间和下决心的时间被超越了——神秘的时间又被重新引入——理性与象征功能之间关系的问题被提出了：所指通过基本能指向“理性”的超越——对内在系列(“主体的”、“心理的”)与客观性(如——列维·斯特劳斯说——我们的文化所假设的那样的客观性)区分的批判——我们和动物性的关系，我们确定的“同源”(海德格尔)。所有这些导致了一种知觉-非知觉理论，和前逻各斯直觉(logos endiathetos)理论(逻各斯之前的意义)——生活世界理论——这种新的本体论应当在第四章第一节“自然与物理”、第二节“生命”、第三节“人的身体”、第四节“‘原始的’存在与逻各斯”中勾勒出来(第四章篇幅大，给予了本书“决定性的”特点，——同时开始过渡到绘画、音乐、语言研究*。

揭示所有这些根源("垂直"世界)——接着指出,这个问题由于语言的转换而重新提出,由于向"内在的"人过渡而重新提出——人们只是在这儿才能确定性地对人道主义进行评判。

存在与无限

1959年1月17日

无限:将宇宙作为无限来构想无疑是一种征服——或至少就无限的本质而言是如此(笛卡尔主义者们)——

可是,笛卡尔主义者们真的这样做了吗?——存在之深奥,只能借助于无限这个观念被认识[无限为存在之无穷尽的资源,它不仅仅是这东西或那东西,而且它也许可能成为其他东西(莱布尼兹)或者事实上要比我们所知的要多(斯宾诺莎,尚不为人所知的属性)],他们真的看到这一点了吗?

他们的无限观念是肯定性的。他们将一个封闭的世界非价值化了,这对一个肯定性的无限有好处,他们像谈论某物那样谈论肯定性的无限,像他们在"客观哲学"中证明的那样证明肯定的无限——所有的特征都被颠倒了:在只是否定的意义上,一切确定都是否定的——这更多地是逃避而不是认识无限——这种无限被固定在一种思想中或被给予了这种思想,而这种思想至少能够证明

* 此处没有右括号。

它的拥有它。

真正的无限不可能是这样的无限：它应该是超越我们的东西；是开启的（Offenheit）无限，不是无结束的（Unendlichkeit）无限——是生活世界的无限，不是观念化的无限——因而是否定的无限——是意义或理性，而这种意义或理性是偶然的。

原初的或原始的存在（=被知觉的世界）及其与作为构造物（Gebilde）的逻辑推断（λόγοsπροφρίχοs）的关联，与我们构造出的“逻辑”的关联——

1959年1月

我在谈及绘画时谈到的“无定型”知觉世界，——重新作画时的永恒源泉，——它不包括任何表达法，可是它召唤所有的表达法，它需要所有的表达法，并且在每个画家那里重新激起一种新的表达努力，——本质上，这个知觉世界是海德格尔意义上的存在，它是比绘画、言语更多的世界，比所有的“立场”更多的世界，它以其普遍性而被哲学所把捉，作为将要被说出的一切的包容者而显示出来，但同时又让我们创造它（普鲁斯特）：这就是呼唤逻辑推断（λόγοs προφρίχοs）的（λόγοs ἐνδιαθετοs）——

[生活世界之路：我们建立了一种生活世界的哲学，我们的建构（以“逻辑”的方式）使我们重新发现这个沉默的世界。在什么意

义上重新发现呢？它已经在那儿了吗？既然没有任何人在哲学家说此话之前知道这一点，那么怎样来说明它是在那儿的呢？——可是它真的在那儿：所有我们曾说过的和正在说的都曾包含和正在包含它。它正是作为非主题化的生活世界而在那儿的。在某种意义上，它还被描述它的陈述意味为非主题化的：因为这种也将会是沉积的，并将被生活世界“重述的”陈述将被包括在生活世界之中，而不是陈述包括生活世界，——由于这种陈述意味着整个的自我理解(Selbstverstandlichkeit)，它们就已经被包括在生活世界中了——但是自我理解不会影响哲学获得自己的价值，不会影响哲学成为另外的东西，成为比生活世界的简单的、部分的产物，并被封闭在引导我们的语言中的东西更多的东西。在普遍存在的生活世界和世界之终极产物的哲学之间并不存在对立或二律背反：揭示生活世界的是哲学][①]

沉默的我思

1959 年 1 月

笛卡尔的我思(反思)是对意义的操作，是意义之间关系的陈述(意义自身沉积在表达行为中)。所以它预先假设了一种自我与自我的前反思接触(萨特自我的非自发意识)或者一种沉默的我思

① 原文中，这里没有标点符号。研究笔记因为是草稿，所以多处有标点符号缺失的情况。以下不一一注出。——译者

(在自我的近旁存在)——我在 Ph. P. * 中就是这样推理的。

这是正确的吗?我称之为沉默的我思是不可能的。为了有"思考"的观念(在"看"和"感觉"的思想的意义上),为了进行"还原",为了回到内在性和……的意识中,必须有语词。正是通过语词的组合(以及语词沉积的意义,这种意义原则上能够进入与用来构成意义的关系不同的关系中),我采取先验的立场,我构造了构成性意识。语词不反映实证意义,因而最终不反映像自身被给予那样的体验(Erlebnisse)。"意识"一词将会指向的自我意识的神话,——只有意义的差异。

然而存在着沉默的世界,至少被知觉的世界是一个领域,在其中,有一些非语言的意义;是的,有一些非语言的意义,但它们不是那么地实证的。比方说,不存在特殊体验的绝对流变;有一些场和一些场的场,并有一种样式和典型——对存在者进行描述,是它们构成了超越场的主体——它们总是施动者(我能够……)和感觉场或观念场的关系。感觉的施动者=身体——观念的施动者=言语——这一切都属于生活世界的"超越"领域,也就是说带有"其"客体的超越性。

* 《知觉现象学》,《新法兰西杂志》,巴黎,1945 年。"论沉默的我思和对笛卡尔我思的批判",参阅第 460-468 页。

还原——超越的真——显现方式之谜(Le Rätsel Erscheinungweisen)——世界

1959 年 2 月

还原被错误地介绍——尤其是在《Les M. C.》* 中——为对世界存在的悬置——如果这就是还原之所是，还原就重新跌入了笛卡尔式世界不存在的假设的错误中，这种假设的直接后果是把理智或灵魂(mens sive anima)(世界的部分)当作不可怀疑的——对世界的所有否定，而且，对于世界是否存在的所有中立性看法都有一种当下的后果：人们缺乏超越性。悬置只有相关于确实的自在的世界，相关于纯粹的外在性，才有权中性化：它应当让这个确实的自在和这种外在性的现象继续存在下去。

超越场是超越的场。超越作为对理智或灵魂以及心理的绝对超越，是对反超越和内在意义上的主体性的超越。向主体间性的过渡只有还原不充分的时候才是矛盾的，胡塞尔有理由这样说。但是充分的还原通向所谓的超越的"内在性"之外，它通向被理解成世界性(Weltlichkeit)的绝对精神，通向像自发的相互交织(Ineinander)那样的精神(Geist)，而这种交错则建立在感性的交织之上，建立在作为共情(Einfuhlung)和身体间性领域的生命领域内——类的观念=动物间性的观念。生物学或心理学和哲学的交

* 埃德蒙德·胡塞尔：《笛卡尔沉思和巴黎演讲录》(*Cartesianischie Meditationen und Pariser Vortrage*)，海牙，Martinus Nijhoff 出版社，1950 年。

织＝世界自身性(Selbstheit)。

胡塞尔自己提出了世界对我怎么具有了不同于我的超越意向对象的意义的另一种“存在意义”的问题。对于我来说那种现实存在着的东西……怎么会是与可以说是我的构造性综合的交织有别的东西呢？(Wie kann furmich wirklich seiendes... anderes sein als sozusagen Schnittpunkt meiner konstitutiven Synthesis ?) (M. C. , § 48,第 135 页)*

胡塞尔说,不是时间的发生的他人经验的分析(La Fremderfahrung Analyse)就是这样被引入的:客观的超越不是发生在他者的态度之后:在这种分析之前,世界已经在那儿了,已经在它的客观超越中,而正是它的意义人们要把它作为意义阐明出来……[因此,他者的引入不是“客观的超越”的产物:他者是客观的超越的标志之一,是客观的超越的一个时刻,但他者的可能性是处在世界本身之中的]。

“纯粹的他者”(还未成为一些“人”者)已经引入了一种自然,我是它的一部分的自然(MC,第 137 页)**

* 埃德蒙德·胡塞尔:《笛卡尔沉思和巴黎演讲录》(*Cartesianischie Meditationen und Pariser Vortrage*),海牙,Martinus Nijhoff 出版社,1950 年。

** 同上。

流入(Einstromen)——反思

1959 年 2 月

由于存在着流入,所以反思不是一致,不是重合:如果它将我们重置于流(Strom)之源中,那么它就不会进入流中——

寻找道路(我想从《危机 III》那里),在这里据说现象学还原改变了普遍的历史——

流入(Einstromen):沉积的特殊情况,也就是说第二层次的被动性的特殊情况,也就是潜在的意向性的特殊情况——这就是佩居(Péguy)的历史的铭记——这就是时间化(Zeitigung)的基本结构:时间的点的原创造(Urstiftung)——[通过?]这种潜在的意向性,意向性在康德的理论中不再是其所是:纯现实主义,不再是意识的一种属性,不再是意识的"态度"和行为的属性,以便成为意向性生命——意向性成为比方说在其时间位置上联系我的现在和我的过去的线(这是过去所是的过去而不是通过回忆行为所重获的过去),回忆行为的可能性取决于持留的最初结构,这种结构是过去的相互嵌连+对这种作为律令的相互嵌连的意识(参阅"自反重复":总是再次重复的反思给出的将"总是同样的东西"immer wieder)——胡塞尔的错误在于从一种被看作没有厚度的,被看作内在的意识的现实呈现(Prasensfeld)出发描述这种相互嵌连*:

* 作者已经在《知觉现象学》关于空间性和时间性的章节中谈到现实呈现或呈现场。尤其参阅第 307、475、483-484、492 页。不过,这些分析那时并没有导向一种对胡塞尔的批判。

嵌连就是超越意识，它是远处的存在，它是我的意识生活的双重基础，这使得它不仅仅一时，而且在整个时间指示系统中都是创造(Stiftung)——时间(已经像身体时间那样，像身体图式的时间计时器那样)就是这些向存在开放的象征性模态的范例。

在 OR* 中，分析完心理物理的身体后，向回忆和想象物的分析过渡——从时间性、那边向我思和主体间性过渡。

作为构成物(Gebilde)的哲学，建立在自身之上，——这不可能是终极真理。

因为这将是这样的创造(构成)，它把从自身出发(von selbest)(即生活世界)之所是表达为构成物，因此否定了自己是纯粹的创造——

创造的、人类构成的观点，——和“自然”的观点(作为自然的生活世界的观点)，这两种观点都是抽象的和不足的。人们不能置身在这两个层面的任何一个上。

这里涉及的是被生活世界当作有效的、潜在的历史性来呼唤和构造的创造，延长和见证历史性的创造——

本质(言语的)——历史的本质

1959 年 2 月

本质(言语的)的发现：既不是存在-客体，也不是存在-主

* 《真理的根源》，参阅第 204 页注*。

体，既不是本质，也不是生存的存在的第一表达：本质(West)的东西(玫瑰的玫瑰-存在，社会的社会-存在，历史的历史-存在)回答了什么(Was)的问题，就像回答了这个(Dass)的问题一样，这不是被主体看到的那个社会、那个玫瑰，不是那个社会和那个玫瑰的自为存在(和卢耶[①]所说的相反)：这是展开在整个玫瑰之中的玫瑰性，这是柏格森相当笨拙地叫做“形象”的东西——此外，这种玫瑰性还导致一种“普遍观念”，也就是说有好多玫瑰，也有某一种玫瑰，这并不是无关紧要的，但这来自于其所有蕴涵(自然普遍性)都被思考了的玫瑰-存在——由此——通过消除本质(Wesen)的最初定义的所有普遍性——人们取消了歪曲一切的事实和本质之间的对立——

一个社会的社会存在：这是汇集了社会中所有明确和模糊的看法和意愿的整体，是通过这些看法和意愿溢出(hinauswollt)的匿名的整体，是没被任何人看到，也不是集体灵魂的相互交织(Ineinander)，这种相互交织既不是客体，也不是主体，而是主客体的联结纽带，交织存在(west)，因为将有一种结果，而且交织是人们唯一能合法地使“具有多个入口的哲学”满意的东西(因为用来反驳萨特的二择一思想的论据是：思想不能创造世界，它不接受精神的世界性〔Weitlichkeit〕，它仍然是主体性精神，这个论据不能被用来为这样一种哲学进行辩护，在这种哲学中，所有的自我将会处在同一个平面上，而哲学则将对他者的问题一无所知，只能作为绝

---

① 卢耶(Raymond Ruyer) 法国哲学家。有《结构哲学论纲》(*Essaie d'une philosophie de la structure*，1930)、《心理-生理的本原》(*Eléments de psycho-biologie*，1946)等。——译者

对主体的哲学被实现)

桌子的本质(Wesen)不等于自在的存在,在这种自在存在中,各种元素将自行排列,不等于自为存在,不等于概要,而是等于在桌子之中"变成桌子"的那种东西,使桌子成为桌子的那个东西。

沉默的我思和言说的主体

1959年1月

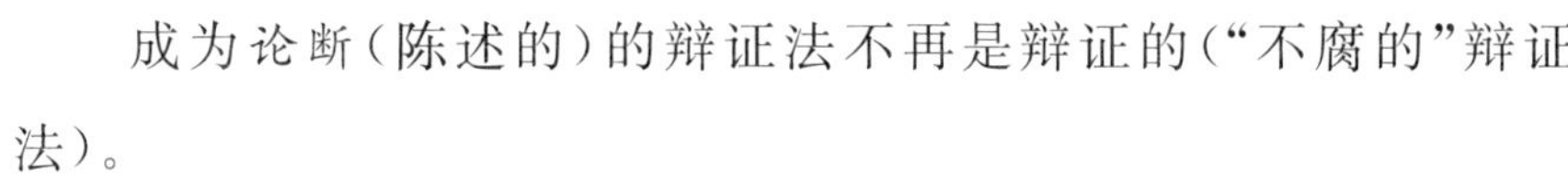

成为论断(陈述的)的辩证法不再是辩证的("不腐的"辩证法)。

这不会对一种人们不能对之言说的基质(Grund)有用。论断的失败,它的颠倒(辩证的)揭示了论断的根源,物理-历史的生活世界,我们必须回到其中的生活世界。重新开始知觉的问题,共情(Einfuhlung)问题,尤其是言语的问题,而不是放弃它们。我们清楚地知道如果言语想仍然是辩证的,它就不能还是陈述、命题(Satz),它就应该是在思想的言语,而不用指向一种事态(Sachverhalt),它是言语而不是语言(而且确实是言语而不是语言,它瞄准作为行为者的,而不是作为"心灵的"他者,它在他者被理解为"心灵"之前就回应他者,这是在把他者的言说当作言说,当作事件来拒斥或接受的它和他者的相遇中进行的——正是它在我之前将交流的场所,将主体间的可区别系统构建为意义和意义的主体,而这种主体间的可区别系统则是现时的语言,而不是"人的"世界,客观精神)——问题在于把言语恢复到生活世界历史的现时和过去中,问题在于恢复文化的呈现本身。论断或“辩证哲学”的辩证法的失败,就在于非透视的而是纵向的主体间性的发现,这种主体间性是延展至过去的,是存在的永恒,是原初的精神

沉默的我思显然不能解决这些问题。通过揭示沉默的我思,就像我在 Ph. P. * 中所作的那样,我没能获得解决办法(我关于我思的章节不是联接在关于言语的章节上的):相反我提出了一个问题。沉默的我思应该可以让人明白言语何以是不可能的,然而却不能让人明白言语是可能的——仍然有从知觉的意义向语言的意义过渡的问题,从行为向主题化过渡的问题。另外,主题化本身也应该被当作更高程度的行为来理解——从主题化到行为的关系是辩证的关系:语言通过打破沉默实现了沉默期望却没能得到的东西。沉默继续包裹语言;绝对语言的、思考的语言的沉默。——但是,这些辩证关系的习惯发展〔以便不变成世界观(Weltanschauung)的哲学和苦恼意识〕应该达至一种原初精神的理论,一种实践精神的理论。就像所有的实践一样,语言假设一种当然的(selbstverstandlich),一种构成的,这种构成的是准备终极创造(Endstiftung)的创造(Stiftung)——问题在于通过言说的主体的连续和同时的一致性,捕捉什么在期望、言说以及最终在思考。

* 《知觉现象学》,同前。

逻辑的系谱
存在的历史
意义的历史

1959年2月

在引言中(基本思想)

我还应当指出,人们可以把之看作“心理学”(《知觉现象学》)的东西实际上是本体论。通过让人看到科学的存在既不能是自主(selbstandig)的存在,也不能被看作为自主的存在而指出这一点。从这里再开始写关于物理与自然——动物性——作为理性连接(nexus rationu)或实体连接(vinculum substantiale)的人的身体的章节。

但是,存在不应该仅仅由它同科学存在的差别来展示——问题在于通过和客体的存在的对比来展示——由此我应该在引言中指出科学的存在本身就是客观化的无限的一部分或一个方面,指出周围世界的敞开(Offenheit d'Umwelt)与科学存在和客观无限都是对立的。由此来写关于笛卡尔、莱布尼兹、西方本体论的章节。这些章节指出科学存在的历史-意向性的和本体论的蕴涵。

接着(物理和自然——动物性——作为心理-物理的人的身体)就要进行还原,也就是说,对于我而言,就要慢慢地——和越来越多地——揭示“原始的”和“垂直的”世界。指出物理对自然,自然对生命,生命对“心理-物理”的意向性意指;人们并不能通过这种意指，从“外部”走入“内部”，因为意指不是还原，因为每一级“超越的”实际上仍然是被预设的（例如最初的自然根本不能被我将对人所言说的所超越：自然是动物性的关联项，就像它是人的关联项那样）——这样，就应该去建构我所实践的这种“反思”理论，它不是返回到“可能性的条件”——这就是为什么这里的问题是就地上升——相反随后的一切已经在我对于自然所说的当中被预期了——这就是为什么我应该从一开始就指出这种对自然的思知（Besinnung）的本体论蕴含——在研究了逻各斯和历史之后，我们就将结束这个循环，就像普鲁斯特在叙事者决定开始写作时结束了循环那样。哲学的结束就是其开端的叙说——指出这种循环性、这种成圈状的意向性蕴含，——同时指出历史-哲学的循环性*：我借助于笛卡尔和莱布尼兹来澄清我的哲学规划，这个规划自己就能使人知道什么是历史。以论断而不是以暗示来陈述所有这些。

循环性：在每个“层面”所说的所有东西都要预示并将被重提：例如，我做了一个感性共情（Einfuhlung）的描述，在绝对意义上，这个描述非假亦非真：因为它涉及的明显地是一种抽象地被区分的“层”——它也不是假，因为此外的一切都被预示了：也即我思的

* 边注：历史-诗歌（histoire-Dichtung）由此，通过与格鲁的对立得到辩护。客观历史是教条的理性主义，是一种哲学，而不是它声称所是的东西，不是所是的历史。在我的历史-诗歌中，可以批判的不是它作为哲学家向我表达的东西——而是它向我非完整地表达的东西，是它正在改变着我的那种东西。哲学的历史就像科学那样，是共见（communis opinio）。

关于历史-诗歌观念，请参阅胡塞尔的相关论述，他曾讲过一种“哲学史的虚构”（见《欧洲科学的危机与先验现象学》，载《胡塞尔全集》第六卷，Nijhoff 出版社，海牙，1954 年，第 513 页）。作者拥有的《欧洲科学的危机和先验现象学》样本里，相关章节中划了很多重点线。

共情。整个第一部分蕴含的确定和重要的东西就是逻各斯:我谈论事物,就好像事物没有使语言成为问题!语言的主题化超越了一个天真的阶段,较多地揭示了必然性(selbstverstandlich keiten)的境域——从哲学到绝对,到超越场,到原初的和"垂直的"存在之间的过渡从定义上都是前进发展的,不完整的。不要将这理解为不完善〔进行涵盖(Englobant)的世界观哲学、苦恼意识〕而是理解为哲学的主题:还原的不完全性("生物学的还原"、"心理学的还原"、"内在超越的还原"以及最终的"基本思想")不是还原的障碍,它就是还原本身,是垂直存在的再发现。——

因此将存在原初存在层的一个系列。应该多次地重新研究共情,研究我思。——

例如:我将在人类身体的层面上描述一种前知(pré-savoir),一种前意义(pré-sens),一种沉默的知。

被知觉的意义:度量前的"量",比如一个长方形的轮廓。

另一种被知觉的意义:也就是我通过严格意义上说不是"被知觉"而是进行知觉的存在状态而对同一个人所进行的知觉的融合(沃尔夫*)

"被知觉的生命"的意义(米绍特**):就是使一种显象活起来,成为"活动的"的那种东西。

---

* 维纳·沃尔夫(Wolff,1733 - 1794),德国解剖学和生理学家:*Selbstbeurteilung und Fremdbeurteilung im wissentlichen und unwissentlichen. Ps. Forschung*,1932.

** 米绍特(A. Michotte):《因果关系的知觉》,Vrin 出版社,卢汶,巴黎,1946 年,第 176 - 177 页。

但是接着我就应该揭示一种未经阐述的境域：也就是我用来描写所有这些的语言的境域——这种未经阐述的境域将共同确定语言的最后意义

这样，从引言开始，很重要的一点就是引入沉默的我思、语言的我思的问题。语言的我思具有笛卡尔式的天真，它没有看到本质的我思、意义的我思下面沉默的我思，然而，自以为和沉默的意识是一致的，而它对沉默的描述本身却完全依赖于语言的沉默的我思也具有天真。对沉默世界的拥有，比如人的身体的描述所得到的沉默的世界，已不再是这个沉默的世界，它已经是一个清楚的，上升到本质的，被言说的世界——知觉的言说（λόγος）的描述是（λόγος προφρ ίχος）的描述。这种反思的分裂（这种想回到自我却又从自我中出来）能够结束吗？在人们发现言语包裹着被断定为心理重合的沉默后，应该有一种重新包裹言语的沉默吗？这种沉默将是什么呢？就像对于胡塞尔来说，还原最终不是超越的内在，而是世界论断（Weltthesis）的揭示那样，这种沉默将不是语言的反面。

我最终能够采取本体论的立场，并且阐明它的各种论断，就像引言中所要求的那样，只能在进行了本书包含的一系列还原之后，所有这些还原在最初的还原中都在进行，但只有在最后一个还原之后才真正完成。这种颠倒本身——神的恶性循环（circulus vitiosus deus）*——不是犹豫、自欺、坏辩证法，而是回到Σίγη（深

* 这是尼采的表达法。《善与恶的彼岸》，第56节，第100－101页，法文译本，法兰西水星出版社，1929年版。

渊)。*

人们不能构造直接的本体论。我的"间接"方法(存在者中的存在)是唯一与存在相符的——"否定性的哲学"就像"否定性神学"。

精神的世界性(Weltlichkeit du Geist)——"不可见的世界"客体-存在中的非存在:存有(Seyn)

1959 年 2 月

人们总在谈论"他者"和"主体间性"等问题。

事实上,需要理解的是"人"之外的存在,我们根据存在来理解人,而这种存在又是我们所有有意和无意经验沉积的意义。这种需要寻找的无意识不是在我们的内部,也不是在我们"意识"的后面,而是在我们的前面,就像我们田野中的各种连接那样。它由于不是客体而为"无意识的",但它是客体通过之而成为可能的那种东西,是联系我们未来的纽结——无意识在客体中间,就像树与树的间隔存在于树之间那样,或者就像它们的共同层面一样。无意识是我们意向性生命的原始联盟(Urgemeinschaftung),是我们中

* 这无疑是克罗岱尔的回忆说。"时间是给予所有将会存在但最终将不再存在的存在者存在的方法。它是死亡邀请,是邀请所有的句子在解释性和总体的配合中解体,是邀请完成献给 Sigè(深渊)之耳的赞美言语。《诗艺》,同前,第 57 页。

的他人的交织(Ineinander)和他人中我们的交织。

正是这些存在构造了我们所说的东西和我们所理解的东西的意义(可改换的)。它们是“不可见的世界”的支柱,而这个不可见的世界和言语一起开始影响我们看到的所有的物,——就像在精神分裂症者那里,“另外”的空间占据着感觉和视觉的空间——并不是后者变成了前者:在可见的中,永远不仅仅只有精神的废墟,世界始终像是广场(Forum),至少在不完全住在世界中哲学家的眼里是如此——

我们的“内在生命”:世界中的世界、世界中的区域、“我们所谈论的地方”(海德格尔)、我们通过真正的言语来引入他者的地方。

“不可见的世界”:原初它是被当作非-元呈现(Urprasentierbar)给予的,就像他者在其身体中原初是被当作缺席来给予的,被当作差异,被当作超越(Ideen II)

描述这种非质性存在(non-être qualifié)的经验。

在他者是之前,事物已是这样的非存在,是这样的差异——存在着与他者的共情及横向关系完全一样的与事物的共情和横向关系:事物肯定不是对话者,共情将它们当作沉默者给出——但是确切地说:它们是成功的共情的各种变体。它们和疯子或者动物一样,是一些准同伴。它们取自我的存在,是我的肉身中的刺——说存在着有超越,存在着有距离的存在,就是说存在(萨特式的)充满着非存在和可能性,就是说这种存在不仅仅是其所是。格式塔性(Le Gestalhafte)——如果人们真的想定义它的话——就是这种存在。格式塔这个概念本身——如果人们想根据它本身而不是根据对立推理来定义它,不把它定义为诸元素之总和“所不是”的东西的话——就是这。

同时,……的知觉,格式塔不能是离心的意义给予(Sinngebung),不能是本质的给予,表-象(vor-stellen)——人们不能在这里区别知觉(Empfindung)和知觉到(Empfundenes)。它是开放——

如果这样来理解感觉(sentir)和知觉(percevoir)的话,人们就明白在真理中有不真的东西。

科学与哲学*

1959 年 2 月

确切地定义语言的方法;既"非如此……即非……——人们标记言语经过了何处。但这不能将言语的全部力量给予它。如果人们相信言语是处在这些固定关系中的,人们就会被导向错误——这是一种唯科学论的错误,是一种科学的错误,并显示为这样(不能将语言学理解为演变的,历史——还原为共时性)——不过在科学态度中有好的和必要的东西:决心忽视一切语言的东西,不预先假定继承来的语言的合理化。将语言作为并非我们的语言来看待。参考弗洛伊德:绝不认知梦,不认知意识——人们在没有共情的情况下探究梦和意识——就像对"未知的"语言的揭示那样,从深层来说,这种态度是哲学的态度,它是在它拥有的最好的东西中

* 这个注释是在安德烈·马蒂内先生于 1959 年 2 月 27 日在高等师范学校作的讲演后写成的。

由反思的态度构成的。这种反思不是,也不能是体验(Erlebnisse)的现象学的界限。对于体验的怀疑是哲学的怀疑——人们假设意识在关于我们和关于语言的问题上欺骗我们,而且人们有道理:这是观察它们的唯一方法。哲学与体验的特权及体验的心理学等等毫不相干。同样,在历史中,问题也不在于将“决断”作为“过程”的原因来重建。哲学家所寻找的内在性同样也完全是主体间性,是原始共创(Urgemein Stiftung),它们远远地超出了体验——沉思(Besinnung)对立于体验(Erlebnisse)。但是这种弃绝与语言、动物等等的共情,导向一种高级的共情,使弃绝成为可能的共情。对世界的“原初”观看的寻找完全不限于一种向前理解或前科学的回归。“原初主义”只不过是“科学主义”的对等物,仍然是科学主义的。现象学家们(舍勒、海德格尔)指出这种先于归纳性的前理解是有道理的,因为,正是它使对象(Gegen-stand)的本体论价值成为问题。但是,向前科学的回归并不是目的。重新获得生活世界就是重新获得一种维度,在这种维度中,科学的对象化本身保持了一种意义,并应该被理解为真实的(海德格尔本人曾说:所有存在的命运[Seinsgeschick]都是真实的,都是存在历史的组成部分)——前科学只不过是理解元科学的一种邀请,而元科学不是一种非科学。它甚至是被科学的构成性活动揭示出来的,条件是人们重新激发这种活动,看到这些活动向自己掩盖(verdecken)的东西。例如,结构主义的态度=语词链,语言作为在我们的面前的每一个言语行为中的再创造,决定在言语行为发生之处勾勒言语行为,这是决定回到根源,回到本原(Ursprung)——条件是人们不自我封闭在事实的、共时性的规定性中,——这是要抓住言语中的

所有共时性-历时性的粘接，这是一种非同寻常的，也可以说是神话式的言语——科学的构成性行为的模糊性：全力注意语词链，注意语音和语义的交织，

即：1. 必须把捉住起源 起源的发现(l'Ursprung Entdeckung de l'Ursprung)

2. 还原到对象即遮蔽起源(Verdeckung de l'Ursprung)

1959 年 2 月

写第一部分：本体论的初步纲要——

从现在起：各种矛盾，等等

哲学的消亡——

指出，这不仅仅使传统哲学成为问题，而且也使上帝之死的哲学成为问题(克尔凯郭尔——尼采——萨特)，就上帝之死的哲学是传统哲学的对立面而言(当然也是一种“应用的”辩证法而言)。

重新探索作为“基本思想”的哲学方法——

Ph. P. * 的结果——将这些结果引向本体论解释的必要性：

事物——世界——存在

否定性——我思——他者——语言

---

* 《知觉现象学》，同前。

上面的第一个描述之后仍然存在的问题：这些问题在于我部分地坚持着“意识”哲学

通过胡塞尔和人们敞开向的生活世界之路，揭示原始存在或原初存在。什么是哲学？隐藏(Verborgen)的领域(哲学和神秘论)

所有这些概括的勾勒完成后，说明这只是一个概括的勾勒，为什么需要一个概括的勾勒和为什么只是一个概括的勾勒。

为了更好地看清相关的东西：即存在，这是必要的和充分的开端——但这还不是为了保证我们在这个领域的行为——应该有复现(Wiederholung)：

“解构”笛卡尔的客观主义本体论

从我们的“文化”和我们的“科学”的暗示(Winke)出发，重新发现自然(φύσις)，然后重新发现逻各斯，重新发现纵向的历史——

本书的整个第一部分要以直接的、现时的方式(就像胡塞尔的《欧洲科学的危机和先验现象学》那样)进行构思：展示我们的非哲学，然后在一种历史的自省(Selbstbesinnung)中和对我们文化(科学)的自省中寻找其根源，人们将在这种根源中寻找暗示(Winke)

时间。——

[无日期，可能写于 1959 年 2 月或 3 月]

像时间补充的创造那样的时间的突然出现将是不可理解的，这种补充的创造可能会把所有先前的时间系列推向过去的时间。

这种被动性是不可想象的。

相反，一切简单地看待时间的时间分析都是不充分的。

时间应该是自我构成的，——或者总是从属于时间的某人的视点被看的。

然而这显得是矛盾的，而且将会导致前面二择一中的一个。

只有当新的呈现本身就是一种超越时，矛盾才会消除：人们知道它不在那里，知道它刚刚才在那里，人们永远不会与它重合——它不是即将到位的确定的时间的一部分。它是由中央的和主要区域以模糊的方式所确定的循环，——一种时间膨胀或时间泡——只有这种方法的创造能够：1. 使"内容"对时间的影响成为可能，而这种时间是"或快"或"不那么快"地过去了，使时间材料（Zeitmaterie）对时间形式（Zeitform）的影响成为可能；2. 接纳超验分析的真理：时间不是绝对事件的系列，不是一种节奏，——甚至不是意识的节奏，——它是一种构设，一种等值系统。

1959 年 3 月

勒莱在法兰西学院的报告[*]："奇怪的"粒子，一种可能只存在十亿分之一秒的粒子的"存在"……

这样的存在意味着什么？

---

* 指让·勒莱（M. Jean Leray）1959 年 3 月 15 日在法兰西学院教授大会上所作的《关于路易·勒佩莱斯-兰盖的研究报告》。

人们以宏观存在的方式来构想这种存在：用一种放大法，一种充分的时间放大镜，那么，这种极短的绵延也许像我们所经历的绵延。

由于放大总是可以被设想得非常好，——人们既假设有微观的东西（没有这种微观的东西，就不可能以宏观的方式来研究微观），又假设微观的东西总是在这边，总是在境域中……

这就是境域本身的结构——但是明显的是，它在自在中不意味着任何东西，——它只在肉身主体的周围世界（Umwelt）中，作为存在的敞开和遮蔽才有意义。只要人们没有把自己建立在这种本体论领域内，人们就有一种危险的思想，一种空洞的和矛盾的思想……

康德的或笛卡尔的分析：世界既不是有限的也不是无限的，它是不可定义的——即是说，需要把它当成人类的经验来思考——面对无限存在的有限知性（或者是康德的：人类思维的深渊）

这完全不是胡塞尔的敞开或海德格尔的遮蔽所要说的意思：本体论环境不是被思考为与自在领域相对立的“人的表象”——问题在于理解真理本身在超越关系和朝向境域的超越（Ueberstieg）之外是没有任何意义的，——在于理解“主体性”和“客体”是一个整体，在于理解在世界中具有重要性的主体的“体验”是“精神”的世界性（Weltichkeit）的组成部分，是计入存在这个“登记簿”的，在于理解客体不是事物的各种面（Abschattungen）之外的任何东西……不是我们在知觉，而是事物在那里自我知觉，——不是我们在言说，而是真理在言语深处言说自己——成为人的本质，而人就是成为人的本质的——世界是场，它以此总是开放的。

还要解决时间的唯一性和多样性的问题(爱因斯坦):通过回到境域的观念——

可见的与不可见的第二部分

1959 年 5 月

(存在与世界:论笛卡尔、莱布尼兹等等)

指出:我们在这里说的,就是事物本身吗?不是,这里有一个历史动机的问题。生活世界是“主观的”——怎样揭示这些动机呢?哲学的历史只能是这些观点的投射,——或者,哲学的历史由于想成为“客观的”而将成为无意义的。我们的问题和一种哲学的内在问题:人们能够把我们的问题向这种哲学提吗?(古伊埃)* 只有一个解决办法:指出在各种哲学之间肯定存在着超越性,不是还原到唯一的平面上,而是说,在各种哲学相互意指的这种深度不同的层级上涉及的仍然是同一个存在——指出哲学之间知觉的或超越的联系。也就是纵向的历史,这种历史在“客观的”的哲学史身边有其权利——在这里应用知觉存在的概念和在第一部分已被展开的敞开(Offenheit)的概念——探索这怎样区别于相对主义,

* 指的是亨利・古伊埃(M. Henri Gouhier)的著作:《历史和历史的哲学》,巴黎,Vrin 出版社,1952 年。——这个问题主要是涉及哈默兰(Hamelin)对笛卡尔的解释时提出的。参阅第 18－20 页。

思想间的相互“投射”怎样让一种“存在内核”显现出来（参阅勒弗关于马基雅弗利的报告：* 人们怎样，以及在什么意义上能够声称走向事物，同时却拒绝他人拥有这个权利呢？应该意识到他们的观点和自己的观点，——可是被追求的还必须是探究（Befragung）。

哲学：一种自我包含的圈：这第一部分已经是历史的实践，它是从历史的生活世界中涌现出来的——而反过来，我们将提及的哲学的历史已经是某种周围世界——本体论历史的概念。西方本体论对周围世界的解释，当它与我们的开端相对时，应该让我们的开端得到巩固，使它得到调整——（概念的连接：存在-自然-人）。当然这还不是彻底的：这是一些纵向的、混乱的历史的线头，这还不是本质。

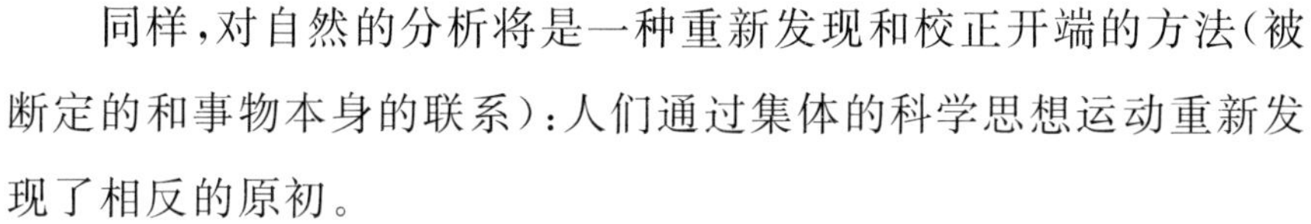

同样，对自然的分析将是一种重新发现和校正开端的方法（被断定的和事物本身的联系）：人们通过集体的科学思想运动重新发现了相反的原初。

对哲学史的回溯已经是一种历史理论、语言理论，等等。

可见的与不可见的

1959 年 5 月

第一部分：本体论纲要

* 未发表，此学术报告 1959 年 5 月作于法国社会学研究所。

第一章:世界与存在

第二章:存在与世界

(指出形而上学是一种朴素的本体论,是存在者的崇高化——但是这明显是按照第一章的观点所解释的形而上学的一种变换。

应该建立这种变换的权利。这会不会是一种永远无法展示的“置景”呢?人们会停留在辩证经验论和观点的相互性(la réciprocité des perspectives)中吗?

不会。这里不涉及“哲学的历史”。哲学的历史总是包含这种主观性。指出比方说格鲁(Guéroult)对笛卡尔的解释总是包含着一种主观的置景(“主观”一词在这里的准确意义是哲学是来自于“问题”构成的预设——参阅第一讲:这是他用以反对柏格森的东西*)——我所提出的不是哲学史的“视野”。或者,它是历史的视野,但却是结构的历史:即是说,并不是一种提出与解决问题的哲学,而是处于存在神圣的整体中和生存的永恒中的哲学,即是说,处于探究的整体中,这个整体像勒弗的马基雅弗利**那样,不是一种教条主义。

参阅潘果(Pingaud)的《拉法耶特夫人》***:拉法耶特夫人的书是宫廷书籍(假象、禁止),但是一旦宫廷消失,她的书便从这些历

---

* 第一讲:即马尔西阿·格鲁(M. Martial Guéroult)获得法兰西学院哲学史和哲学系统术语学(technologie des systhèmes philosophiques)教授席位后,于1951年12月4日所做的讲座。

** 暗指一部构思中的著作。

*** Mme de la Fayette par elle même,色伊出版社,《经典作家》丛书,1959年版。

史的根上剥离出来，从1808年起就变成了一种传说。其(神话般的)意义就可能被对社会背景的无知所创造。

在某种意义上，意义总是一种偏离：他人的话对我来说充满了意义，是因为他人的空白不是我的空白(lacunes)。观点的多样性。

但是这种还原到神话假设了另一种非神话的肯定性的基础。人们应该明白，神话、神话化、异化等等都是第二阶的概念。

拉法耶特夫人就是一个神话，但不是构建那种意义上的神话。而是所有象征功能的运用都是神话(列维-斯特劳斯)意义上的神话。

并非随便什么作品都能获得这种神话权力。注意新的启蒙(Aufklarung)。

《克莱夫王妃》中的东西使拉法耶特夫人能够成为一个神话。

笛卡尔、形而上学也同样是神话：我不是说笛卡尔和形而上学是这样意义上的神话，即为毫无真理可言的文字把戏，以及今天本体论应该是混乱的见解——在笛卡尔那里存在着真理，不过人们必须在他作品的字里行间才能读得出来；笛卡尔思想的氛围，笛卡尔思想的运行方式；这不是强加给笛卡尔一种外部观点，不是强加给他的哲学一种不是其问题的问题。指出，有一种绝对，一种哲学内在于哲学的历史中，不过这种绝对、这种哲学并不是把所有哲学重新融合为唯一的哲学的东西，此外也不是折衷论和怀疑论。如果人们能够将哲学构成为知觉，将哲学的历史构成为知觉的历史的话，就能看到这一点——所有的都归到这一点：创立一种知觉和理解的理论，这种理论表明理解不是在理智的内在之中进行构建，理解是通过共存，从侧面，从样式上(en style)地去理解，通过这种方法一下子就可达到这种样式和这种文化工具的远处。

我在这里关于哲学史想要说的东西预示了关于我思和逻各斯问题上我想说的东西——同样，我在第一章讲的东西也预示了第二章的哲学史的概念。而且，所有这些预示了在后几章中给出的对（自然）科学的理解。只是预示，先行具有（Vorhabe）。哲学是一些同心的问题（problèmes concentriques）。但因此——

知觉——无意识——人们——真实的回溯运动——沉积（真实的回溯运动是其一部分）

1959 年 5 月 2 日

曼彻斯特的出租车司机对我说话（我几秒钟以后才明白，他的话“涉及了”很多词语）：我要去问警察布林斯顿大街在什么地方。——在香烟店、在女人那里可以听到同样的句子：要把它们包在一起吗？（Shall I wrap them together?）我总是要在几秒钟后，才忽然明白——参考，知道一个人的体貌特征之后才认出他，或者知道了一个历史事件的某种概略提示之后才认出这一历史事件：一旦意义被给出，符号就获得了“符号”的所有值。但是，意义必须首先被给出。然而，意义是怎样被给出的呢？也许，语词链上的一段被辨认出来，把回到符号上的意义投射了出去——不能满足于说（柏格森）：往与返。必须明白是在什么和什么之间往返，是什么构成了这种往返。这不是一系列的归纳——而是构成（Gestaltung）和再构成（Rückgestaltung）。“真实的回溯运动”现象就是：

人们不再能够从已经被思考的东西中摆脱出来，而且人们在物质本身之中发现这个运动……

意义是“被知觉的”，而再构成是“知觉”。这是说：存在着一种将会被理解的发生状态〔明见的和恍然大悟的体验（Insight et Aha Erlebnis）〕——这是说：知觉（前者）就自然是构成的场的开启——而这是说：知觉是无意识的。无意识是什么呢？就是作为支轴、生存而起作用的东西，在这个意义上，它是又不是被知觉的。因为人们只是在各种位置上知觉各种形象——而且人们只是相关于位置而知觉形象的，而位置则未被知觉。——位置的知觉：总是处在客体之间，它是某物的周遭……

精神分析上的玄奥（无意识）就是这种（参照：一个女子在街上感觉到有人在看她的胸部，于是整理她的衣服。她的身体图式是自为的和为他的——是自为和为他的联结点——有一个身体，就是被看（不仅仅是这），就是成为可见的——这是一种传心术的、玄奥的印象＝他人目光的快速阅读的敏锐——应该说是阅读吗？正相反，人们是通过这种现象来理解阅读的——毫无疑问，如果人们不怀恶意地向一位女子提问，而她捂紧了外套（或相反），她也许没有意识到她刚才所为。她也许没有在约定俗成的思维语言中意识到这一点，而是像人们知道被压抑的东西那样意识到这一点，也就是说，不是像意识中的形象，而是像意识背景那样来意识的。一种细节的知觉：一种在在世存在（In der Welt Sein）场中活动的微波——

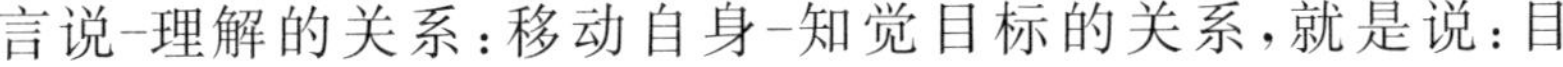

言说-理解的关系：移动自身-知觉目标的关系，就是说：目

标没有被确定，可是它就是我所缺的东西，它在身体图式的标示盘上标出了某种偏差。同样，我通过把语言空间的音调与语言器官相连接而言说——词语与其意义是相连的，就像身体与其目标是相连的一样。

我知觉的并不比我言说的更多——知觉拥有我就像它拥有语言那样——就像我应该在那里[①]才能说话那样，我应该在那里知觉——但是在什么样的意义上呢？就像人们——在我这方面，是什么来激活被知觉世界和语言的呢？

胡塞尔的《时间意识》(Zeitbewusstsein)——1959年5月

1. 什么是绝对意识的感受因素？——胡塞尔有理由说，不是我构成了时间，相反时间是自我构成的，时间是一种自我呈现(Selbsterscheinung)——“感受性”这个词是不恰当的，因为正是它令人想起一个区别于现在而又接纳现在的自我——应该仅仅通过面对自发行为(思维，等等)来理解自我。

2. 其特征在于将前面的推向过去，并填满未来的一部分的是不是新的现在呢？在这种情况下，也许就不可能有一般时间而只有一些时间——应该将时间理解为包含一切的系统——尽管它只对于在场者才是可觉察的，它是面对一个现在而在的。

---

① 拟指在语言中。——译者

3. 什么是感受的意识，是原体验吗？就像外部事物的自身被给予性(Selbstgegebenheit)一样，这种意识不是一个事实上不可穿越的项(时间放大镜)，而是一种超越，一种最佳状态，一种东西(etwas)……(一种格式塔，而非一个个体)——而“意识到”这种原体验的不是与……重合，与……的融合，也不是(这是胡塞尔说的)行为或者统握(Auffassung)，也不是(萨特的)一种虚无化，而是一种偏差，空间和时间基础的身体图式让人理解的那样的偏差——这是一种知觉-非知觉，即一种正在进行的和非主题化的意义(这实际上就是当胡塞尔将持留当作基本的东西时想要说：这里的意思是说，作为我之所是的绝对现在是一种好像它并不曾经在的东西)——

4. 所有这些丝毫未触动这样一个问题：什么是笛卡尔意义上的“知道”、“有意识”、“知觉”、“思考”——从未被提出过的问题——人们围绕假定意义上的“关联”、“看与感的思想”、“意义”论题等进行讨论——人们指出应该有一种连接者，应该有一种“纯思”(denken)，或者一种自我呈现，一种自动显现，一种纯显现的显现……但这些都假设了自为的观念，并最终不能解释超越——要在完全是另外的方向上去寻找：自为具有无可争议的，但却是来自它者的特征：这是分化中的偏差之极点——向自我呈现就是向差异的世界呈现——比方说知觉差在构成包含在反思中的“视角”——在用差异的语言隔离自为存在。拥有意识＝在一种背景中拥有一个形象——人们再不能回溯得更远了。

事物的超越和幻觉的超越

1959年5月

事物的超越迫使人们说，事物只是由于是不可穷尽的，所以才是完满的，也就是说，只有当它不是完全现时地处于目光之下时才是完满的——然而，它许诺了这种完全的现时性，因为它在那儿……

相反地，当人们说，幻觉是不可观察的，是虚空，是非存在，那么它和可感的对立就不是绝对的。意义是用来具体化不可穷尽之物的工具，用来构成存在者意谓的工具——然而，事物并不是真正的可观察的：在所有的观察中都总会有越界现象，人们从来不会达到事物本身。被人们称为可感的东西仅仅是短暂的显现(Abschattungen précipite)的不确定——然而，反过来，又有一种想象性的、存在的、象征性基体的沉淀或结晶——

"思想"、"意识"和正在……

持留(就它不设定、不指向当下的过去，只在自身之后拥有当下的过去而言)，知觉性在场(例如我背后的东西的在场)，我的沉积在生存中的所有过去的在场，我对我在言语中想说的东西的意指，对可以拥有的意义的可区别的构件的意指，我对我前往我想去之处的动力的意指，先行具有(一种场或一种观念的创立)，通过身体外形置身于空间中，在行为胚胎中建立时间，所有这些都是围绕着一种不是思维存在的存在问题——胡塞尔在心理学思考的中心重新发现了这种存在，并把它看作是绝对持留之流（但在胡塞尔的哲学中，这里存在着感知〔Empfindung〕的时间观念，而这种感知不是很好的：广义上的在场是象征性基体，而不仅仅是一个朝着过去显示的在场）——即一种是自我缺席的自我在场，它通过与自我的偏离而与自我接触——背景之中的形象，最简单的“东西”——格式塔掌握了精神问题的钥匙

研究维特海默尔（Wertheimer）的《生成性思维》（*Productive Thinking*）*，以便确定格式塔在什么意义上包含和不包含高等级的意义。

交叉的眼光＝反思的艺术

1959 年 5 月

谈论我们肉身，而且还向我们谈论他人肉身的已经是事物的肉身了——我的“目光”是“可感”的材料之一，是原初的和原始的世界的材料之一，这种材料挑战存在和虚无的分析，挑战意识的存在和事物的存在的分析，这种挑战要求完全重建哲学。对存在和虚无的分析既揭示又掩盖了这个范畴：这种分析将这个范畴揭示

* 琴师与兄弟出版社（Harper and brothers），纽约与伦敦（New York and London），1945 年。

为存在对虚无的威胁和虚无对存在的威胁，它掩盖这个范畴，因为实体和否定性仍然是原则的可分离的。

杀死的目光

非中心化，而不是化为乌有。

对萨特来说成了问题（虚无）

=杀死，“使成为问题”= 不再存在

（柏格森）超越——遗忘——时间

1959年5月20日

我说过：我们在自身之中重新发现的那种向世界的开放，和我们在生命内部感觉到的知觉[一种既是自发的存在（事物）又是自我存在（“主体”）的知觉——在其谈论试图直观时间而不是度量时间的《思想与运动》中，柏格森有一次明确说过，存在一种同时既是自发的又是反思的意识*]相互交错，相互侵吞，相互缠绕。

明确解释这里要说的意思。

这里指出了，在“客体的观点”和“主体的观点”之外，有一个共

* 作者参阅了这一段：“但是这种被科学除了名的绵延，很难想象和表达的绵延，人们却能够知觉它和体验它。我们是否在寻找它之所是呢？它是怎样向一种只想看它而不想度量它，将会把捉住它但不停止它的意识显现的？最后，它是怎样向把自己当作对象的意识，向既是观众又是演员，既是自发的又是反思的意识，并将会一直到将演员、观众、自发者和思考者重合在一起，将被固定的注意和逃逸的时间重合在一起的意识显现的？”见《思想与运动》，巴黎，1934年版，第10页。

同内核,它是"蜿蜒"(serpentement)*,是作为蜿蜒的存在,(就是我称之为"存在在世界中的流转"的东西)。应该让人明白这(或整个的格式塔)是怎样成为"在事物中被构成"的知觉的。这还只是用主-客体语言近似地表达要说出的东西(让·华尔、柏格森)。要知道是事物拥有我们,而不是我们拥有事物。要知道已经存在了的存在不可能停止曾经存在。《世界的记忆》(Mémoire du Monde)。要知道是语言拥有我们而不是我们拥有语言。要知道是存在在我们内部言说而不是我们在言说存在。**

可是又怎样来理解主体性呢?柏格森对于保存着一切的灵魂的描述是不足的(这使知觉-想象之间的区别成为不可能)。马勒伯朗士对于上帝目光的描述也是不足的:这是先验意识的等同物,是以"意义"为形式的"保存"。应该到看本身中去寻找解决的办法:人们只能通过看才能理解记忆。为了记忆能够成为和包含遗忘,看应该已经是其一个中的流转或蜿蜒,是一种世界的觉知系统的变化,胡塞尔对于持留的描述(和对于作为时间的主体性的描述,对绝对流的描述,对前意向的持留的描述)是一个开端,但这个开端仍然留下了这样一个问题:时间远景的坍塌,远方持留进入到境域中,以及遗忘,它们都来自何处?

遗忘问题:主要涉及不连续的东西。如果在现象过程(Ablaufphanomen)的每一个阶段,都有过去的片断掉入遗忘中,我们就会有一种作为客观隔体的现在的场,而且遗忘就可能由于消除

* 同上,第 293 页。

** 在页边,有这样一个注释:当鲁耶(Ruyer)说自在和自为是同一个东西时,他的话中最终还有某种深奥的东西。但是不能理解为:事物就是灵魂。

了一些有效刺激而成为隐匿的，在这一点上，有效图像（fort-image）将不再通过抹去身体痕迹来产生。再或者，用唯心主义的语言来说：遗忘将是现在-过去系统中的一部分，并准确地与来自未来的现在的片断相吻合。

但事情并不如此：存在着不会被忘记的持留，甚至是很遥远的持留。存在着刚消失的"被知觉的"片断（它们曾经被知觉吗？而且，被知觉和未被知觉之间的关系究竟是什么呢？）——而且，并没有一种来自未来的现在的客观片断。胡塞尔的图示从属于这样一个约定的共识，即人们能够通过一条线上的各个点来表现现时的连续*。胡塞尔在这一点上肯定加上了持留所有的修正，以及来自持留的持留的修正，也正因为如此，他才没有把时间设想作为分段事件的系列和连续。然而尽管如此复杂，流动现象的表达仍然是有缺陷的。不是指空间的流动。因为事实上空间并不比时间包含更多的点和线。要懂得格式塔已经是超越：超越让我明白一条线是一个矢量，一个点是一个中心力点——在事物中，既没有绝对的线，也没有绝对的点，也没有绝对的颜色。场的视象和场的观念——柏格森曾说蜿蜒也许不会制造任何真实的线**。其实没有一条线是"真实的"。那么，空间就不会像柏格森所做的那样成为问题。与此相关的是，不能满足于转入时间（它好像是溶解器）来寻找答案——这是一个假反题——应该从同一的事物（时间的或

* 胡塞尔：《内在时间意识现象学讲座》（Vorlesungen zur Phanomenologie der inneren Zeitbewusstseins），第22页，《哲学与现象学研究年鉴》，第九辑，1928年。参见《知觉现象学》，第447页及以下各页"关于胡塞尔图示分析的报告和讨论"。

** 《思想与运动》，第294页。

空间的)过渡到差异的事物(时间的或空间的),即过渡到超越的,总是在“后面的”,在那边的,在远处的事物……现在本身并不是没有超越的绝对重合,甚至原体验(Urerlebnis)也包含着非总体重合,也是部分重合,因为它有一些境域,没有这种境域它就不能存在——现在也一样,是不能靠近,不能用注意力之钳进行捕捉的,它只是一种包含。仔细研究现在的实现(Erfullung):这种隐喻的危险:使我相信有某种虚空,而这种虚空有自己的维度,并被一定数量的现在(这总是一种被客观隔体所定义的场)所填充。当胡塞尔谈到一种“标准”时,他想说的正是人们不能把这样一种标准预先设定为给定的。这里涉及的是一种测量方位的标准(Normierung)(海德格尔)。人们于是看到标准和隔体等等从总体现象中分离出来,而这种总体现象最终就是“世界”。(参阅曼彻斯特学术讲座*:每个知觉都是“思想”,而且一切都被“处于”世界中——一切事件都是一种历史类型的事件,佩居谈论过这种“世界的事件的节奏”——仍然是蜿蜒的节奏——什么是国家,什么是战争的主体问题与什么是知觉的主体问题是同一类问题:人们只能通过解决知觉问题解决历史哲学的问题。)

由此引出《存在与虚无》哲学的不可能性:未来不是萨特意义上的虚无,过去不是萨特意义上的想象物——确实存在着现在,但现在的超越恰恰使它能与过去和未来相联接,反过来,过去和未来都不是虚无化——

简言之:虚无(或最好说非存在)是虚空而不是洞。在洞的意

---

* 即作者1959年5月1日在曼彻斯特大学所作的学术讲座。

义上，开放就是萨特，就是柏格森，就是难以区分的否定主义或极端的肯定主义(柏格森)。没有非-存在(nichtiges Nichts)。开始进行我对柏格森虚无观的讨论：我有理由说柏格森证明得太多，可是从中似乎得出结论说萨特是有道理的却是错误的。虚无的否定性直觉(negintuition)应被抛弃，因为虚无也经常是在别处的。真正的解决方法：周围世界的敞开(Offenheit d'Umwelt)，境域(Horizonhaftigkeit)。

遗忘问题：我刚才说这是因为遗忘是非连续的。不应该将它设想为玄奥(柏格森)，设想为向虚无的过渡，设想为消灭，也不应该将它设想为包含它所藏匿着的东西的知识(弗洛伊德、萨特*)的实证功能，而是应该设想为属于……的方式，正在脱离……的方式——意识的拥有本身就需要设想为超越，设想为被……超越，因此设想为无知[①]。但究竟有没有知觉[?]这种东西呢？——有的，不过它不是当下地接触意义上的。(它不是萨特意义上的距离：一种我之所是的乌有，这种乌有使我脱离事物)——人们确实不是通过把知觉与非知觉“混在一起”来解释遗忘。

通过更好地理解知觉(也是更好地理解非知觉)——即：将知觉理解为差异，将遗忘理解非差异。记忆是不可见的这个事实＝心理材料的不灭性，这种材料也许是可感的，不过它的非连贯性(désarticulation)导致不再有差别和起伏。这就是遗忘的黑夜。

* 在括号下面的几行文字中，按照作者的习惯，有这几个词：肯定主义、否定主义。第一个词明显地指向弗洛伊德，第二个词指向萨特。

① 无知指的是没有任何先入之见及人为地规定的“知识”的状态，是完全的自然状态。——译者

要理解“拥有意识”＝在背景上拥有形象，并且它由于非连贯而消失——形象-背景之间的区别引出“主体”与“客体”之间的第三项。首先正是这个差别是知觉的意义。

哲学与文学

［无日期，可能写于 1959 年 6 月］

哲学，正是作为“我们内心言说的存在”，作为沉默经验对自身的表达，而为一种创造。这种创造同时又是存在之重新整合：因为它不是这样意义上的创造，即历史制造出来的随便什么构造物(Gebilde)：它知道自己是构造物并且想作为纯构造物来进行自我超越，以及重新发现其起源。所以它是根本意义上的创造：这是同时又是完全的创造，是唯一能获得完全的方法。

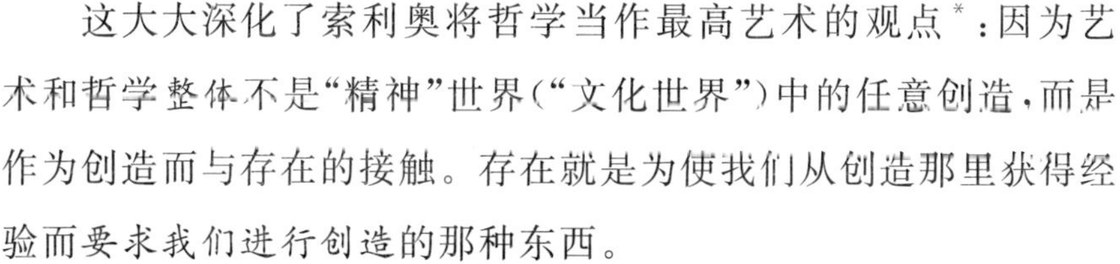

这大大深化了索利奥将哲学当作最高艺术的观点*：因为艺术和哲学整体不是“精神”世界（“文化世界”）中的任意创造，而是作为创造而与存在的接触。存在就是为使我们从创造那里获得经验而要求我们进行创造的那种东西。

在这个意义上对文学进行分析：这是存在的铭文。

---

* 在这个注释的开头写着：参阅索利奥(Souriau)：《哲学的建立》，阿尔坎出版社，1939 年；格鲁(Guéroult)：《索利奥文集》：“美学客观性之路”，尼扎特(Nizet)出版社，1952 年。

存在与世界，第三章*

［无日期，可能写于1959年6月］

与超越观念（作为差异思维，而不是拥有客体的超越）一起，力图定义一种哲学的历史，这种哲学的历史并不是把历史压缩到“我的”哲学中，——也不是偶像崇拜：对笛卡尔哲学的重拾或重复，重新思考笛卡尔的真理，这是把其真理给予他的唯一的方法，也就是说从我们出发进行思考——多种形态的理智世界——作为其他哲学家之知觉的哲学史，对其他哲学家进行有意的侵犯，其特有的思想并不是要通过超越、模仿其他哲学家而“杀死”他们。而是在他们的问题中理解他们**（格鲁），——但是他们的问题都内在于存在问题中：他们都公开主张这一点，因此我们能够，我们应该在这个境域中思考他们。

在第三章开头讲所有这些。

还有：这个本体论的纲要是对哲学的一种预期，——也是对哲学史的一种预期（它包含着语言的使用，包含着对在我们内心活动的历史的使用）。应该揭示所有的预设。但此外，这种揭示是哲学的揭示而不是历史的揭示。

指明谈论自然与科学的第三章和第四章之间的关系：人们用科学进行检验的是某种（客观主义的）本体论。

---

* 《存在与世界》，作者最早为本书第一部分定的题目。

** 《第一讲》，同前。

二难推理:怎样信赖意识?

怎样回避意识?

通过像敞开(*Offenheit*)这样的意识观念来克服之——

理智与意味——哲学的历史

1959 年 6 月

应该写的哲学史(相较格鲁而言),就是意味的哲学史,例如:笛卡尔关于灵魂与肉体的区别,以及灵魂与肉体结合的论断,就不能在理智的平面上展开,也不能由思想连续的运动来辩护。只有当人们将它们和它们的意味放在一起进行研究时,它们才能被整个地断定——在意味的领域内对本质和存在的探索就不是对立的,而是同一回事儿——不将语言,甚至不将哲学的语言看成是陈述的总和或"答案"的总和,而是看成一种掀开的面纱,一个相互关联的语词链……

1959 年 6 月 4 日

黑格尔的用语:自在或自为(an sich oder für uns)=存在着一种思维(反思思维),这种思维正是因为想当下地抓住自在的事物,所以又落回到主体性上——而且,反过来,由于被为我们而存在的那种存在所纠缠，它抓不住存在，只能抓住“自在”之物，抓住意义中的事物。

真正的哲学＝抓住那些使从自我中出来成为回到自我中的东西，反之亦然。

抓住这种交织状，这种颠倒。这就是思维。

哲学。为了定义它的地位，就要从古伊埃(Gouhier)的问题出发：人们能向一种哲学提出它并未向自己提出的问题吗？若回答是不能，那就是将哲学当成一些相互分离的工作，就是否定有这种哲学。若回答是能，那就是将历史还原到哲学中。*

我的观点：一种哲学就像一件艺术作品，是一种更能引发思想而非思想中的“内容”的东西(人们能够将内容列举出来吗？人能够计算一种语言吗？)，这种东西保持着它的历史背景之外的一个意义，而且也只在这个背景之外才有意义。给出这种纵向的或哲学的历史的例子：笛卡尔、马勒伯朗士。没有必要区别他们所思考的、真正推动他们的和我们提出的问题。——这会导致总是相对的结论吗？也就是说总会在另一时间中被颠覆的结论吗？不会，如果所有的哲学总体上是问题的话，那么使哲学言说的探究思想就不会被后来的东西所超越的(勒弗论马基雅弗利**)。

---

* 《历史及其哲学》，同前。作者好像特地参考了最后一章；在这一章中，强调了这种特定的哲学史与各种哲学的历史之间的区别。参阅第 136－139 页。

** 指一部酝酿中的著作。

二元论——哲学

1959年7月

《Ph. P.》* 中提出的问题是不可解决的，因为我是从区别“意识”和“客体”开始进入这些问题的——

从这样的区别出发，人们将永远也不会理解“客观的”领域的事实（如大脑的损坏）何以能引起与世界关系的混乱，——极大的混乱，它似乎表明整个“意识”都是客观的身体的功能——这就是那些在提这样一个问题时必须被取消的问题：什么是所谓的客观的条件呢？回答是：这是表达和记录原初或原始存在领域内事件的方法，而这个事件从本体论上讲，是最始源的。这个事件是恰当地构成的可见的（一个身体）发掘出了不可见的意义——构成所有结构共同材料的，是可见的，这种可见的本身丝毫不是来自客观和自在，而是来自超越，——它和自为不是对立的，它只对一个自我才是一致的——这是需要被理解为不是虚无，不是某物，而是“事物”与“世界”（时间-事物，时间-存在）的关联性侵犯与侵越的统一的自我。

* 《知觉现象学》，同前。

1959年8月

指出：1. 现代知觉理论是一种现象学(米绍特)，* 它揭示原初存在，“垂直世界”——

2. 应用于知觉中的信息理论，和应用于行为的操作主义理论，——这实际上是有机体之“观看”的感觉观念和肉身的观念混乱的相遇

3. 知觉-信息(设码与解码)的类比是有价值的，但条件是需要区别：a)处于辨识行为之下的肉身；b)言语及其处于信息之下的“可理解的”区别系统。

知觉的主体，言说的主体，思想的主体

1959年9月

正在知觉的主体，作为沉默的存在，它是静默的，它从属于未论证地被认定为是事物本身的存在，它只是相对于事物的差异——知觉的自我作为“个体”，作为尤利西斯意义上逃入世界中的匿名者，它还没有在其中留下其痕迹。作为非知觉的知觉，明显的“非拥有”：正是因为人们太清楚地知道人们何以不需要将它当作对-象[①]。匿名性和普遍性。这里意思是说：不是一种非-存

* 米绍特(A. Michotte)：《因果关系的知觉》，Vrin出版社，卢汶，巴黎，1946年，第176－177页。

① ob-jet＝objet，作者有意将这个词(对象)分成两部分。法文中的ob就是“对面的”的意思，而jet则是“抛出之物”的意思，意在强调客观事物外在于“我”的客观性。——译者

在(nichtiges Nichts),而是一种“非-存在之湖”(lac de non-être),是陷入空间和时间之敞开中的虚无——事实的观看和感知,而不是观看和感知的思想——如果人们说观看和感知的思想支撑着这种观看和这种感知,那么世界和存在就将只是一种观念对象。垂直的或原始的存在将永远不会被发现,“自然之光”的目的论就转变成为一种观念性。

言说的主体:这是一种实践的主体。它没有将言说和理解的话语当作思想或观念对象置于自己之前。它只是通过一种先行具有(Vorhabe)才拥有了这些话语,这种先行具有由于我的身体而成为一种地点的先行具有,而我的身体是通向这一地点的。也就是说,它是这样或那样的能指……的缺乏,这种能指不构成它所缺乏的东西的图像(bild)。因此这里有一种新目的论;这种新目的论比知觉目的论更不能忍受一种……意识的支撑,也不能忍受一种出神(ek-stase),即一种构成性计划的支撑。索绪尔对能指之间的关系的分析,对能指所指和各种意义(比如意义的差异)之间的关系的分析,证明和重新发现了知觉的观念,发现了是相对于一种标准而言的偏差的知觉观念,也就是说原初存在的观念,惯例的惯例,言语前的言语的观念。

应该阐明的是:正是言语引入到前语言存在中这种巨变。言语首先不改变前语言存在,它本身首先就是“自我中心的语言”。但它毕竟带着变化的因素,这种因素将会给出可操作性意义;那么,问题是:这个因素是什么?是这种实践思想吗?既知觉又言说的是同一个存在吗?这不可能不是同一个存在。而如果是同一个存在,那不就是重建“观看和知觉的思想”,重建我思,重建对……

的意识吗?

1959年9月

重新进行立方体分析。确实,立方体本身,有六个等积面,它只是对于一个没有确定位置的目光,对于一个在此立方体中进行运算或审察的神灵,对于一个存在场来说才是这样的立方体——而人们对观看立方体的各种角度所能说的一切都与此体本身无关。

然而和各种角度相对的那个立方体——是一个否定性限定。存在在这里就是那排除一切非存在、一切显象的东西;自在,就是并非简单地进行感知(percipi)的东西。作为这个存在的承载者的精神,就是不在任何确定之处,却又包含任何之处(où)的那个东西。

因此,这种反思思维的分析,这种存在的纯化(笛卡尔"完全无掩藏的"蜡烛)从已经在那儿的,前批判(pré-critique)的存在旁边走过而已——怎样描述这种前批判的存在呢?不再是通过它之不是,而是通过它之是。于是人们就拥有:通过对立方体的看而进入立方体的入口,而这种看是距离,是超越。说我在看立方体,就是说通过对之进行感知,我从自我走向这一立方体,我从自我中出来,进入它之中。我、我的看和立方体一起被攫入同样的物质世界;即:我的看和我的身体来自于同一个存在,这同一个存在就是处于其他物之中的立方体——将看、身体和立方体当作观看的主体的看法和这样一种模糊的看法是同一种看法，这种反射使我通过触而自触，即，使同一个自我既被看又在看：作为同一个正看者，我不能看自己，但我通过侵越（empiétement）完成了我可见的身体，我把我的被看-存在延伸到为我的可见-存在之外。正是为了我的肉身，为了我的看的身体，才能有这个关闭了循环，完成了我的被看-存在的立方体。所以，最终是包括了自我和立方体的存在的实在统一体，是原始的，非纯化的和“垂直的”存在使得有了一个立方体。

按照这个例子，抓住纯“意义”的涌现——立方体的“意义”（就像几何学为它下的定义那样）、本质、柏拉图式理念、客体都是存在的具体化，都是本质（Wesen），ester* 意义上的本质——每一个这个都包含一个什么的，因为这个不是乌有，于是就可以是某物，就可以是本质——

研究言语和算法是怎样使意义涌现的。

分析的问题

1959 年 9 月

我们有没有权利将儿童的时间和速度理解为我们的时间、我

* Ester 这个词作为 wesen 的译文，是从吉尔贝特·卡恩（Gilbert Kahn）那里借来的，参阅马丁·海德格尔的《形而上学导论》，法译本，“伊俄珀托斯”（Epiméthée）丛书，法国大学出版社（PUF），1958 年版（德语词汇索引），第 239 页。

们的[1]空间等等的未区分状态呢？这是人们在试图尊重所有现象的时候，又试图把儿童的经验归入到我们的经验中。因为这就是将儿童的经验当作我们的区分状态的否定来思考。应该继续前进，达到实证地思考它，达到现象学地思考它。

然而，这同一个问题又在涉及所有的他者，尤其是涉及另一自我(alter ego)——这个不同于我的他者，被反思的我所反思的自我——时出现了。

解决方法：通过从旁边参与，通过前分析的参与，而重新理解儿童[2]，理解自我之中非反思的另一自我，这种参与是知觉，从定义上说就是"ueberschreiten"(逾越)[3]，即意向性的超越。当我感知儿童时，他恰好是出现在某种距离(不可呈现的原初呈现)中的，我的知觉体验也是这样，我的另一自我，以及先于分析的事物也是这样。这里有构成我们的那种共同材料。原初的存在。而这种知觉的知觉(现象学的"反思")就是原初的出发的详细记载，我们将这种出发的材料带入我们之中；这种知觉的知觉也是感受到自身的交织(Ineinander)的详细记载。这种知觉是原初的(immer wilder)的使用，而这种原初的就是可感的，就是肉体本身(因为所有的反射都属于触摸的手被触的手所反射的反射模式，都是开放的普遍性，都是身体装置的延伸)，所以，反射不是与自身的同一(观看或感知的思维)，而是与自身的非-差异(non-différence)＝沉

① 指相对于儿童的非理性思维状态的成人思维。——译者

② 指儿童感知事物的方式。——译者

③ 疑为德文"Überschreiten"的误写。——译者

默或隐蔽的同一。当反思打算和这种境遇的开放做个了结时，当它想不通过境域，不根据自然的机制，而是直接并立刻理解自身时，它所能做的一切就是升华为语言，就是给予自己一个不仅仅是自然身体的身体，就是使一种语言涌现，使一种“透明的”装置涌现，而这种装置引起了纯粹的或空无的自我在场的幻象，然而这种装置只是证明了一种确定的空无，这东西或那东西的空无……

重要的是，将纵向的或原始的存在描述为这种前思想的环境，如果没有这种前思想的环境，一切都是不可思想的，甚至不可能有思想，而且我们通过这种前思想环境来相互沟通，通过这种环境从我们自身走进我们自身以便获得我们的时间。只有哲学才能给出这种存在——

哲学是对存在的先行具有的研究，先行具有不是知识，肯定不是，它是相对知识、运算而言的一种缺乏，但这种缺乏包含着各种知识，就像存在者包含各种存在者一样。

皮亚杰的逻辑主义是我们文化的绝对化——通向他的逻辑学的心理学也是如此。不能与人种学经验相容。心理学、逻辑学、人种学都是相互敌对的独断论，它们是相互诋毁的；唯有哲学能在将它们相对化的同时使它们相互包容，因为哲学是以存在的总体领域为目标的。知识的区域留给了这些学科，而这一区域是处于冲突和矛盾中的。

格式塔

1959 年 9 月

什么是一个格式塔？格式塔就是一个不能还原为各局部之总和的整体，这是否定性的、外在的定义。格式塔的特征与人们置身于其中的自在领域相对——海德格尔说，格式塔方式(Gestalhafte)在这里被扔在一边——

那么从内部看（也就是说：不是通过内部观察，而是尽可能地接近格式塔，而是与格式塔进行交流，这可以通过思考其他的东西或可见的东西，或者思考“意识状态”来进行），什么是一个格式塔呢？什么是一个轮廓，什么是一个分隔，什么是一个圈或一条线呢？或什么是一个深层组织，什么是立体呢？

这并不是聚集在一起的处于时-空中的一些心理个体的一些心理（感觉）元素。可究竟是什么呢？经验一个格式塔，并不是感知一种重合，那么这究竟是什么呢？

这是一种分布原则，是一种等值系统的基准点，是一些东西(Etwas)，这种一些东西的零碎现象将是一种显示——可是，这是一种本质，是一种观念吗？观念将是自由的、非时间性的、非空间性的。格式塔不是一种空间-时间个体，它做好了融入跨越时空的组合之中的准备，——但它对于时空也不是自由的，它也不是非空间性和非时间性的，它只有被构想为自身事件系列时才能逃离时间和空间，它有着某种重量，不过这种重量也许不把它固定在某个客观的地点和某个客观的时间点上,而是固定在它占统治地位,在它进行支配,在它无所不在的区域和领域内,没有这一点人们永远不能说:它就在这里。它是超越的。这是人们在谈论它的普遍形式,谈论它的可能转变(Transponierbarkeit)时还在说的东西——它是体验的一个双重背景。

那么谁才有这种经验呢?这是将格式塔理解为观念和意义的精神吗?不是。这是一种身体——什么意义上的身体呢?我的身体是一个格式塔,它是所有格式塔中的共在。它是一个格式塔;它也是一种重量意义,它是肉身;它构成的系统是围绕一个中央结合点或面向……开放的中枢组织起来的,围绕联结而非自由的可能性——而且同时,它是所有格式塔的构成成分。格式塔的肉身(颜色的纹理,我不知其名的、激发其周围、激发米绍特经验中那正在"蔓延"的长方形的东西)* 就是回应它的惯性,回应它对"世界"的嵌入,回应它对场的先入之见的东西

因此格式塔包含知觉的身体和可感世界的关系,即和超越世界,和境域的世界,和垂直的及非透视的世界的关系——

这是一个区分的、对立的、相对的体系,其中枢是某物(Etwas),是事物、世界,而不是观念——

观念是这种某物,身体居其中央,但不再是作为可感的,而是

---

* 米绍特(A. Michotte):《因果关系的知觉》,Vrin 出版社,卢汶,巴黎,1946 年,第 176-177 页。

作为言说者——

将格式塔重新置于"知识"或"意识"的领域的整个心理学都没有理解格式塔的意义——

剩下的是要准确地理解什么是格式塔经验的为己存在——这是一种为 X 的存在，不是飘忽不定的纯虚无，而是记录在开放的登记簿上的、非存在之湖(lac de non-être)上的、一种开端(Eroffnung)，一种敞开中的一种登记。

完形，超越——

1959 年 9 月

指明这些概念[①]表象了一种与纯粹的有之存在的联系。人们见证了由于它而有某物这个事件。有某物而不是无物，有这东西而不是有那东西。人们于是见证了肯定的来临：是这东西，而不是另一个东西。

这种来临不是导致自我、同一、客观存在的自我实现——甚至不是(莱布尼兹)逻辑可能性意义上的极其可能的可能性的自我实现。逻辑可能性的思想与必然性的思想并无差异：必然性只是唯一的可能而已；可能性已经包含了内在存在的观念；如果说关于存在有好几种可能性的冲突，那是因为由于一种真正的神秘(莱布尼

① 边注：完形，格式塔，现象。

兹),各种可能性就不再是共同可能的。

因此,完形(gestaltung)从定义上就不是本质化——这是(词语的)本质,是本质的活动,是发光的某物的显现——这就是完形吗?(Warum ist etwas eine gestalt ?)为什么不是那个而是这个才是一个"好"形式或有力的形式,或者才是通往可能性的方向呢?[参考伊贡·布隆什维克(Egon Brunswik)*,并指明《新观察》(*New Look*)以及信息理论的努力就是找到一种对不是客体-存在和自在者的东西的科学的,和可操作的表达]——[在这里再次提出对列维-斯特劳斯著作中完形之解释的批评,这种解释把它等同于"机遇",组合**——是的,应该有组合,但是通过这种组合构成的东西,即西方的象征模式却不是因果关系的产物]。指出,从多种形态(polyimorphisme)中涌现出来的格式塔完全将我们置于了主体和客体的哲学之外。

* 参阅《知觉与实验心理学的表象图式》(*Perception and the representative design of psychological experiments*),伯克利(Berkeley),1956年。

** 我们从来没有见过这样的批评。也许,作者是在一次课中或一篇个人笔记中提出这种批评的。人们还记得,列维-斯特劳斯曾用新的术语提出了累积式或非累积式文化史的问题,这是通过将非累积式文化与赌徒们试图用轮盘构成的系列相比较。他指出,有意识的或无意识的文化构成的效果和赌徒们获得的那种联系"有同样的效果,也是在玩一种系列,不过是在好几个轮盘上玩的,相互给予特权,共同将结果做得对各自的组合都有利。"参阅《种族与历史》,联合国教科文出版社,1952年版,第34-39页。

经验论的完形和几何学的完形（E.布隆什维克）*

1959年9月

不仅仅是一些具有特权形式的完形，这种完形的根据是几何的均衡比例，——而且是根据一种内在规则和一种存在秩序（Seinsgeschick）而存在的完形，几何完形只不过是这种存在秩序的一个方面，这是一种深刻的完形观念。我就想这样来理解“经验论的完形”——被这样理解的完形在于用结构或等值的系统定义每一个被知觉的存在，这种存在处于结构或系统中，而画家[①]对这种存在所画的线条，——弯曲的线条，——或者毛笔的笔触只是一些绝对的再现。这里涉及的或者是这样一种言语（λόγος），这种言语（λόγος）在每一个可感物中静静地言说着，因为它围绕着某种类型的信息而变化着，我们只能通过我们对其意义的身体参与，只能通过我们的身体和它的“意味”方式相结合才能想象它，——或者是这样一种言语（λόγος），它是大声言说的言语（λόγος），它的内在结构使我们和世界的关系得到了纯化。

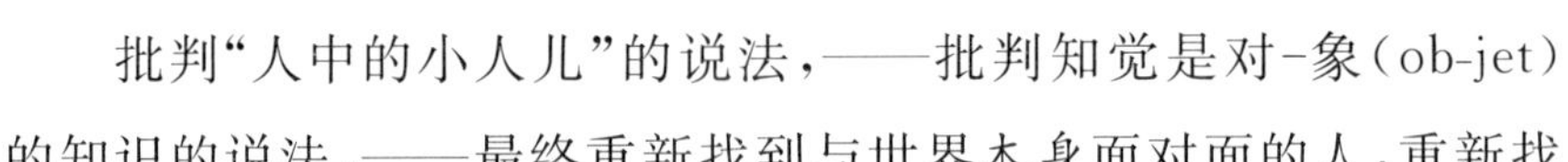

批判“人中的小人儿”的说法，——批判知觉是对-象（ob-jet）的知识的说法，——最终重新找到与世界本身面对面的人，重新找

* 伊贡·布隆什维克（Egon Brunswik）在《论证中的实验心理学》一书中研究了经验论的完形和几何学的完形问题，维也纳，斯佩林格（Springer）出版社，1935年。

① 指“理解者”。——译者

到前意向的在场,——就是找到原初的显现,找到我们内部的可见的东西,就像诗重新发现在我们内部所宣示的、不被我们所认知的东西那样(查尔伯尼书中的马克·恩斯特)*

本体论原则:未分化的存在

1959 年 9 月

因此,所有的绘画,所有的行为,人类所有的事情都是时间的结晶,都是超越的符码——如果人们至少将它们当作存在与虚无之间的某种距离,白与黑之间的某种比例,未分化存在的某种抽样,对时间和空间的某种调制方式的话。

完形:心理学家们忘记了,这是指爆发的能力,生产能力(praegnans futuri),繁殖能力——其次:这是指"典型的"。这是达至自身的形式,就是自身的形式,它通过自己的方式而自构成,这是和自己的原因等同的东西,这是本质(Wesen),因为它是este**,是自动调节,是自身与自身的连接,是间距存在这样的超越的深层的一致性(动态的一致),是有——

* 乔治·查尔伯尼:《画家的独白》,第一卷,儒立阿尔(Julliard)出版社,1959 年,第 34 页。在一次谈话中,马克·恩斯特回忆起他过去曾用来定义画家作用的话:"诗人,用先知宣昭式的文字写出他内心的思绪和宣示;画家的作用是一样的,就是勾勒和反映出他在自己内部看到的东西。"

** 见 255 页注 *。

完形是可见中，要求我有一种正确定位，以及定义这种正确的正确性的东西。我的身体服从于完形，它“应答”完形，它是悬在完形之中的东西，肉身应答肉身。当一种“好的”形式出现时，它或者通过其影响改变其周遭，或者通过我的身体获得直达……的运动。

这种把完形定义为暗含运动机能的做法更有理由将完形完全置于皮亚杰的非此即彼之外：是场的或感知-运动机能活动的效果吗？当人们说形式是“前经验的”，是“先天的”时，人们事实上想说的是，在涉及到被知觉或被思考的东西时，那里有原创造（Urstiftung），而不是有简单的归入，有超越的意义，而不是概念的认识。

1959年9月

最后，应该承认对知觉的朴素描述有某种真理：影像（εἴδωλα）或摹象（simulacra）等等，事物从它自身中给出观看的视角，等等。只不过所有这一切都发生在一种不再是客观存在的领域中，而是发生在体验的领域或现象的领域，而它们作为客观领域的基础正是需要论证和重建的。

人们能够声称，当人们只考虑诸客体之间的关系的话，相较客观领域而言，现象领域是第二位的，现象领域就只能像是一个乡下女人。然而，只要人们让他者，甚至让活的身体、艺术作品、历史环境介入的话，人们立刻就能领会到现象领域应该被当成独立的领域，而且如果人们不承认它的这种独立性的话，它就最终是不可理解的。

他者，不是作为“意识”，而是作为身体的居民，通过身体再成为世界的居民。他者在我看到的这个身体中的什么地方呢？他是(就像句子的意义那样)内在于这个身体中的(人们不能把它抽出来往别处放)，不过，他者比意义和符号的总和承载了更多的符号和意义。他是符号和意义一直都是其部分形象的和非完整形象的那种东西，——不过他却在每一个形象中受到完全的检验。它总是处于未完成的显现过程中——处在客观身体之外，就像绘画的意义是在画布之外那样。

1959 年 9 月

笛卡尔(屈光学)：谁将会看到在他的眼里和脑子里画出的形象呢？因此，这种形象最终需要一种思想——笛卡尔已经看出我们总是把一个小人儿放在人中，看出我们对我们身体客观的看总是迫使我们在我们以为在我们眼前的那个正在看的人中寻找更多的东西。

然而，他所没有看到的，则是本来应该达至的原初的看不能是看的思想——这种思想，这种最终是为某人的存在之揭示，仍然是人中的那个小人儿，但这次是收缩在一个形而上的点上的。因为最终我们只能认识一个复合存在的看，正是这个精细化了的看被我们称之为思想——如果说存在应该被揭示，那么就应该是在一种超越面前被揭示，而不是在一种意向性面前被揭示，这将是一个回到自身中的赤裸的原初存在，将是一个正在凹陷的可感的存在——

本体论。——

1959 年 10 月

将拓扑学空间当作存在的模式。欧式几何学的空间是透视存在的模式，这是一种无超验的实证的空间，各种直线按照三维空间在空间中或平行或垂直，这种三维空间承载着所有可能的位置——这种空间观念（还有速度、运动、时间的观念）和最真的存在（Ens realissimum）的、无限存在的古典本体论的深刻契合。拓扑学的空间正相反，邻域、蕴涵关系等等被限定在这个空间中，它是一个存在的形象，这个存在就像克勒[①]的色块一样，既比一切都老，又是处在“第一天”（黑格尔），回溯的思想无力地通过自身直接或间接（通过“最佳选择”）把它从存在那里推出来，它是个永久的剩余——这种存在不仅在物理世界中存在，而且，它还是生命的重新构成，最后，它构成了逻各斯的原始原则——正是这种原始或原初存在介入了所有的层面，为的是超越古典本体论的问题〔机械论、目的论、总之：人为论（artificialisme）〕——莱布尼兹的《神正论》（*Théodicée*）概括了基督教神学的所有努力，为的是在唯一可能的存在的必然观念和原初存在的自然涌现之间找到一条道路，这种

① 保罗·克勒（paul klee），瑞士表现派画家，善于用形、色、空间表现个人情感。——译者

原初存在最终是通过妥协而和唯一可能的存在相依的，而且，在这个范围内，隐匿的上帝是为最真的存在(Ens realissimum)献身的。

1959年10月10日，星期日

马尔罗寻思：一位画家为何和怎样通过临摹(梵高对米勒作品的临摹)而向另一个画家学习，——成为自身，为何以及怎样通过跟随和反对另一位画家，在这位画家中学习自身。

同样，人们能够寻思：为什么善于使用色彩的画家也善于使用铅笔，或有时也善于雕刻——这些方面是有共同点的——

只要人们认为画素描或画油画就是凭空制造实在，那么事实上上面所说就还是模糊的。那么，素描或绘画的动作，——作为本己的绘画动作与作为其他的绘画动作是相互分离的，人们在它们之间再也看不到联系。如果人们不是将彩绘和素描理解为凭空制造某物，那么相反人们会看到，线条、画笔笔触和可见作品都只是心灵谕示(Parole)整体运动的痕迹[①]，这种运动走向整个存在，既可通过线条的表达法，也可通过色彩的表达法，既可通过我的表达法，也可通过其他画家的表达法来表达。我们梦想一种等值的系统，这种系统事实上在发生作用。但是它们的逻辑，就像现象系统的逻辑一样，是落实到具体的笔触和具体音阶上的，它们在一个具

① Parole本意为“言语”，作者在这里用的是大写，意为“神谕”，故是译。——译者

体绘画动作中活起来，它们中的每一个以及整体都是存在的独一旋涡和存在的独一浓缩。应该做的是，阐明这种并非综合的境域总体性

原始知觉——当下——文化知觉——知识

1959年10月22日

我要说，文艺复兴的透视法是一个文化事实，知觉本身是多状态的，如果说它成了欧几里得的，那是因为它听任这一系统的引导。

由此提出问题：人们怎样能够从这种被文化加工过的知觉中回到“原初的”或“原始的”知觉中？信息意味着什么？人们通过什么活动摆脱信息（回到现象，回到“纵向的”世界，回到体验中）？

由此也引出这个问题：通过文化而获得的这个知觉信息，这种从不可见到可见的下降，会不会迫使我们说——就像布隆什维克那样——知觉的完形是来自生态环境的知识，柏林学派的自动构成的格式塔是从“经验论的格式塔”中派生出来的呢？*

我所确信的是：1. 有一种来自文化的知觉信息，它使人能够说文化被知觉了——存在着知觉的扩延，存在着从“自然”知觉的体验（Aha Erlebnis）向工具关联（例如黑猩猩）的推延，它使得不断

---

* 参阅《知觉与实验心理学的表象》，加利福尼亚大学出版社，伯克利（Berkeley），1956年；关于柏林学派的格式塔的讨论，参阅第132－134页；关于作为知识的知觉，参阅第122－123页。

地向世界的知觉开放(λόγος ἐνδιαθετος)和向文化的世界(工具使用的习得)开放成为必须的。

2. 这个自然之上的原初层面表明,知识都是在世的存在,而完全不是美国学派意义上和布隆什维克的认知意义上所说的在世的存在是知识。

在“重回当下”的问题上,我的观点需要定义:在非投射的、纵向世界意义上的知觉,——总是和感知、现象、沉默的超越一起被给出的。可是皮亚杰却完全不知道这一点,他将他的知觉完全变换成了文化-欧几里得式的知觉。我有什么权利将这种原初称作当下,而这种原初在这一点上可能被遗忘的?

精确地描述知觉的自我掩盖、自我欧几里得化的方式。指出,几何形式的完形是内在地(非文化地)建立的,它们比其他形式更允许个体发生学(ontogenèse)(它们稳定了存在。这是皮亚杰在——很差地——说“改变”在其中自我取消所表达的东西*),但是,为了保留其所有意义,这种内在的完形必须被保留在超越的领域内,保留在前 存在(pré Être),和周围世界的敞开的背景中,而不是被教条主义地看成是自然而然的——欧几里得式知觉有一种特权,但没有绝对的特权,超越否认它为绝对的,——超越要求将欧式几何学的世界作为其面貌之一——

和生命一道,自然知觉(用原始精神进行的)永久地被给予了

* 尤其参阅《知觉》,“法语心理科学学会”专题研讨会,卢汶,1953,巴黎,1955年。——皮亚杰谈到几何学的完形和经验论的完形,并以文字这样写道:“同样,我们认为一个好的形式是处于知觉结构中心的形式,在知觉结构中,每一个改变都引起最大限度的补偿,因而也就引起最小限度的改变。”第19页。

我们，使我们能够给内在世界安排一个位置——不过，这种世界自然地要求自治，自然而然地实现一种超越的抑制——关键就在这样一个观念中：知觉是天然的无知，就像原始的知觉、非知觉那样，它自然而然地将自己看作行动，自然而然地遗忘自己为潜在的意向性，为属于……

同样的问题：为什么整个哲学是语言，但却在于重新找到沉默。

知觉与语言

1959 年 10 月 27 日

我将知觉描述为有区分的、相对的、对立的系统，——将原初的空间描述为拓扑学空间（也就是说把其整合入我周遭的总体容体中，我处于这种容体中，这种容体既在我后面也在我前面……）

很好。可是在知觉和语言之间还是有差异，它使我看到被知觉的物，而又相反地使意义成为不可见的。自然存在栖居于它自身之中，我的眼光可以停在它上面。以语言为其家园的存在不能被固定、被注视，它只是远远地在。因此应该分析被知觉物的相对实证性（即使它只是非否定，即使它不抗拒观察，即使从某些方面看，所有的结晶都是虚幻的），因为不可见的肯定性正是驻于它之中的。没有理智的世界，有可感世界。

（可是什么是这个可感世界之有，什么是自然之有呢？）

可感的世界是这样一个环境，在它之中可以有存在，却不需要放置什么于其中;对存在来说,可感之存在的可感显象、可感之存在沉默的说服力是唯一在不变成肯定性、不停止模糊性和超越性的情况下自我显示的手段。我们在其中活动的、使我们和他人相联的、使他人成为为我们而在的那个可感世界本身正是作为可感知的才间接地被“给出”——可感的存在,就是这:明显地成为沉默的,成为意谓的可能性,以及可感世界所谓的肯定性的可能性(当人们对之进行深入的探究直至其根源处,当人们超越经验的可感知,超越我们的“表象”的第二可感时,当人们揭示自然的存在时)恰恰显示为是不可把握的,并且在彻底的意义上被确定地视为总体性,而可感之物就在这种总体性中显现。思想只是离可见的更远一些。

交织

1959 年 11 月 1 日

——区分在本质上并不是自为-为他(主体 对 象)的,更准确地说,它是某个来到了世界上,但从外部看仍然好像处在其“梦”中的人的区分。交织是这样一种东西,通过它那些向我宣示的东西(如显现在他者眼前的存在)仅仅是“意识的一些状态”——但是,正如双眼的交织那样,上面说的交织也是那种使我们能够同属一个世界的东西,——一个非投射的世界,但它通过如我的世界和他者的世界那样的不相容性(incompossibilités)构建其一致性——这种通过颠覆达到的调解,这种交织使得自为与为他并不是简单的相反，使有了包括这一切的存在，这个存在首先作为可感的存在，然后作为无限制的存在——

交织代替为他：这里的意思是说，不仅仅只有我-他之间的敌对，而是还有我-他之间的共同起作用。我们像唯一一个身体那样活动

交织不仅仅是我他之间的交换（他收到的信息也传给我；我收到的信息也传给他），交织也是我与世界之间的交换，是现象身体和“客观”身体之间的交换，是知觉者与被知觉者之间的交换：以事物来开始的东西以事物的意识来结束，以“意识状态”来开始的东西以事物来结束。

人们不能通过自为的断定和自在的断定来领会这种双重“交织”。应该有一种在存在内部产生的与存在的联系——这其实就是萨特一直在寻找的东西。但是由于，对他来说，除了我以外没有内在，所有的其他都是外在，在他的理论中，存在一直未被他那里进行的消解所触动，它仍然是纯粹的肯定性，仍然是客体；自为只通过一种疯狂才参与其中——

1959 年 11 月

意义是不可见的，但是不可见的不是可见的对立面：可见的本身有一种不可见的支架，不可-见的（in-visible）是可见的秘密对等物，它只出现在可见的中，它是不可呈现的（Nichturprasentierbar)，它像呈现在世界中那样向我呈现——人们不能在世界中看到它，所有想在世界中看到它的努力都会使它消失，然而它处在可见的线中的，它是可见的潜在家园，它是处在可见中的（作为言外之意）——

不可见的与可见的之间的比较（思想的领域，方向……）不是比较（海德格尔），它们的意思是，可见的是不可见的蕴含，为了完全理解各种可见的（家园）之间的关联，就应该深入到从可见到不可见的关联中……他者的可见的是我的不可见的；我的可见的是他者的不可见的；这个说法（萨特的说法）不予保留。应该说：存在是这样一种奇怪的侵越：尽管我的可见的和他者的可见的是不重叠的，但这种奇怪的侵越性仍然使我的可见的向他者开放，使两者都向同一个可感世界开放——正是同一个侵越、同一个有距离连接使我的器官的信息（单目视像）聚合成一个唯一纵向存在和唯一世界。

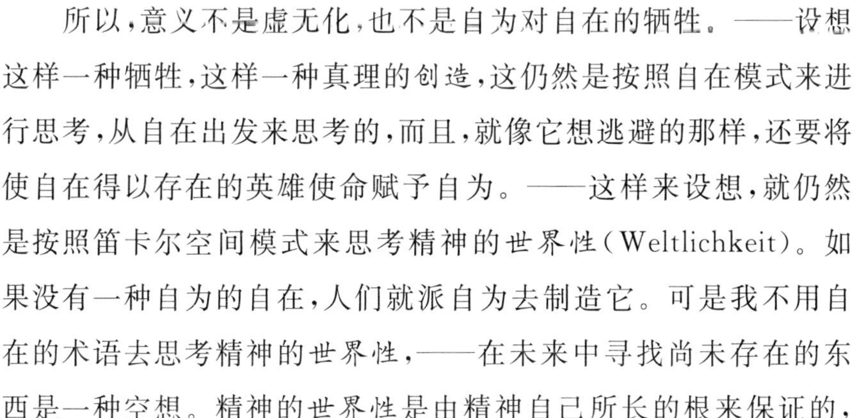

所以，意义不是虚无化，也不是自为对自在的牺牲。——设想这样一种牺牲，这样一种真理的创造，这仍然是按照自在模式来进行思考，从自在出发来思考的，而且，就像它想逃避的那样，还要将使自在得以存在的英雄使命赋予自为。——这样来设想，就仍然是按照笛卡尔空间模式来思考精神的世界性（Weltlichkeit）。如果没有一种自为的自在，人们就派自为去制造它。可是我不用自在的术语去思考精神的世界性，——在未来中寻找尚未存在的东西是一种空想。精神的世界性是由精神自己所长的根来保证的，

当然这不是长在笛卡尔的空间中，而是长在感性世界中。将感性世界作为超越空间来描写，作为不相容的(incompossibilités)、爆开的、裂开的空间来描写，而不是作为内在-客观空间来描写。接下来将思想、主体描述为有其“特定地点”的空间位置。于是，也将空间“隐喻”理解为存在和虚无的非分离(indivision)。这样，意义就不是虚无化。

这种最初看来构成意义的距离并非一种使我不安的否(non)，一种我把它当作缺失而构成的缺失，这通过我投身的终结之出现来构成，——这是一种自然的否定性，一种最初的规定，它总是已经在那儿——

思考左和右：这可不是一种简单的关系空间中的内容(即实证的)：这不是空间的组成部分(康德的推理在这里是有效的：整体是在先的)，这是总体的一些部分，是总体的和拓扑学空间中的切块——思考二，思考一对，这不是两个动作，两个综合，而是存在的片断，是距离的可能性(两只眼睛，两只耳朵：区分的可能性，使用区分的可能性)，也就是差异的来临〔但在相似性的基础上，在无差异(ὁμοῦ ἦν πάντα)的基础上〕。

可见的与不可见的

1959 年 11 月

是否可以说

超越的观念＝将我们以为触到或看到的东西送回到无限中

呢?

可是不能:总是“更远”的可见的是作为总是更远的来呈现的。它是非呈现(Nichturprasentierbar)的原呈现(Urprasentation)——看见,就正是:尽管无限的分析总是可能的,尽管我们没有任何东西(Etwas)留在我们的手中,但仍然有某个东西的。

这是不是既纯粹又简单的矛盾呢?丝毫不是:如果我不是根据近似思维设想可见的,而是将它设想为总体的、侧面接近的、肉身的,可见的就不再是不可接近的。

各种“意义”——维度性——存在

1959年11月

每一个“意义”都是一个世界,也即,对所有其他意义来说都是绝对不可交流的,可是由于它构建了*某物*,所以它就通过其建构一下子就向其他意义的世界*开放*了,并和它们一起构成一个唯一的存在。感觉性:例如一种颜色,黄色;它从自身开始超越其自身:它一旦成为亮色时、田野的主色调时,它就停止作为这样的颜色,于是它就自然拥有了本体论的功能,它就有资格代表所有的事物(比如《屈光学》、《方法谈之四》中的铜版)。它以唯一的动作一下子就让人承认它是具体的,并停止作为具体的可见的。“世界”是这样一个整体,在其中,每一“部分”——当人们把它当作它本身时,它就突然打开了它的无限维度,——成为*总体的部分*(partie totale)。

然而颜色的这种特性，黄色的特性，这种普遍性并不是矛盾，而是整体的感觉性本身：颜色，黄色正是通过同样的特性既作为某个存在、一种维度，也作为一切可能存在的表达——可感之物的特性（像语言的特性那样）可以表示一切，这不是由于和意义符号的关联，或者由于全体的各部分之间的内在性，而是因为每一部分都是从全体中扯（arrachée）出来的，它与其根一起，侵越到全体之上，进犯他者的疆界。各个部分就是这样重叠的（透明性），呈现也因此没有停留在可见的界限内（我的背后）。知觉为我打开了世界，就像外科医生打开了一个身体那样，通过他打开的窗户，察看那些正在运转的器官，那些器官在旁边有人观看的情况下忙着自己的事。可感之物就是这样把我引进世界中的，就像语言把我引进他人中一样：通过侵越、超越。知觉首先不是事物的知觉，而是宇宙范围的各种元素（水、空气……）的知觉，而是这样一些事物的知觉，这些事物就是各种维度，就是世界，我溜进这些“元素”中间，于是我就在世界中了，我从“主观性”溜进了存在。

作为某物的黄颜色的和作为世界之称号的黄颜色之间的所谓“矛盾”：这并不是一种矛盾，因为正是在黄色特性的内部，并多亏了这种特性，黄色才变成一个世界或一种元素的——一种颜色才能变成一种标准，一个事实才能变成范畴（完全像音乐中那样：在另一个音域中将一个音符作为特别的音符来描述，而这“同一个”音符就成了它在其中被写成音乐的音调中的音符）＝真正走向普遍性的步伐。普遍性不是在上，而是在下（克罗岱尔），它不是在我们前面，而是在我们的后面——无调式音乐＝未分化存在之哲学的等价物。就像没有可识别之物、没有事物之皮，但却给出其肉身的油画一样——可移调性(Transponierbarkeit)是一次更加全面的颠倒次序的特殊情况,它的无调式音乐是主题化。所有这些都预设了未分化的存在——

这种可感之物的普遍性=不是原呈现的(*Urpräsentierbar*)东西的呈现(*Urpräsentation*)=从无条件的存在中挖掘出来的可感之物,这个存在是在我的视界和他者的视界、我的过去和我的现在之间的存在。

被知觉的存在本身:已经在那儿的存在,不是通过知觉行为而存在,而是这个行为的理由,而不是相反。感觉性=超越,或超越的镜子。

深度

1959 年 11 月

深度和"背面"(和"后面")——就是藏匿之极好的维度——(所有的维度都出自藏匿)——

既然有一个我站在其处观看的点,——既然世界包围着我——就应该有深度

深度是事物用来保持自己与其他的区别,继续是事物而不是我现在看到的那个样子的手段。这尤其是同时性的维度。如果没有深度,就没有一个世界或者存在,就只能有一个区别性的移动带,这种移动带不能在不离开其余一切的情况下处于这里,——也

只能有一个对这些"视界"的"综合"。由于深度,这些视界不是逐渐地共存,而是相互溜进对方之中,融为一体。所以,深度使事物有一个肉身,也就是说它使事物抵制我对各种障碍的探究,它是一种抵抗,但这种抵抗恰恰是事物的实在、事物的"开放"、事物的当下现实(Totum simul)。目光不是征服深度,而是围绕它转动。

在被我的纯粹观看当作现在之持留的东西中,深度就是原始(urstiftet),——无"意向性"——

参阅梅茨格(Metzger)所说的:不可能同时在两个点上有相区别的观看的时刻,深度就显露出来了。这时,两个错开而不是重叠的形象突然从深度中"获得"了同一事物的外形。* ——这不是一种动作或者一种意向性(它走向一个自在并将只给出一些并置的自在)——一般情况下,并且是通过场的属性,这种不相容的两个视界的一致性就形成了,因为深度向我敞开了,因为我有了这种维度,以便将我的目光移到这种深度中,移到这种敞开中——

1959 年 11 月

说明事物是一些结构、一些构架、一些我们生命中的恒星:不是像远景那样堆在我们的面前,而是围绕我们移动的。

这样的事物并不预设由事物的肉身构成的人。可是它们的突

---

* 沃尔夫冈·梅茨格(Wolfgang Metzger):《看的法则》(*Gesetze des Sehens*),美茵河畔的法兰克福(Frankfur am Main),1936 年,第二版,增印本,1953 年,第 285 页。

出的存在却只能被进入知觉，并与它们保持其有距离的联系的人所理解——

本质(Wesen)。本质与知觉之间的深层亲缘关系：本质，它也是内在支撑的构架，它不是在可感世界之上的，它是在深度之下，或在它的厚度中。它是一种秘密的联系——本质是言语层面的一些东西(Etwas)，就像事物是自然层面上的本质一样。事物的普遍性：为什么每个事物都有好几个样本呢？这是由事物的定义本身——场之存在——所强加的：怎么能有无普遍性的场呢？

我通过超越指出，可见的就是不可见的，观看原则上是这样的东西，它通过已经在那儿的显象使我相信没有必要去寻找最近的存在，知觉则使我确信存在着未被知觉的东西(存在着被遮蔽-揭示的：透明性，侵越)[1]这种可见的不可见的，正是它后来使我能够在创造性思想中重新找到观看的结构，能够彻底地区别思想和操作，区分思想和逻辑。

我-他，非充分的方法

1959年11月

把我-他关系构想为(就像两性关系，以及这种关系不确定的

① 这里无标点。——译者

替代者那样，参阅席尔德《形象与显象》第 234 页）* 我和他互补的角色，其中的任何一个都只有在另一个也同样是角色的时候才能成为角色：男性蕴含着女性，等等。基本的多态性使我不需要在自我面前构建他人：他人已经在那里了，自我由于它而被征服。描述前自我性（pré-égologie）、“混合性”（syncrétisme）、未区分性或可转递性。在这个层面上有什么呢？有垂直的或肉体的世界，以及它的多态基体。在白板上建立知识的荒谬：不是因为有知识之前就已有了一些知识，而是因为有了场。我-他问题，西方问题。

1959 年 11 月

哲学从来不说话——我说的不是被动性：我们并不是结果——我要说的是我们的活动的被动性，就像瓦雷里谈论精神的身体那样：我们的原初是那样地新，以至于它们诞生于存在的中心，它们被移到了在我们中爆发出的时间上，它们倚靠在我们生命的支柱或绞链上，它们的意义是一个“方向”——灵魂总是在思考：这是它之中的一个状态属性，它不可能不思考，因为有一个场已经打开了，那里总有某物或某物的缺席。在那儿的不是灵魂的一个活动，也不是复数思想的产生，我甚至不是现在到持留之过渡在我心中构成的空洞的作者，并不是我使我思，就像并不是我使我的心脏跳动那样。由此从体验（Erlebnisse）的哲学中出来，进入我们的

* P. 席尔德（Schilder）：《人体的形象与显象》（*The image and Appearance of human body*），伦敦，1955 年。

原创造(Urstiftung)哲学中。

1959 年 11 月 26 日

思想的一个“方向”——这不是一个隐喻——在可见的与不可见的之间没有隐喻,(不可见的:或我的为我的思想,或他人的为我的可感):隐喻,或是太多或者是太少:如果不可见的真的是不可见的,那就是太多;如果不可见的把自己交给变换,那就是太少——

没有隐喻 1)因为思想带着一个需要描述的准地点(不内在于一个时-空点上的地点,——而是一种通过一种有弹性的联系构成的地点:人们不能够说一个精神在某处,但人们能够说一个精神不在某处——这种否定逐渐地在世界和身体本身的各个部分中延展开来,——不过还有一种填充性地点,当这整个被说出时,就存在一个他人显现的剧场)

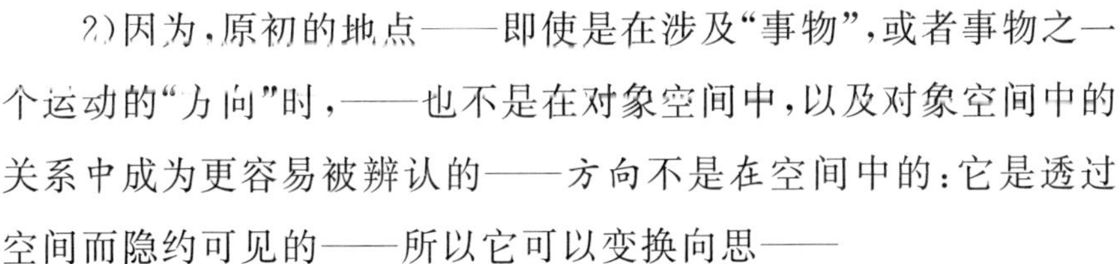

2)因为,原初的地点——即使是在涉及“事物”,或者事物之一个运动的“方向”时,——也不是在对象空间中,以及对象空间中的关系中成为更容易被辨认的——方向不是在空间中的:它是透过空间而隐约可见的——所以它可以变换向思——

精神不在这里,不在那里,也不在某地……但它是“附属的”,“被连着的”,它不是没有联系的——否定的否定和肯定:人们不用在它们之间进行选择。精神不在任何客观的地点,不过它被赋予一个地点,这个地点是它通过其周遭与其相联的一个地点,是它自己划定一个地点，就像我的为我的地点那样，这个点是我的视景所有消逝的视线向我指示出的那个点，而这个点本身则是不可见的。

莱布尼兹

1959 年 12 月

通过否认知觉-再现概念（自在的外在物在我的自在身体上），我向一个原初的存在开启了一个入口，我和这个原初存在在一起时，将不能进入主体和客体的关系中，更不能进入结果与原因的关系中。在世之在的关系将占据莱布尼兹学说中观看世界的各种视角的交互性表达关系所占的位置，于是上帝就是所有这些从他那里和从思想那里流溢出的不同视角的唯一创造者。无疑，被这样发现的存在并不是莱布尼兹的上帝，被这样地揭示出的“单子论”并不是单子的系统——实体，——某些莱布尼兹式描述——世界的每一个视角都是另一个世界，但是“对一个来说是个别对全部来说都是公共的”，所有的单子都处在单子之间的表达关系中，都和世界处于表达关系中，单子之间相互区别，并且区别于视角——需要全部地被保留，需要在原初存在中恢复它们，需要将它们从莱布尼兹让它们经受的本体神学和实体主义者的构造中分离出来——

我们内心对世界的表达，无疑不是我们的单子与它者之间的和谐，不是表达之中的所有的事物的观念在场——而是我们在知觉中看到的东西，要按其所是看待它而不是解释它。我们的灵魂没有窗户：这就是说我们的灵魂在世存在——

预定和谐（如偶因论）一直坚持自在的存在，并简单地将自在和我们体验到的东西关联起来，我们的体验则是通过建立在上帝中的从实体到实体的关系，——而不是将它当成我们思想的原因——但是这里恰好需要完全抛弃自在的观念——

正是知觉主题的重新发现在其可及范围内改变了莱布尼兹的表达观念。

垂直世界和垂直历史

“世界”

1959年11月

一个“世界”（一个完全的世界、声音的世界、颜色的世界，等等……）＝一个有机的总体，这个有机总体是封闭的，但奇怪的是它又是其他一切的代表，拥有一切它所不是之物的象征物和等值物。比方说绘画中的空间。

一个“世界”是有维度的。从定义上看，世界的维度并非唯一可能（通过第三维，在前两维中分开着的空间存在可能被重新连接），但是同样从定义上看，这些维度都有框架的值，它们是比内容的独特性更多的东西：素描中的明暗值可以代表一切。

这样，一幅画就是一个和唯一的及“真实”的世界相对照的世界——，无论如何，它和其他的画一起形成了一个世界——同样的可感成分在其中意指着完全不同于平凡世界中的东西。

将概念、观念、精神、表象等换成维度、节理、平面、连接点、支柱、形状——出发点＝批判关于事物及其属性的习惯观念→批判关于主体的逻辑观念和逻辑内在性观念→批判实证的意义（意义的差异）、作为区分的意义、谓词理论——建立在这种区别概念上的

朝向一个更高维度的通道＝意义的原构造（Urstitung），重组。它在什么意义上是在已知的结构中被预备的呢？就像可感的结构只能通过它和身体、肉身的关系才能被理解，——不可见的结构只能通过它和逻各斯、言语的关系才能被理解——不可见的意义是言语的内在构架——知觉的世界入侵到了运动的世界中（它也是被看见的），反过来，运动也有[眼？] 同样，观念的世界也入侵到了言语中（人们这样认为），反过来，言语也入侵到了观念中（人们认为：因为人们说，人们写）——

他人的言语使我说，使我思，因为它们在我中制造了不是我的一个他者、一种和……我所见的东西之间的距离，而且他人的言语对我自身指示这个他者。他人的言语构成一道栅栏，我通过那栅栏看我的思想。我在这种对话前有言语吗？有的，那是作为唯一的基本的声音，是世界论断（Weltthesis），而不是作为思想、意义或陈述——的确，要说就要思，但这是存在于世界或先行具有（Vorhabe）的垂直存在意义上的思。各种思想是这种总体存在的货币[①]——界定——总体存在内部的。

① 货币（monnaie）也作“交换条件”解。——译者

胡塞尔的活的当下(lebendige Gegenwart)*

1959 年 11 月

我的身体从来不像其他事物那样处于透视运动状态(En mouvement perspektivisch)——

我的身体也不像其他事物中的某些那样处于静止状态,它处在客观的静止和运动之内——

它通过我走(Ich gehe)完成的运动(这种运动不是"透视的")在每个时刻都总是可能的静止——什么意义上的可能呢?肯定不是我的身体可在其中存在的一个地点(Ort)的意义上,即不是一种展现身体处在其中的逻辑可能性。这里涉及的是一种力量——一种我"能够"。

变化(Veranderung)和不变化(Unveranderung)——在这些现象上建立一个否定理论。肯定和否定是存在的两个"面";在垂直世界中,一切存在都有这种结构(意识的模糊性,甚至意识的一种盲目性和知觉中的非知觉都是与这种结构相联系的——看,就是不看,——看他人,本质上就是将我的身体当对象来看,好让他人的对象身体能够有一个心理的一"方面"。我的身体和他人的身

* 拟指胡塞尔编为 D. 12. IV 的一部未出版的著作,这部作品以《活的当下与外在于有机体的周围世界的构成》(Die Welt der lebendigen Gegenwart und die konstitution der ausserleiblichen Umwelt)为题目,后来发表在《哲学与现象学研究》(*philosophy and Phenomenological Research*)上,第 6 卷,第 3 期,1946 年 3 月。

体的经验本身就是同一存在的两个方面:我说我在看他人之时,事实上我很可能是在将我自己的身体对象化,他人是这种经验的境遇或另一个方面——人们就是这样和他人说话的,尽管人们要做的事只是与自己相关)。

反对矛盾理论、绝对否定理论,或者或者理论——超越,就是差异中的一致。

科学与本体论

1960 年 1 月 4 日星期一

把科学当作给定知识情境中的活动,并对之进行论证,——再由此使这种活动的科学之“补足的”本体论之必然性显示出来——

描述科学对存在、时间、演变等处理的特点,科学的处理是对宇宙的“特征”或者存在的“特征”的进行标记定位、是对特征根据其联接角色而蕴含的东西的系统解释。原则上,科学不是穷尽分析,而是面貌描绘——其操作手段的自由、活动的自由都立即成为一种内-本体(intra-ontologie)的同义词。分析几何在空间和数字之间建立起来的等值不能被理解为空间的精神化(布隆什维克),而应理解为一种理智的空间化,理解为知识主体之前的空间与数字之本体等值的直觉,而这个主体属于世界。

实验事实-科学演绎的相似性既不能被怀疑,也不能被理解为科学实在论的证明。它是建立在这样的基础之上:演绎的科学阐释世界的结构、要点、某些构架的面貌。这种科学的真理，远不是要使哲学成为无用的，它只是建立在从超越到存在之间的联系上，即建立在科学的主体和客体内在于前客观存在之上，并被这种联系所保证。

视觉层次——这个概念的本体论意义。内-本体　参阅胡塞尔的现象学绝对

1960年1月20日

视觉层次是对自在本体论的超越，——并用自在的术语表达了这种超越——视觉层次：投射的概念：人们想象一种被标记在自在平面上的自在存在，它的形象按照给定的大小比率的关系来改变，以至于在不同视觉层次上的表象成了同一个自在的不同“视觉图像”——人们通过取消标准自在而进了一步：在各种视觉层次的表象之外没有更多的东西。但是，如果人们没有进入哲学问题，那么它们就会由于不可避免的自相矛盾而仍然停留在“视觉图像”的或自在的范围内。——问题在于懂得：在不同视觉层次上的“目光”不是在实体上——一种不可进入的自在的屏幕——的投射，在于懂得：目光和目光之间的横向互含（implication latérale）是实在，准确地说：实在是它们的共同的内在构架、它们的内核，而不是在它们后面的某物：在它们的后面，只有其他仍然根据自在-反射图式（schéma en soi-projection）来设想的“目光”。真实是在它们之间，在它们之内。宏观现象和微观现象不是对它们后面的一个

真实自在的或多或少的扩大的投射:变化的宏观现象并非更不真实,微观现象并不更加真实。它们之间没有等级。

我知觉的内容、微观现象和包含-现象(phénomènes-enveloppes)的大尺度视野并不是自在的两个投射:存在是它们共同的内在构架。每一个场都是一种维度性,存在是维度性本身。因此它也可以被我的知觉所理解。甚至是它向我展示了从"表象"向那种作为本质(语词的)核心的本质超越的指称——知识〉或〈视觉层次(宏观现象-微观-物理)都是存在内核虚线的规定性(以数学为工具,即各种结构),只有这种内核的知觉才给我一种现实性,而且这种内核只能借用其内在构架才能被构想。

应该取消因果思维,因为它总是:来自外部世界的观点,一种宇宙论(Kosmotheoros)的观点,以及作为其反题的既对立又不可分离的再反思活动的观点——我不再能在客观-对象空间意义上的世界中思考,这就又使我在无牵涉的自我中进行自我定位和自我安置——代替因果思维的,就是超越观念,也就是说,一种世界的观念,这一世界通过内在于这世界的东西被观看,以及由于这种内在性而产生的一种内在本体论(Intra ontologie)观念,包容-被包容的存在(Être englobant-englobé)观念,垂直的、有维度的、维度性的存在的观念——用来代替对立反思活动和互联("唯心论"的内在性)反思活动的,就是原则上拥有一个外部的存在的褶皱和凹陷,就是构成的基本结构。不再有——意识

——投射

——自在或对象

有一些交叉的场,所有的"主体性"都像胡塞尔在未发表的关

于目的论和现象学的绝对的作品中指出的那样，被整合入了诸场的一个场中，因为在它们的基础结构中带着一种行为的主体性(Leistende subjectivitât)，这种行为的主体性是完全依赖于它们的。

不可见的、否定的、垂直的存在

1960 年 1 月

可见的与不可见的之间的某种联系，在这种联系中，不可见的不仅仅是不-可见的[1](已被看见或将被看见的东西和没有被看见的东西，或者被我以外的他人而不是被我看见的东西)，而且在这种联系中，不可见的缺席在世界中是重要的〔它是在可见的、内在的或明显的可见性的“后面”；它正是非呈现(Nichturprasentiebar)，以及另一个维度的原呈现(Urprasentier)〕，在这种联系中，空白是有其位置的，这种空白是“世界”转变的各个点中的一个点。正是这种否定使垂直世界、不相容者的联合、超验的存在、拓扑学空间、连接与构架的时间、拆解和散架[2] 的时间成为可能，——还使要求存在的可能性(“过去”和“未来”只是其部分表达)成为可能——，雄性-雌性关系(孩子眼里的两块木头是相互一致的，因为其中任何一种都是另一种的可能)成为可能，——“差异”以及之上的全体成为可能，——还有思与非思的联系(海德格尔)成为可

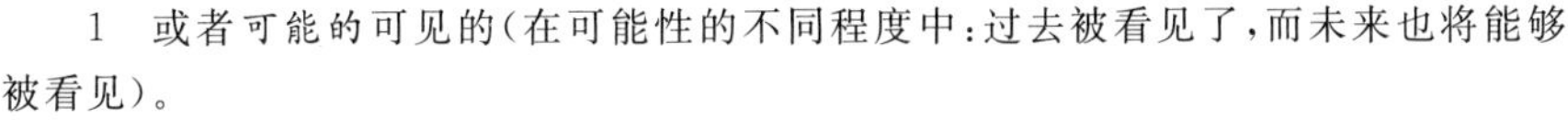

1 或者可能的可见的(在可能性的不同程度中：过去被看见了，而未来也将能够被看见)。

2 这是同一个东西：这种[?]就是纠结(Kopulation)(胡塞尔)。

能——以及纠结的联系成为可能，在这种联系中，两种意向只有一种实现(Erfullung)

1960年1月

胡塞尔也认为，一个唯一的世界是可能的，这个唯一的世界就是这个世界(参阅，索邦演讲，未发表*：世界的唯一性，就像上帝的唯一性那样)。所有“其他的可能世界”都是这个世界的观念变体。——然而我们的世界的唯一可能性从其性质上说，不是用现实性做成的——莱布尼兹式非矛盾的、不具否定性的可能性观念并不和现实性对立：它是现实性的对等物，它和现实性一样是肯定性的。总之，莱布尼兹理论中的现实性只是上述可能性的有限状况，而其完全的可能性则是不包括道德矛盾的东西，是那种不坏的东西，或是那种双重意义上的最好可能性(meilleur possible)的东西：尽可能的好和世界上最好的那种可能性中的好。在胡塞尔的理论中，世界的唯一性的意思不是说世界是现实的，也不是说所有其他世界都是想象的，不是说这种世界是自在，所有其他世界都仅仅是为我们的，而是说它植根于可能性的整个思想中，是说它甚至有一种可能性的光环，这种可能性就是它的属性，是现实(Wirklichkeit)或世界可能性(Weltmöglichkeit)中的可能性(Möglichkeit)，是说这个独特的、被感知的、以世界形式存在的存

* 未发表文稿档案，1930年，编入E. III. 4卷中。

在有一种自然的目的，就是成为和包含人们可以设想的所有可能，成为整个世界(Weltall)。我们世界的普遍性，不是根据其“内容”(我们远不能认识一切)，不是作为录下的事实(“被知觉的”)，而是根据它的形态，它的包含一切可能性的本体结构，而所有可能都被置于这种结构中。因此，本质的变化不会让我进入一种完全不同的本质领域中，进入逻辑可能中，它给我的不变是一种结构的不变，一种基础结构的存在，而这种跨结构的存在分析到底，只在这个世界的世界论断(Weltthesis)中才有其实现(Erfüllung)。

可见的和不可见的论题

1960 年 1 月

原则：不将不可见的当作另一个“可能的”可见的，或者对他者来说的“可能的”可见的：这将会摧毁使我们和不可见的相会的内在构架。此外，由于这个将“看见”不可见的“他者”，——或这个他将要建立的“另一世界”必然会和我们的世界相连，真正的可能性就将必然重现在这种联系中——不可见的就在那儿，它没有成为客体，这是纯粹的超越，没有存在状态上的伪装。总而言之，“可见的”本身也只是集中存在于缺席的内核之上的——

提出如下的问题：不可见的生命，不可见的生命共同体，不可见的他者，不可见的文化。

构建一种“另一个世界”的现象学，把它当作想象的和“隐匿”

的现象学的界限——

知觉——运动——可感场的原初统一性——与具体化同义的超越——内-本体(Endo-ontologie)——灵魂与身体——性质的整合与分化——

1960 年 1 月

当我移动的时候,被觉察的物就有明显的位移,这种位移是与它们的距离成反比的——离得越近移动越大——移动的幅度可以作为距离的标识。

最重要:像几何光学那样重组这种现象,从影像(它对应着这样或那样的点)在视网膜上的角曲位移出发构建这种现象是绝对不自然的。这种几何学,我是不知道的,从现象上说,给予我的不是这一类的位移或非位移,而是在这样或那样的距离上发生的事情之间的差异,是这些差异的整体;几何-光学分析得出的"点"不是现象意义上的点,而是一些很小的结构、一些单子、一些形而上的点或者一些超验性。怎样命名这个变(Veränderung)和不变(Unveränderung)的差异体系呢?其实,这样地形容它,这样地描述它,就已经是用它在客观分析空间上的"投射"来替代它了。事实上,运动、静止、距离、外表的大小,等等,都只是透明环境折射的不同标志,这些标志使我与事物本身分离,都只是相关于扩张的不同表达,存在就是通过这种扩张表达来显示或藏匿自己。将这样或那样的距离标识的力量问题提出来——就像心理学所作的那样——就已经是打断了世界的结构性统一，已经是持分离态度了。对一种真正在现时知觉着的“垂直”哲学来说，世界和存在是绝对首要的——

那么，对这同一种哲学来说，“局部的”现象（这里的变Veränderung，那里的不变Unveränderung）就不需要被看成是实证的，就不需要通过一种几何图式来表现它，在这种几何图式中，中性背景上的实证线条汇集了一些实证的点。相反，这些线条中的每一条，这些点中的每一点都通过分化和客观化来自于过程（Ubergang）运动和意向性侵越，这种侵越将跨过整个场。运动的绝对首要性，不是作为变换的地点（Ortsveränederung），而是作为由结构本身建立的不稳定性（参阅，F.梅耶*），作为由它组织，并因此由它操纵的变化。我的移动是事物的移动的补偿方式，又因此是理解和观察事物运动的方式。从原则上说，所有的知觉都是运动。而世界的统一性，知觉的统一性，就是这种补偿移动活的统一性。在我的身体运动中有一种不动的固定点（由眼睛的运动所补偿的）；在这里当我的头脑活动时有明显的对象的移动，超出这则有一些相反方向的明显的移动：这两者或多或少是固定点的不变（Unveränderung）的变化（事物的运动取决于我的眼睛在补偿我的脑袋的运动的同时进行的运动）——固定点的固定性和在这里或超出这里的东西的移动性不是局部的、部分的现象，甚至不是

* 弗朗索瓦·梅耶（F. Meyer）：《论演变》，法国大学出版社，1954年。

一些现象集：而是一个唯一的超越，而是唯一有等级的差异系列——视觉场的结构，以及它的近处、它的远处、它的视界，对于存在超越性及整个超越性的式样都是必不可少的。将我关于时间知觉方面所说的（胡塞尔的）应用到空间知觉中：胡塞尔那个图示是时间区分的实证主义投射*。试图用意向线来构成场的意向性分析并没有看到：这种线是织物的流溢和理想化，是织物的分化。

如果人们恢复了这种对世界和存在的垂直-知觉的观点，就没有必要像神经心理学所作的那样，试图在客观身体中建立所有的隐匿的神经现象，而被客观地确定的刺激则由于这种隐匿的神经现象将被置于总体知觉中。同一种批评可以应用到生理学的构建和意向性的分析上：这两种方法都没有看到，人们不可能用实证的术语和关系来建立知觉和被知觉的世界。用世界之内的东西，用世界的特性来构造世界的基本结构的企图是实证主义的。这是一种这样进行思考的思想，它认为完全实证的世界是被给予了的，问题在于使被看作最初是不存在的世界的知觉从这个世界涌现出来。这是这样一种类型的问题：为什么存在着对世界的知觉，而不是没有知觉。这是一种因果的、肯定论的、否定论的思想。这种思想从肯定出发，被迫在思维中凿出一些空隙（作为空腔的器官，作为自为避难所的主体性），并自相矛盾地希望这些空隙成为一些装置，成为神经功能的一些配置……这简直是想喝干大海。而这又会引出这样一个错误观念：我们仅仅只有这些复杂的操作活动的结果，我们处于一个过程的汪洋大海上，我们对其一无所知。假设

* 参阅第244页注*。

唯有精神的世界性(Weltlichkeit)才是因果性构成的世界性的类型,才是在笛卡尔的纯粹的事物(les Blosse Sachen)之间进行统治的东西的类型——这就是人们的[?]心理学过程(无意识的)或生理过程(大脑之“谜”)。用下面这种办法迂回批判弗洛伊德的无意识:就像应该回到现象中以便理解所谓的知觉“标示”游戏那样——当人们重新发现世界对等物的明证性时,这种游戏就一下子就变得清楚了——同样,也应该通过非常简单和没有任何隐秘的存在,重新发现我们与人类世界之间的准知觉关系,从而理解什么是超规定性,什么是动机的模糊性:这些存在就像所有的结构那样,仅仅在我们的行为和我们的目的之间,而不是在它们的后面——重新描述下面这些术语所包含的整个人类间的生命,甚至是精神生命:精神的世界性、它的非隔绝状态、它和其他精神以及真理之间也要被理解为空间-时间性系统结构之分化的联系——

一旦做完这些,就不需要再提作为两种实证性实体的灵魂与身体的关系问题,也不需要引入一种迫使灵魂根据身体的装置运转、迫使身体向灵魂提供现成思想的“自然构成”——也不需要考虑一种平行论,这种平行论完全是曲解,因为它预先假定灵魂和身体各自包含一个或者与现象或者与观念相联的严格对应的连续系列。灵魂与身体的联系不再是平行论的〔最终是客-观的无限存在中的同一,而总体身体(totalité corps)和总体灵魂(totalité âme)则是这个同一的两种表达〕,——它也不是最终有效地连接两种各自自足的领域的东西的绝对不透明,——需要将它理解为它所构成的突起与凹陷、坚实的拱顶和凹陷的洞穴之间的联系,——在知觉的“身体中”发生的东西和知觉的“灵魂中”发生的东西之间

没有任何对应(平行论或偶因论)可寻找:人们在物理世界中找有机体严格的对应物,或者在有机体中去找一种完整微观因果解释是同样的曲解。——灵魂是栽在身体中的,就像木桩栽在土地中一样,土地与木桩之间没有精确的对应性,——或者最好说:灵魂是身体的凹陷,身体是灵魂的突起。灵魂附着在身体上,就像它们的意义附着在文化事物上一样,而灵魂是文化事物的反面或另一面——

但是这(盈满或凹陷)还不够:因为唯心主义也这样说,而我们不是在同一个意义上说的。灵魂,自为是一个凹陷,而不是一个空无,不是相对于将是满盈和硬核的存在的绝对的非存在。他人的可感性是他们感性身体的"另一面"。而这另一面,不可呈现(nichturprasenierbar)的另一面,我可以通过他人的身体在我的可感之物上起的作用中猜出来,他人的这种作用不会将我掏空,不是抽空我的"意识",而是相反将另一个自我(alter ego)叠加给我。他者是通过不同于他诞生于其中的身体,不同于我见证的这个身体对行为(Verhalten)的投入,以及这个身体的内在变化而在身体(他者的)中诞生的。身体的配对连接——就是说,身体的意向调整向唯一的充实(Erfüllung),调整向身体从两面碰到的墙,是潜在于对唯一的可感世界的思考中的。这个唯一的可感世界是人人都可以参与进去的,给予了每一个人的。可见世界的唯一性,以及超出它的不可见的,通过对垂直存在的重新发现而呈现出的不可见的,是"灵魂与身体关系"问题的解决——

我在本书开头就作为整合与差异的知觉所讲的东西,就我处于普遍差异系统之上所讲的东西不再使我的显现成为一种"困难"、一种哲学的透明钻石上的瑕疵,——而是使其成为典型的事

实，成为我的构成性超越的本质：如果我应该能够认识自己的话，一个身体就应该看到许多身体——

当胚胎的机体开始知觉时，并不存在自在的身体创造了自为，并不存在一个预设灵魂降临到了身体中，而只是胚胎发生的旋涡突然集中在它所准备的内在的凹陷中——某种根本的差异，某种构成性的不一致就出现了——这种奥秘就和孩子在言语中跌跌撞撞、牙牙学语那种奥秘一样，就和一个缺席者突然到达，（再）变成在场者时的那种奥秘一样。缺席者也是属于自在的；它已经不在"垂直的"凸起部分中。[1] 而正是在"世界"的普遍结构中，——一切对一切的侵越、杂乱的存在，——才有这种新的绝对生命之源。一切垂直性都来源于垂直的存在——

应该习惯于认识到"思想"（cogitatio）不是自我与自我之间的不可见的接触，它是在与自我的亲密关系之外生活的，它是在我们面前，而不是在我们之中的，它总是离心的。就像我们重新发现了可感世界的场是内在-外在的那样〔参阅本书开头：如对动力标示和动机的无限性的总的附属，如我对这个世界（Welt）的隶属〕，同样，也应该重新发现自我和他者之间的分界面，这同时也是我们的聚合的联接点，也是他的生命和我的生命之唯一的实现（Erfullung）的分界面，而这种分界面是人类间世界和历史的实在。我个人历史的存在正是走向这种分离和联接面的，它是投射和内投的精确地点，它是不可见的连接，在这种连接中，我的生命和他人的生命旋转着，相互混杂，它是主体间性的内在构架。

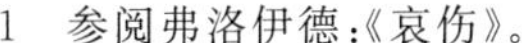

1　参阅弗洛伊德：《哀伤》。

人的身体　笛卡尔

1960年2月1日

笛卡尔的人的身体的观念：人的身体在是人的身体时是非封闭的，在被思想控制时是开放的，——这也许是灵魂与身体的联接之最深奥的观念。这就是介入到一个身体中的灵魂不是自在的（如果它是自在的，它就会像动物的身体那样被关闭），灵魂只有通过在“自我的观点”中达至完满才能是身体的和活生生的，而“自我的观点”就是思想——

胡塞尔：思想和历史性的达成(Erwirken)思想的“垂直”观念

1960年2月

胡塞尔：在人类活动中形成其存在方式的构成物是纯粹达成(Erwirken)中的原初领会(“erfasst”)〔芬克*提供的原始(Ursprung)文本，未经卢汶修改〕。

奇特的是：我构造我的思想、我的意义的意识和我的“人类”始

* 见埃德蒙德·胡塞尔：《作为意向的历史问题的几何学起源问题》(Die Frage nach dem Ursprung der Geometrie als intentional hitoriches Problem)，《国际哲学杂志》，第1年，第2期，1939年1月15日，第209页。

源的意识是一致的——思想正是作为进入不可见的之中的脚步，正是处在一切自然、一切存在之外，因而是完全自由的，才是与人类活动相接的关联——我正是在我的非绝对存在中与人重新相遇的。人类是一个不可见的社会。正是通过其绝对孤独，自我意识才与他人的自我意识构成了一个系统。

我不喜欢这——这与萨特太接近——这预设了主动性-被动性之间存在着断裂，但胡塞尔本人也知道，这种断裂并不存在，因为还有第二层次的被动性，因为每一个实行(Vollzug)都是一个再实行(Nachvollzug)(甚至是最初的：语言及其先于所有实行而对实行的意指)，因为沉积是观念性存在的唯一方式——

我想在下面的意义上对此进行展开：不可见的是可见的中的一个凹陷，是被动性中的一个褶皱，它不是一种纯粹的构造。为此进行语言分析，指明不可见的在什么程度上是准自然的位移。

不过严格地理解的思想的达成(Erwirken)观念是恰当的：这是真正的空，真正属于不可见的——所有实证主义糟糕的“概念”、“判断”、“关系”都被排除了，精神像水那样隐约地处在存在的裂缝中——不需要寻找精神的东西，存在的只是空无的结构——我就只想把这种空无植入可见的存在中，指出它是可见存在的另一面，——尤其是语言的另一面。

就像应该重建垂直的可见的世界那样，同样存在着精神的垂直观点，根据这种观点，垂直的可见的世界不是由众多的回忆、想象和判断构成的，它是人们唯一能在判断和回忆中兑现的运动，但是这种运动是将判断和回忆捏在一起的，就像一个自发的词语包含其整个生成，就像手的一个动作就包含其整块空间一样。

本质——否定性

1960年2月

我不将质量与数量对立起来，也不将知觉与观念对立起来——我在被知觉的世界中寻找意义之核，这种意义之核是不可见的，但是它完全不是绝对否定的意义上的不可见的（或者“理智世界”的绝对肯定的不可见的），而是其他维度意义上的不可见的，就像深度从高度和宽度后面构成，就像时间从空间后面凹陷构成——其他的维度从例如深度的零度出发加入到前面的维度中。但是这个维度本身也是包含在作为普遍维度的存在中的。

胡塞尔的本质变更与非-变更只是指存在的这些连接，只是指这些通过质和量都可以进入其中的结构。

为了研究所有维度对存在的嵌入，——研究深度对知觉的嵌入，以及语言对沉默世界的嵌入——

指明：没有言语就没有本质变更；从本质变更之支撑的想象，和想象之支撑的言语出发指出这一点

否定与概念问题
梯度

1960年2月

否定性的问题，就是深度的问题。萨特为了虚无而谈论不是垂直的而是自在的世界，也就是说平面的世界，而这个虚无则是绝对的深渊。在他那里最终是没有深度的，因为深度在他那里没有根底——对于我来说，否定并非绝对地乌有，肯定也不是（它们是同义词），这不是求助于存在与虚无的模糊“混合”，结构不是“混合”。我将萨特的终点作为起点，即被自为所恢复的存在——这是他的理论的终点，因为他是从存在和否定性出发的，并且是从这里出发建立它们之间的联接的。对于我来说，是结构或超越在进行解释；存在和虚无（萨特意义上的）是它们的两个抽象属性。对于一种内在本体论来说，是不需要建立超越的，它作为叠加了虚无的存在首先就是超越，但是需要解释的正是这个叠加（而且它从来没有被完成）——描述结构，一切都在那儿，描述存在（Sein）中的结构整合，描述赋予意义的意义（我向某人说的话语的意义“落到了他的头上”，在他理解之前就占据了他，然后从他那里取出答话）——我们处在作为存在的境域的人性中，因为境域是在我们周围的东西，而我们恰恰就是事物。但是是境域，而不是人性才是存在——就像人性（Menschheit）那样，一切概念都首先是境域的、样式的普遍性——当人们明白了可感的本身是不可见的，黄色可以

构成平面或天际时，就不再有概念问题、普遍性问题、观念问题——

在萨特的理论中，总是自我在制造深度，挖凿深度，构造一切，以及从内部关闭自我的监狱——

相反我认为，甚至最具特点的行为，甚至决定（一位共产主义者与党的决裂），都不是一个非存在在使自己成为存在（成为共产党员或非共产党员）——这些决断性决定在我看来是模糊的（如果我脱党了，那我就是共产主义运动之外的共产主义者，如果我再一次地入党了，那我就是共产主义运动之内的非共产主义者），这种应该被承认，应该被说出模糊性，当它将我们过去的选择或者过去的理论置于真和假之外的时候，它和过去历史的不偏不倚是同一个类型的，对我来说，真理就是这种超出真理的东西，就是这种其中还有好几种关系需要考虑的深度。

概念、意义是维度化了的单独，是形式化了的结构，这种不可见的连接点没有影像；唯名论是有道理的：意义只不过是被确定了的差异——

梯度：不是线性存在，而是结构性存在。

“表象”行为与他人——意识与存在

1960 年 2 月

胡塞尔承认(L. U.)*:表象行为总是建立在与他人关系基础之上的,——他人并没有不能被还原为这种行为——意识被首先定义为知识,——但是人们承认这种评判(Werten)是独特的——

在一种意识的哲学中,这是唯一可能的观点——

这种观点仍然保留在胡氏未发表的著作中,例如“从‘超越的观点’看待性本能”中吗?** 这是否意味着非表象“行为”(?)具有本体论的功能呢?然而它们怎么能与知识具有同样的权力呢?因为它们不给出“客体”,而且它们更多地是功能的(fungierende),而非行为(例如时间)

实际上,《逻辑研究》的解决方法是暂时性的,与本质方法的全能相关联,也就是说和反思性的全能相关联——这种方法是胡塞尔在冷静区分作为本质(Wesen)和真实(Tatsache)的反思的与非反思的(可以运作的语言和观念的语言)期间使用的方法——如果人们还停留在那里的话,“非客体化行为”的介入,它们的本体论功能就将纯粹是意识的颠倒,就将是非理性主义。

---

* 埃德蒙德·胡塞尔:《逻辑研究》(Logische Untersuchungen),1901－1902 年,尼迈耶尔·哈勒(Niemeyer Halle),三卷本(1913 年和 1922 年)。

** 相关的未出版的作品题为《普遍目的论》,编为 EIII5,并被译为意大利文出版于《意向性时间》(Tempo e Intentionalità)卷中。《哲学汇编》(In archivio di Filosofia),《哲学研究院院报》(Organo dell' Istituto di Studi filosofici),安东·米兰出版社,帕杜,1961 年(Anton Milani ed.,Padoue)。

只要人们还在思考“意识”和“行为”，人们就走不出理性-非理性的两难困境——决定性的一步是，认识到意识实际上是无行为的意向性，是功能性(fungierende)，认识到意识的“对象”本身不是我们面前的实证的东西，而是意义的核心，先验的生命、特定的空无就围绕着意义之核旋转，——认识到意识本身是一种为己的原呈现(Urpräsentierbar)，这种原呈现被呈现为为他的非原始呈现(Nichturpräsentierbar)，认识到感觉是原则上为非原始呈现的东西的原呈现，超越、事物，“质料”变成了“层面”或维度，——认识到交织、意向性“侵越”是不可还原的，这种不可还原导致抛弃主体概念，或将主体定义为场，定义为被原初的有(un il y a)所开启的结构的等级系统。

这种对“意识”的改造因为一个简单的理由，马上就使非客体化的意向性不再摇摆于附属存在或支配存在之间，就使情感的结构和其他结构一样成为构成性的：意向性已经是语言的知识的结构了，这种结构则是语言的结构。没有必要寻问我们为什么在“表象感觉”之外还有情感，因为表象感觉也是(取其嵌入我们生命中的“垂直地”意义)情感，它是通过身体呈现在世界中，通过世界呈现在身体中的，它是肉身，也是语言。而理性也是在这种境域中的——是与存在和世界交织在一起的。

言语的哲学和文化的烦恼

1960 年 3 月

言语的哲学有这样一个危险：论证文字的无限增生性，——甚至要论证前-文字的无限增生性〔研究笔记——胡塞尔的研究手稿(Forschungsmanuskript)。他的工作问题(Arbeitsprobleme)的概念——工作(Arbeit)：在事实之上把握住先验意识这样一种不可能的事业〕，——不知道自己在说什么的言说习惯、风格的含糊和思想的含糊等等。

不过，1)其实过去也一直如此——所有脱离了这种丰富性的研究就是学术的研究

2)有一个解决的办法，就是不回到美国式的分析的学术的方法——这种方法将会是回到问题这边——而是通过面对事物而超越问题

过去之线
世界之线

1960 年 3 月

内心独白，——甚至不被理解为一系列个人的我思考(可感的或不可感的)的“意识”，而是被理解为向总的构成和整合的开放，向过去之线和世界之线的开放，在过去之线和世界之线之后，通过

许多布满空隙和想象物的“记忆之屏幕”而跳动着某种几乎是可感的结构和某些个人的记忆。既应用到精神中也运用到事物中(胡塞尔)的笛卡尔的观念化使我们相信我们是个体体验(Erlebnisse)之流,但我们却是一个存在场。甚至在现时,周围的景致也是构成物。

精神分析的“联想”实际上是时间与世界“之线”。

例如,一只黄翅纹蝴蝶的记忆屏幕(弗洛伊德的狼人,第394页)*通过分析揭示出与黄纹梨的关联,而黄纹梨则令人联想到俄语中的格鲁沙(Grouscha),这是一位年轻女仆的名字。这里并没有三种记忆:蝴蝶——梨——女仆(同名)的“联想”。这里面有蝴蝶在彩色的场中的某种飘动,有蝴蝶和梨的某种(词语的)本质——这个本质与格鲁沙的语言本质交流(根据语言肉身化的力量)——存在着通过它们的中心连接在一起的属于存在的同一线的三种本质。另外分析还显示:女仆像蝴蝶展开双翅那样张开双腿。所以就有联想的多因决定——下面的说法也许总的来说是有效的:如果没有多因决定,也就是说没有各种联系的联系,没有不是偶然的,而是具有绝对(ominal)意义的偶合,就不会有联想。沉默的我思仅仅“思考”多因决定,也即象征性基体——多因决定性总是突然到来:真实的回溯运动(=观念的先在)(根据胡塞尔的理论,言语行为本身是对可命名的东西的召唤)总是为一种已知的联想提供其他理由——

* 西格蒙德·弗洛伊德:《精神分析五论》,法译本,法国大学出版社,1954年。

关于上面这些的日常生活的神经病理学——(参阅《精神分析五论》第 397 页:受试梦见了 Espe(欧洲杨树),它的翅膀被人扯掉了——但这是马蜂(Wespe)——但他的缩写是 SP——他是被阉割者——分析这种词语阉割术,这种词语阉割是将他的最初状态(多因决定)显示出来——“进行阉割的受试”不是了解真实并且切割真实的那种思想者。这是 SP 和阉割的旁侧连接)—— 一般来说:弗洛伊德的词语分析显得令人不可思议,因为这种分析是在一个思想者之中实现的。它们不应该这样地实现。一切都发生在非-传统的思想中。

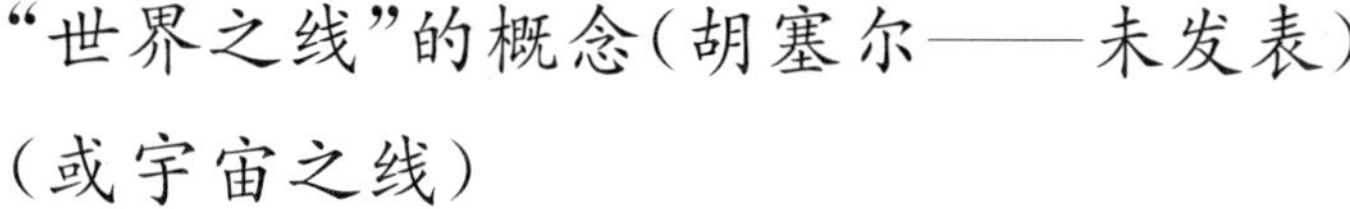

“世界之线”的概念(胡塞尔——未发表)(或宇宙之线)

1960 年 3 月

这个观念不是在我和境域之间的客观世界的片断的观念,也不是综合地构成的(根据一种观念)客观总体的观念,而是等值轴的观念,——在这个轴上,各种能相互碰面的知觉是等值的,但这不是相关于它们所认可的客观结论(因为在此,它们之间是有很大差异的),而是因为它们全都处在我即时的观察权力之下。

基本例子:所有的知觉都包含于我的现实所能(mon je peux actuel)之中——

被看见的可以是近处的和小的对象或大的和远的对象。

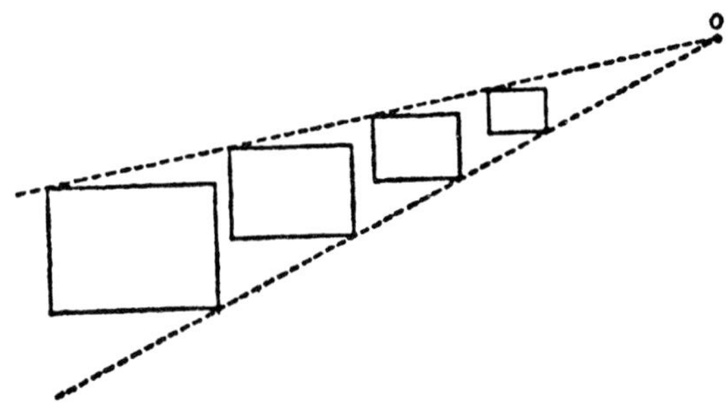

世界之线没有被表现在这里:我在上面画的是一系列"视觉图像"和它们的规则——世界之线既不是这种逻辑可能性的系列,也不是确定逻辑可能性的规则——(对象间关系)——这是一种目光,在其中,逻辑可能性是同时性的,是我之所能的果实——这甚至是对深度的观看——世界之线不会接受意向对象-意向活动(noème-noèse)的分析。这并不是说它预设了人。它是存在的叶片。

"世界之线"不是综合,不是"接受",而是分隔,也就是说,它意味着人们已经在世界上或存在中了。人们在一个处在自身之位的存在中清晰地显示,但人们不构造这个存在的概貌,——而且这个存在也不是自在——

可见的与不可见的

1960 年 4 月

本书的第二部分(我开始写的)以及我对不-可见的可见的描述,应该在第三部分中引出一个与笛卡尔的本体论的对立(完成对格鲁所解释的笛卡尔的评论,——读他论马勒伯朗士的文字——

看莱布尼兹和斯宾诺莎)。这个对立是由这样一个观念所引导:笛卡尔=没有精神的世界性(Weltlichkeit),精神被交给了超越了思想的上帝——这让实体间的交流成为问题(偶因论、和谐、平行论)——我的描述、我对被知觉世界及其所有"主体性"结果的恢复,特别是我对身体性和"垂直"存在的描述,所有这些将导向一种精神-身体、精神-精神之间的交流,导向一种世界性,但这种世界性不是像莱布尼兹理论中只是被换了位置的自然的世界性,在其中,微知觉和作为透视点的上帝在精神一边重建了和自然的连续性对称的连续性。由于这种连续性甚至在自然中都不再存在,所以在精神方面就更不存在了。然而,存在着精神的世界性,这种世界性不是孤立的。胡塞尔指出,精神是有距离的行为(记忆)处于其中的环境(这篇文章发表在《国际社会学期刊》上*)　莱布尼兹单子中之自然投射的公设(点状对应)是典型的"视觉图像"的公设,是"原初的"的或被知觉世界的无意识。

"不可摧毁的"过去和意向性分析,——以及本体论

1960年4月

弗洛伊德的无意识观念和"不可摧毁的"、"非时间的"过去的

---

* 《国际社会学期刊》,第27期,1959年7-11月号,法国大学出版社,1960年,《集体精神》,胡塞尔的未发表著作,由R.图勒蒙德(Toulemond)翻译,第128页。

观念="体验系列"这样的时间观念的消除——存在着基本结构性的过去。参考普鲁斯特:真正的山楂花是过去的山楂花——恢复这种没有体验的,没有内在性的生命,——这就是皮亚杰称之为——很糟糕地——自我中心主义的东西,——事实上,它是"不朽的"生命,是创造(Stiftung),是原初。

这种"过去"属于一种神秘的时间,属于时间前的时间,属于先前的、"比印度和中国还遥远的"生命——

这方面的意向性分析有什么价值呢?它告诉我们:一切精神意义上的(sinngemäss)的过去都曾经是现在,也就是说它过去的存在是建立在一种在场的基础上的——无疑,这是如此真实(于?)它,以至于它现在还在场。然而就正是在这里存在着意向性分析所不能把握的某种东西,因为它不能上升(胡塞尔)到这种是元-意向(méta-intentionnelle)的"同时性"(参阅芬克论《遗稿》的文章*)。意向性分析意味着一种绝对沉思的地方,意向性解释就从之引出,这个地方能够包含现在、过去,甚至朝向未来的开放——这是意义"意识"的领域,在这个领域中,没有过去-现在的"同时性",而是有过去-现在之差异的明证——相反地,由胡塞尔描述和使其成为论题的过程(Ablaufsphanomen)自身包含着完全另外的东西:它包含着"同时性"、转变、停顿的现在(nunc stans)、作为过去之守望者的普鲁斯特的身体性、沉入到没有被还原为"意识"之"视角"的超越存在——它包含着意向性指涉,这种指涉不仅仅是

* E.芬克:《弗莱堡时期胡塞尔的后期哲学》,载《埃德蒙德·胡塞尔(1869-1959),〈现象学〉,1960年第4期》(Die Spätphilosophie Husserls in der Freiburger Zeit, in Edmund Husserl(1869-1959), Phaenomenologica, 4, 1960)。

从过去*指涉事实的和经验的现在，而且以及相反地从事实的现在指涉维度的现在或世界或存在，而在这样的世界或存在中，过去和现在是狭义的“同时”的。这种相互的意向指涉标志着意向性分析的限度：这是它在之处成为超越哲学的那个点。每当意向指涉不再是引发它的意义给予(Sinngebung)到意义给予的指涉，而是“意向对象”到“意向对象”指涉时，我们就会碰到这种交织(Ineinander)。实际上，这里是过去附着在现在上，而不是过去的意识附着在现在的意识上：“垂直的”过去本身包含着已经被知觉的要求，而不是被知觉的意识带有过去的意识。过去在这里已不再是对……的意识的“改变”或模态化；相反，恰恰是对……的意识，被知觉被作为有形存在的过去所支撑。我曾看见它，因为它在。胡塞尔的所有分析都被意识哲学强加给他的行为框架所束缚住了。应该重新研究和展开功能的或潜在的意向性，这种意向性是内在于存在的意向性。这与“现象学”是不相容的，也就是说与这样一种本体论是不相容的，这种本体论迫使所有不是乌有的东西通过侧显(Abschattungen)自己呈现给意识，并且使其好像来自于原初的给予，而这个给予则是一个行为，即是处于其他之中的体验(Erlebnis)(参阅芬克早先在“现象学学术讨论会”上发表的“胡塞尔批判”的文章**)，不应该将意识和带着其有差异的意向之线的过程现象当作原初的，而应该将这种过程现象使其系统化的旋涡，将正在空间化-时间化的旋涡当作原初的(它是肉身，而不是面对意向对象的意识)。

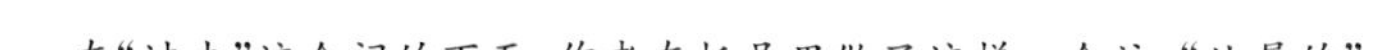

* 在“过去”这个词的下面，作者在括号里做了这样一个注：“从属的”。

** E. 芬克：《意向分析》，载《现象学的现实问题》，戴斯格尔·德·布鲁威出版社(Desclée de Brouwer)，第293页，1952年。

心灵感应——为他的存在——身体性

1960 年 4 月

将被看的器官(波特曼*)——我的身体作为将被看的器官——即是说:知觉我身体的一部分,也就是把它知觉为可见的,也即把它知觉为他的。身体的部分无疑具有这种特点,因为,确实有人在看它——但是,如果上述的身体部分预先是不可见的,如果身体的每个部分的周围没有一个可见性的光环,那么他人在场的这个事实就不是可能的——可是这个非-现实地被看见的可见的并不是萨特的想象物:向着缺席呈现或者来自缺席的呈现。它是临近的呈现,是潜在或藏匿的呈现——参阅巴什拉所言:每个意义都有其想象物。

我的身体的这种可见性(对我而言,不过对他人而言亦然,是普遍的和完美的)正是制造了人们所说的心灵感应的东西。因为只需他人一个很小的动作指示,就能激活可见性的这种危险。例如一位女子甚至没有看见窥视她的人,也能隐约感觉到她的身体

* A. 波特曼(Portmann):动物形式和模式。动物外形的研究。伦敦,Faber and Faber 出版社,1952 年(译自英文《动物身体的轮廓》)。作者将波特曼对动物的某些见解运用于人类身体。尤其参阅第 113 页:某些动物身体的轮廓"必须被当做一个与注视着的眼睛和中央神经系统相关的特殊器官进行评判。根据像从食物和消化系统那里得到的规则一样严格的规则,眼睛与要被看的东西一起形成了一个完美的功能体"。

被人想和被人看。在这里，“心灵感应”是由于她预期了他人实际的知觉（色情），参阅《精神分析学与神秘学》*——人们感觉到自己被别人看（脖子发热），并不是因为有某种东西从目光传到了我们的身体中，烤热了被看的那个点，而是因为感觉自己的身体，也是感觉自己在他人眼里的样子。在这里，应该研究他人的感觉是在什么意义上和我的感觉相连的：感觉到我的眼睛，就是感觉到我的眼睛有被看见的危险——但是，这种关联并不总是从看到被看，或者从说到听：我的手、我的脸也属于可见的。这种互逆性的状况（看被看），（握手的时候的触被触）是一种重要的和完美的状况，在这种状况中有一种准反射（共情）和交织，一般状况是从对于我来说的可见的到对于我来说的可触的调节，以及从这种对于我来说的可见的到对于他人来说的可见的调节——（例如我的手）。

自我与他人（'Εγω et οὔτις）

1960 年 4 月

我，真的，就是任何人，是无名的；这样，在所有对象化之前，它就必须被如此命名，以便成为行为者，或者成为这些都要发生在其之上者。被命名的我、命名的我，是一个对象。原初的我——被命名的我是它的对象化——是未被知的，对于它，一切都有待于看，

---

* 乔治·德维赫（Georges Devereux）：《精神分析学与神秘学》，International Univevsities Press，New York，1953 年。

有待于思，对于它，一切都在发出吁请，在它面前……有某物。所以这是一种否定性，当然是不可直接把握的，因为它是乌有。

可是，这是在思考、推理、言说、争论、难受、高兴的那个人吗？当然不是，因为这是乌有——在进行思考、知觉等活动的，正是这种通过身体向世界开放的否定性——反思性必须通过身体，通过身体与自身，言语与自身的联系来理解。说与听的二元性处在我的心中，它的否定性只是说与听之间的凹陷，是它们的等值在其处形成的那个点——否定-身体或者否定-语言的二元性就是主体——身体、语言，就像另一自我——我的身体和我之间的那个“我们间”（米修）——我的双重性——这并不妨碍被动-身体和主动-身体在*活动*（Leistung）中融合——*相互覆盖*，成为非-差异（non-différents）的——尽管有完全实现了的*活动*（活跃的讨论，等等），这给我的印象仍然总是“从我中出来”的——

可见的——不可见的

1960年5月

当我说一切可见的1)都包含一个不可见的基础，而这是在形象是可见的意义上为不可见的时

2)甚至说它有形象时，可见的都不是对-象性质料，不是一个被从上面观看的自在，而是在目光下滑动的，或者说是被目光掠过的自在，它是在目光下的沉默中诞生的（当它从正面出现时，它是从境遇的地平线上出现的，当它从旁侧进入舞台时，它是“没有声

音的"——这是尼采的"伟大思想诞生于无声"意义上的无声),——因此,如果人们把可见的理解为客观的质料,那也不是这个意义上的可见的,而是无蔽(Unverborgen)的意义上的可见的。

所以,当我说一切可见的都是不可见的时,说知觉是非知觉时,说意识有一种"盲点"("punctum caecum")时,说看总是比人们实际看到的更多时,——不应该在一种矛盾的意义上来理解这些说法,不应该设想我在已经确定地定义为可见的之上加上一个非-可见的(这种非-可见的只是客观的缺席)(也就是说在一个自在的别处中的别处的客观在场)——而应该理解为:这是包含了一个非-可见性的可见性——在我看的时候,我不知道我之所看(一个熟悉的人是未定义的),但这并不意味着那里只有乌有,而是说,这里所涉及的本质(Wesen)是未被言说地被触的世界之线的本质——被知觉的世界(就像油画那样)是我身体的路径的总体,而不是时空个体组成的集群——可见的之不可见的。这是它对世界之线的隶属——存在着红色的本质,这种本质不是绿色的本质;但这是一种原则上只能通过看才可进入的本质,一旦看被给予,它就是可进入的,因此就不再需要被思:看,就是这样一种不再为了拥有本质而进行思的思——它在(este)*红色中的,就像对中学的回忆在气味中那样**——把这个来自红色本身的活跃的性质理解为也许就是红色和其他颜色(在它之上),或者光亮(在它之下)的关联。由此明白红色自身就有成为中性色,成为维度性的可能性

---

* 见第255页注*。

** 暗指海德格尔:《形而上学导论》,Niemeyer出版社,图宾根,1953年版,第25-26页。法译本,"爱匹米修斯"丛书,《形而上学导论》,法国大学出版社,1958年版,第42页。

(当它作为亮色时)——这种成为-中性(devenir-neutre)不是将红色改为别的颜色，而是通过其自身的绵延而变化(就像冲击我的眼睛的一个形象或一条光线倾向于成为有维度的，并倾向于给眼睛一个空间弯曲度之标识值)——而且由于存在着空间(透明性、恒定性)性质以及其他性质的结构改变，因此，必须把可感的世界理解为是知觉逻辑，是等值系统，而不是一些时-空个体的堆积。而这种逻辑既不是我们的神经构成的产物，也不是我们的范畴能力的产物，而是对一个世界的提取，我们的范畴、我们的构成、我们"主体性"能够阐明这个世界的构架——

"意识"的盲点(punctum caecum)

1960 年 5 月

意识没有看到某种东西是由于原则的原因而没有看到它，也即意识就是没有看到它的那个意识，意识没有看见的东西就是意识在准备观看其余的东西中的东西(就像我们的视网膜，它的布满使我们能看见东西的纤维的地方是盲的)。意识没有看见的东西，就是使它能看见东西的那种东西，就是它和存在的关联，就是它的身体性，就是世界通过它成为可见的各种生存，就是对象在其中诞生的那种肉身。意识不可避免地是神秘的、倒置的、间接的，原则上它是通过另一端来看事物的，原则上它认不出存在，相对而言它更喜欢对象，也就是说它更喜欢一种它与之分离了的存在，它通过否认这种否定而把它置于这种否定之外的存在——它不知道它之中的存在的非-隐，不知道无蔽（Unverborgenheit），不知道非实证的、有距离的非间接呈现。

世界的肉身——身体的肉身——存在

1960年5月

世界的肉身，描述为区分性、维度性、连续性、潜在性、侵越性（关于时间、空间、运动）——接着，再次考察这些问题-现象：它们让我们求助于知觉-被知觉的共通感（Einfühlung），因为它们意味着，我们已经处在被这样描述的存在中，我们是来自这样的存在的，在存在和我们之间，有一种共通感。

这意味着，我的身体是用与世界（它是被知觉的）同样的肉身做成的，还有，我的身体的肉身也被世界所分享，世界反射我的身体的肉身，世界和我的身体的肉身相互僭越（感觉同时充满了主观性，充满了物质性），它们进入了一种互相对抗又互相融合的关系——这还意味着：我的身体不仅仅是被知觉者中的一个被知觉者，而且是一切的测量者，世界的所有维度的零度（Nullpunkt）。比如，它不是各种物体和运动中的一个物体和一个运动，我意识不到身体对我而言的距离的运动，当事物运动时，身体就自己运动（il sich bewegt）。这意味着某种"自反"（sich bewegen），这种自反通过此而自在地构成——同样，它自触、自看。由此它又能够触或看某物，也就是说能够向着事物开放，在这些事物中（马勒伯朗士）它能读到自身的变化（因为我们没有灵魂的观念，因为灵魂是一种

没有观念的存在，一种我们之所是、我们所不见的存在)。自触、自看、“通过感觉得到的认识”——

身体的自触自看需要根据我们对看和可看的、触和可触的所言来理解。也就是说这不是一个行为，这是一个朝向……的存在(un être à)。因此，自触，自看就不是将自己作为对-象(ob-jet)来把握，而是向自己开放，而是朝向自己(自恋主义)——因此也不是达到自我，相反而是逃避自我、忽视自我，这个自我是出自于差异的，是遮蔽的去蔽(Unverborgenheit du Verborgen)，于是它不再是隐匿的和潜在的——

人们的感觉的感觉，人们的看的看，并不是看或者感觉的思想，而是视、感觉、沉默的感觉的沉默的经验——

准“反思”的重叠，身体的自反性，它在触及他者的同时触及到自己，在看他者的同时看到自己的事实，不在于突然在被联结者背后发现一个联结活动，不在于将自己重新置于这种构成性活动中；自我知觉(黑格尔所说的自我感知)或者知觉的知觉不会改变它在对象中把握到的东西，并且不与知觉的构成性始源相重合：事实上，我并未完全成功地在触及他者的同时触及自己，在看他者的同时看到自己，我对正在知觉的我所具有的经验不会超出某种临近，我的经验止于不可见的，这种不可见的仅仅是它的不可见的，也就是说是它的镜像知觉的反面，是我在镜子中看到的我的身体的具体视像的反面。自我知觉仍然是一种知觉，也就是说它给了我一个非原呈现(Urprasentierbar)(一个非-可见的，自我)，但它是通过一个透明的(即作为潜在)原呈现而将非原呈现给予我的(我的触觉或视觉表象)——对于我来说,我的不可见性不在于我可能是一个肯定的精神、“意识”、心灵,一个意识的存在(即纯粹的向自身显现),而在于我是:1)拥有一个可见的世界者,即拥有一个有维度的和可分享的身体;2)有一个为自身的可见的身体;3)最终有一个自身的在场,而这种在场又是自身之缺席——逐渐向中心发展的探索不是从被规定的朝向规定的运动,不是从被建基的朝向基础(Grund)的运动:所谓的基础就是无基础。但人们由此发现的深渊却不是这样的缺乏基础(faute de fond),它是一种在上面的高贵(Hoheit)(参阅海德格尔《通向语言之路》* 的突现,也就是说一种来到世界中的否定性。

世界的肉身不是由身体的肉身来解释的,或者,身体的肉身也不是由否定性或驻于其中的自我来解释的——这三个现象是同时的——

世界的肉身不是像我的肉身那样自我感知的——它是可感知的而不是能感知的——不过我还是将它称为肉身(如米绍特** 实验中的起伏、深度、“生命”等),以便说它是可能的完形,是世界的可能性(这个世界的多样可能,单数和多数的世界),所以它就绝对不是对-象,存在的事实(blosse Sache)方式只不过是对世界的一种局部的和次要的表达。这并不是万物有生论:相反,万物有生论是概念化——这是在存在-解释领域内的我们肉身存在经验的假主题化——人们最终是通过世界的肉身来理解身体的——世界的

* 《通向语言之路》,Neske 出版社,图宾根,1959 年版:“语言是:说话。语言在说。如果我们跳进在此句中称之为的深谷,我们也不会掉进空无;我们会落在高处,它的高贵会打开一个深度。”

** 参阅第 222 页注 ** 。

肉身，就是被看-存在，就是一个显著地被知觉的(percipi)的存在，正是通过世界的肉身，我们能够理解知觉(percipere)：这种我们称之为我的身体的被知觉的存在把自己应用到其它的被知觉之上，也就是说，将自己当作一个被自己所知觉的，并由此又是进行知觉的；最终，这一切成为可能，这一切意味着什么东西，只是因为有存在，不是自身同一的那种黑夜中的自在存在，而是包括自身之否定，自身之被知觉(percipi)的那种存在——参考柏格森所言：我们在给出"形象"的同时已经给予自身以意识了，所以我们无需在活的"意识"的层面上追溯意识，这种活的"意识"并不比形象的世界更多，而是更少，它是形象的集中化或者抽象化——这完全不意味着要这样在意识之前实现意识。这就是为什么我们说，原初的不是"形象"的散扩的"意识"(散扩的意识是乌有，因为柏格森解释说只有通过不确定性中心和身体的"暗室"才会有意识*)，而是存在

形而上学——无限

世界——开放

1960年5月

世界与存在：

---

* 柏格森说过，"活的存在在世界构成了'不确定的中心'"……他在后面又明确指出"……如果我们思考世界中这样一个地方，人们可以说整个物质的行动都能毫无阻拦地、毫无损耗地通过的地方，任何东西的照片在那里都是半透明的地方：它缺乏一个影像得以显现的黑色屏幕。我们的'不确定性区域'将起到某种屏幕的作用。"《材料与记忆》，第10版，阿尔坎出版社，巴黎，1913年版，第24页和第26－27页。

它们的关系就是可见的与不可见的之间的关系(潜在性),不可见的不是另一个可见的(逻辑意义上的“可能”),一个仅仅是缺席的肯定的东西

不可见的是原则上的遮蔽(Verborgenheit),即是说是可见的之不可见的,是周围世界的开放而不是无限性(Unendlichkeit)开放——无限实际上是自在、对-象——对于我来说有可能成为问题的存在的无限是活动的和主动的有限:周围世界的开放——我反对经验意义上的有限、具有界限的事实的存在,所以我赞成形而上学。但是形而上学并不比在事实的有限中更多地在无限性中

作为文学的可感的哲学

1960 年 5 月

科学的心理学认为对于性质,对于作为现象的性质没有任何可说的东西,认为现象学是属于“不可能界限内的”(布莱松)*,(然而即使是在科学的心理学方面,如果我们不谈论现象,那么我们谈论什么呢?)事实在这里只有一个作用,就是唤醒沉睡的现象——事实上,质料显得不透明、难以描述,就像生命对于一个不

* 弗朗索瓦·布莱松(Bresson):《知觉与知觉征兆》,载布莱松、摩尔夫、皮亚杰,《逻辑与感知》,发生认识论,第四辑,国际科学图书馆丛书,法国大学出版社,1958 年版,第 156 页。——“现象学的描述是有局限的、不可实现的,是无法表达的内在经验。因此,它就不再是任何交流和任何科学的对象,只需承认这种经验的存在,无需再多操心。”

是作家的人来说并无什么启示一样。可感的则相反，对于是哲学家的人（也就是说作家）来说，可感的就像生命一样，是有许多东西可说的宝库。就像每个人都可以发现作家关于生命和感觉的说法是真实的，而且还可以在自身中再次发现这些东西，同样，现象学家们也被那些说现象学是不可能的那些人所理解和利用。事情的实质是，如果人们不是哲学家或作家，可感的确实不会提供任何可说的东西，但这不是因为可感的是一种无法描述的自在，而是因为人们不知道如何言说。真实之“追溯性实在”的问题——这是由于世界、存在是多态性的、神秘的，完全不是平面的存在或自在的一个层

“视觉图像”→“世界的表象”一切都是乌有(Todo y Nada)

1960 年 5 月

把对视觉图像的批判普遍化为对“表象”(Vorstellung)的批判——

因为对视觉图像的批判不仅是对实在论，或对唯心论（综观）的批判——而主要是对实在论和唯心论给予事物和世界的存在意义的批判。

也就是说自在存在的意义——（不是被归诸于独自给予其意义的自在：距离、差异、超越、肉身）

然而，如果对“视觉图像”批判就是这的话，那么它就已普遍化

为对表象(Vorstellung)的批判了:因为如果我们和世界的关系是表象的话,那么“被表象的”世界就具有自在存在的意义。例如他人为自己表象世界,也就是说对他来说存在着一种内在对象,这种内在对象不存在于任何地方,它是一种观念性,在这个对象之外存在着世界本身。

我想做的,是将世界恢复到和“被表象的世界”绝对不同的存在意义上,也就是说,恢复为垂直存在,任何“表象”都不会完全表象它,所有表象都能“触及”它,即原始的存在。

这不仅仅可以应用到知觉上,也可以应用到述谓真理和意义的世界之上。在这里也应该将意义(原初的)构想为绝对区别于自在和“纯粹意识”的——将真理(述谓-文化的)构想为个体(先于一和多的),意义行为就在这个个体之上相互交错,而且意义行为是它的片断。

此外,(自然和文化)之间的区别是抽象的:我们中(我们的生活世界是“主观的”)(我们的知觉是文化-历史的)的一切都是文化的,我们中(甚至文化也栖于原初存在的多态式之上)的一切也是自然的。

存在的意义有待揭示:问题在于指出:存在的(ontique),各种“体验”,“感觉”、“判断”,——(对-象、“被表象的”,简而言之,一切心灵的和自然的观念化),所谓的肯定的心灵的“实在”(以及没有自己的世界性的间隔、隔绝)的陈词滥调事实上都是在本体的组织中和“精神身体”中进行的抽象切分——

存在是这样一个“地点”,“意识的各种样式”就作为存在的构成成分(一种蕴含一个社会的社会结构中的自我思考方式)而处于其中;在这里,存在的所有构成成分都是意识的样式。自在-自为的融合不是在绝对意识中形成的,而是在混杂的存在中形成的。对世界的知觉是在世界中形成的,真理的证明是在存在中进行的。

萨特与古典本体论　　萨特一直设定存在着历史总体化,——这是他的“虚无”的反映,——因为对于“在世的存在”来说,完全不需要依赖于“整体”。

触-被触
看-被看
身体,作为自我的肉身

1960 年 5 月

触与被触(被触=触者被触)。它们不会在身体中重合:触者从来不会完全就是被触者。这个意思并不是说它们“在精神中”或在“意识”层面上重合。要使触与被触的连接得以形成需要有身体以外的某种东西:这种连接是在不可触的之中形成的。我永远不能触及的他人的不可触。不过,我所不能触及的东西,他人也不能触及,在这里,自我相对于他人没有任何特权,因此,不可触的就不是意识——“意识”可能是实证的东西,相关于它可能重新开始,也确实重新开始反思与被反思的二元性,就像触与被触的二元性一

样。不可触的不是在事实上是不可进入的可触的,——无意识不是事实上是不可进入的表象。这里的否定并非一种别处的肯定(一种超越)——这是一种真正的否定,也就是说,一种遮蔽(Verborgenheit)的去蔽(Unverborgenheit),一种原初隐蔽(Nichturpräsentierbar)的呈现(Urpräsentation),换句话说,就是一种别处的原初状态,一个是他者的自身(Selbst),是一个凹陷——因此,说触-被触的连接是由思想或者意识来实现的是没有任何意义的:思想或意识是身体性朝向……世界或存在的开放。

不可触的(也是不可见*:因为同样的分析可以用于视觉:对立于我的自看的东西,就是首先是事实的那个不可见的(对于我来说就是不可见的我的眼睛),然而在超越了这种不可见的那边(其空隙被他人或我的普遍性填满),存在的是原则上的不可见的:我不能看见自己在运动中,不能观看自己在运动中。然而,这种原则上的不可见的事实上意味着知觉(Wahrnehmen)和自-动(Sich bewegen)是同义词:正是因为这个理由,知觉从来没有和它想抓住的自-动相连接:它是另一种自-动。然而,这种失败,这种不可见的正好证明了知觉是自-动,这里有一种失败中的成功。知觉没能抓住自-动(对于我来说,即使是在运动之中,我仍然是零运动,我没有离开我),恰恰是因为它们是一致的,而这个失败就是这种一致性的证明:知觉和自-动相互从另一个中涌现出来。它们是通过出神而实现的某种反射,它们是同类。

触,就是被触。应该这样理解:事物是我的身体的延伸,我的

---

* 这里的括号没有完:因为这一段接下来就是讨论不可见的。

身体是世界的延伸，通过这种延伸，世界就在我的周围——虽然我不能触及我的运动，然而这种运动却完全是在和我的接触中构成的——应该将触和被触理解成互为表里的——处在触中的否定性(我不能降低这种否定性的重要性：正是这种否定性使得身体不是经验事实，并使身体有了本体论意义)。触之不可触的，见之不可见的，意识之无意识(它的中央盲点，这种盲目让它变成了意识，也就是说间接和颠倒地抓住了所有事物)是可感存在的另一面或反面(或另一个维度)；人们只能说它在那里，尽管肯定存在它不在的一些点——它是通过填充在另一维度中的在场，一种"双重背景"中的在场而在那里，肉身、身体(Leib)不是自触的总和(触感的总和)，但也不是触感 +"运动觉"的总和，这是一种"我能"——如果身体图式不是这种自身与自身的接触，它就将不是图式(毋宁是非区别)(向……X 的共同表象)。

世界之肉身("质料")是我之所是的可感的存在的未分状态，是在我之中被感觉到的其余一切的未分状态，是愉悦-实在的未分状态——

肉身是镜子现象，镜子是我与我的身体关系的延伸。镜子=事物的一个图像(Bild)的实现，我-我的影子的关系=(语词的)本质(Wesen)的实现：事物的本质的取出，存在的薄皮或其"显象"的取出——自触、自看，就是从自我中取得这样的镜像片断。也就是说，显象和存在的分裂——这种分裂已经在触中发生(触与被触的二元性)，它和镜子(自恋)一起，只是更加深了对自我的依恋。不是将我之中对世界的视觉反射理解为事物-我的身体的内-客体关系，而是理解为影子-身体的关系，理解为词语本质的共同体，因此，最终理解为“相似”现象、超越。

看-触的差异（不是可叠合的，悬在他人之上的世界之一）应该被理解为每一个意义内部存在的悬在上面的情况中最显著的一种，它将意义构成为“反思的艺术”。

人们会说，这种差异只是由我们的构造、我们的构造中的接收和入口结构的呈现造成的，等等。

我不说相反的意见。我所说的是，这些事实没有解释力。它们用不同的方法表达了一种本体的凸起，它们无法通过将本体的凸起并入物理因果性之唯一平面而抹去这种凸起，因为不存在对那是我们的身体的“奇点”之构成的物理学解释（参阅弗朗索瓦·梅耶）*，因此也没有我们的感性学——

现象学在这里就是确认那种理论上完整、完全的物理解释的世界所不是的东西，因此，应该将我们对可感的存在和人的经验的总体当作终极的、不可解释的，因此也就是当作世界本身。世界本身：也就是说应该用知觉的逻辑来翻译科学和实证心理学当作自在之前提的碎片来对待的东西。

触-被触

（事物

身体本身）

看-被看

听-自听（无线电广播）

---

* 同293页注*。

理解-言说

听-唱

脉络(Nervure)的统一性

前-客观——

触=触的运动

　　和被触的运动

为了阐明知觉(Wahrnehmen)和自-动(Sich bewegen),指出知觉只有在成为运动的自身(Soi de mouvement)的条件下才知觉。

运动本身,事物-主体的证明:就像物的运动那样的运动,但这是我做的运动——

从这里出发,以便将语言理解为我思的基础:语言对于我思就像运动对于知觉那样。指出运动是肉体的——正是在肉体中,运动和其"自身"(米绍特所描述的运动的自身)才和知觉有联系。

可见的与不可见的

1960年5月

不可见的是:

1.现实不是可见的,但可以是可见的东西(事物隐藏的和非现实的面貌,——隐藏的、位于"别处的"事物——"这里"和"别处")

2. 相对于可见的，那种不是像事物那样可以被看的东西（各种可见的存在、其维度、其非-形象的内在构架）

3. 只是作为触觉，或运动觉等等而存在的东西。

4. 逻各斯(λέχτα)，我思

我不是在非-可见的范畴下逻辑地汇集这四种“层次”的——

这是不可能的，因为很简单，首先可见的不是一种客观的肯定的东西，所以不可见的就不可能是逻辑意义上的否定——

这里涉及的是一种否定-指涉（零……）或者差异。

这种否定指涉是一切不可见的所共有的，因为可见的曾被定义为存在的维度性，也就是被定义为普遍的，还因为不是其组成部分的东西必然地包含在其之中的，并是同样的超越的一个形态。

不可见的可见的

1960 年 5 月

可感的、可见的对于我来说都是论说虚无是什么的机会——

虚无不比不可见的多（也不比它少）。

从一种总体哲学谬误的分析出发，这种哲学相信可见的是客观的呈现（或者这种呈现的观念）（视觉图像）

这就带来了自在的质料的观念。

指出质料总是某种潜在性。

萨特曾说皮埃尔在非洲的形象只是皮埃尔的存在本身的“生存的方式”，是他的可见的存在，将会有唯一的存在——

其实，这是和自由形象所不同的东西：这是一种知觉，一种有距离的知觉(téléperception)——

应该将可感的和可见的定义为不仅是我事实上通过实际的视觉与之相联系的东西，——而且也是我接着能够对其有远距离知觉的东西——因为被看的事物就是这些“形象”的原创造(Urstiftung)——

像时间点(Zeitpunkt)一样，空间点(Raumpunkt)是定在(Être-là)之一次但却是永久的创造(Stiftung)

历史，先验地质学，历史时间，历史空间。| 哲学

1960年6月1日

与一种历史哲学，比如萨特的历史哲学(最终是一种“个人实践”的哲学——在这种哲学中，历史是这种实践和“人造物质”的惰性的相遇，是真正的时间性和凝固它的东西的相遇)相对立的哲学，无疑不是一种地理哲学(无论将个人实践和空间的自在的相遇看成是轴心，还是将它与惰性的相遇看成是轴心，无论是将经由空间中项的“人们之间关系”，还是将经由时间中项的人们之间关系看成轴心，都是徒劳的)，——而是一种结构的哲学，这种哲学与地

理的联系实际上比与历史的联系更紧密。因为历史过于即时地与个人实践,与内在性联系着,它过深地隐藏了它的厚度和肉身,以至于整个个人的哲学都不容易被重新引入它之中。相反,地理或毋宁说,作为元挪亚方舟(Ur-Arche)的大地(Terre)使肉体的元历史突显了出来(胡塞尔的《变革》……*)。事实上应该领会的是联系(le nexus)——既不是"历史的",也不是"地理的"——而是历史和先验地质学的联系,是我将会通过对可见的和肉身的分析发现的这也是空间的时间,这也是时间的空间,是时间和空间的同时的原创造(Urstiftung),正是这种原创造使得有了历史的景象,使得有了历史的准地理的记载。基本问题:沉积和再激活。

肉身——精神

1960 年 6 月

将精神定义为身体的另一面——我们不知道不是身体之翻版的、不在这块地上的精神会是什么样——

"另一面"的意思是说,身体由于有这个另一面,所以它就不是可以用客观的语言和自在的语言来进行描述的,——这个另一面真的是身体的另一面,它漫溢于身体(超越 Ueberschreiten),侵越到身体,隐藏于身体中,——同时它又需要身体,并终结于身体之

* 《哥白尼学说的变革:地球作为不动的元挪亚方舟》(Umsturz der Kopernikanischen Lehre:die Erde als ur-Arche bewegt sich nicht)(未发表)。

中，停泊于身体之中。存在着精神的身体和身体的精神，以及它们之间的交织。这另一面不应像在客观的思想中那样，被理解为在一种平面的另一种投射，而是理解为朝向一种深度的身体的超越(Ueberstieg)，一种不是广延的维度的维度，一种朝向可感的否定的向下超越。

对于这样一种哲学来说，最重要的概念是肉身，这种肉身并非客观的身体，也非由它的灵魂来思考的身体(笛卡尔)，而是人们感到的和在进行感觉者(ce qui sent)双重意义上的可感的。人们感到的东西＝可感物，可感世界＝我的活的身体的关联物，即“回应”身体的那种东西——进行感觉者＝我没有将一种唯一的可感的设为取自我的肉身，来自我的肉身，我就不能设定这种可感的，我的肉身是可感的一种，所有其他可感的都记载在这种可感的之中，我的肉身是可感的轴心，所有其他可感的都参与到其中，我的肉身是可感-关键(sensible-clé)，是可感的维度。我的身体处于一切物质之所是的最高点：即一个这一个维度。它是普遍的事物——然而，在事物只有被一个场接收才变成维度时，我的身体却就是这个场本身，也就是说，我的身体是这样一种可感的，这种可感的是自身的维，是普遍的测定者——我的可感的身体和我的感觉的身体的关系，(我所触的身体，正在触的身体)＝被触者沉入正触者中，正触者沉入被触者中——感觉性，它的自-动(sich-bewegen)和它的自-知觉(sich-wahrnehmen)，它到达自我中——一个有其周遭的自我，是这种周遭的反面的自我。通过进一步的分析，人们将会看到，重要的是动态自反的，在其中，触总是处于可以触及自己

的边上，而没有触及，而这个自己是可触的，触只能在存在中才能完成其触——知觉-自动(wahrnehmen-sichbewegen)的蕴含就是思想-语言的蕴含——肉身是这整个的循环，而不仅仅是空间-时间地个体化了的这一个之中的内在性。此外，时空地个体化了的这一个是非独立的：只有本质(语词的)的发光，没有空间-时间的不可分。可感物本身是由超越承载的。

指出，哲学作为探究(也就是说，作为这一个和在那儿的世界周围的凹陷、问题的构设，在这种构设中，这一个和世界必须自己说出它们之所是，——也就是说，不是对语言的不变的东西的探寻，不是对语词本质的探寻，而是为对沉默之不变的东西的探寻，对结构的探寻)可以只指出世界怎样从非虚无的存在的零度出发被连接起来的，也就是说，只把自己置于存在的边缘，而不是置于自为中，置于自在中，把自己置于连接处，置于世界多种入口相交汇的连接处。

看者-可见的

1960 年 11 月

确切地说，可见的是什么意思呢？——我在我之上看到的东西永远不是严格意义上的看者，无论怎样不是即时的看者——而是可见的之看者(即这种可见的看者)，它处在可见的身体痕迹的虚线的(对他人来说可见)延长线上，——真正说来，即使是对于他者来说，这种可见的之看者是本来意义上作为看者的可见的吗？——从它一直是在他者所看见之物的后面一点出现的意义上说，它不是本来意义上作为看者的可见的——真正说来，它既不在前也不在后，——也不在他者看的地方。

这地方总是在比我看的地方、比他者看的地方、比我之所是的看者所在的地方稍远一些——像鸟一样飞落在可见的之上，附着在可见之上，而不是在它之中。但它是和可见的交错的——

触-被触也是如此。这种结构存在于同一器官中——我的手指的肉身＝它们中的每一个都既是现象的手指又是客观的手指，相互既外在又内在，呈交错状，为主动性和被动性的组合。一个侵越到另一个之中，它们是处于真实的对立关系中的（康德）——是手指的局部自我（Soi local）：它的空间是感觉-被感的。——

不存在看者与可见的重合。但它们中的任一个都借用对方，都占有或侵越对方，和对方交叉，和对方呈交错状。在何种意义上这些多样的交错只是唯一的交错：不是在综合的意义上，不是在综合的原初统一性上，而总是在通感（Uebertragung）的意义上，在侵越，因而是在存在之光的意义上——

物触我，就像我触物和自触一样：世界的肉身——和我的肉身相区别：内与外的双重记载。“内”是无肉身的接收：这不是“心灵状态”，而是内-身体的，外则是我的身体呈现给事物。

在什么意义上看者和可见的是同一个：不是在观念性，也不是在真正的同一性的意义上的同一个。它是结构意义上的同一个：同样的内在构架、同样的格式塔、“同一个”存在之另一维度开放意义上的同一个。

自我-世界的前定一致，世界和它的各部分、我的身体的各部分、分离前的，多维化之前的一致，——甚至时间的一致——不是意向对象-意向活动的结构，相互支撑，相互相对化但并未成功地统一：然而首先存在着它们非-差异（non différence）的深层联系——这一切显示在：可感的和可见的中。一个可感的（甚至是外在的）都包含了这一切（正是它构成了所谓的综合、知觉的综合）——

看者-可见的＝投射-内投。它们两者应该是同一种材料的抽象。

此外，看者-可见的（对于我、对于他人的）不是心理的某物，也不是视觉的行为，而是一种远景，或者更恰当地说：带着某种相关的变形的世界本身——前定和谐真理的交错——比前定和谐更准确：因为它处于个别-局部的事实之间，而交错是从反面联接差异化过程中的被预先连在一起的总体。

因此，存在不是客观的意义上的一个世界或两个世界的总体世界——它是前-个体的，是普遍的——

语言与交织

梦
想象物

1960 年 11 月

梦。梦的另一场景——

哲学中的不可理解的东西，它把想象物加在真实之上——因为那样就只需理解这一切是怎样属于同一个意识的就行了——

从身体出发来理解梦：作为没有身体、没有“观察事实”的在世存在，或者更恰当地说，带着一种没有重量的想象的身体的在世存在。通过身体想象物来理解想象物——也就是不理解为对于观察事实来说的虚无化，而是理解为存在的真正的创造(Stiftung)，而观察事实和关联的身体则是这种存在的特别的变化样式。

——在梦中，交错还剩下些什么呢？

在外部可感的内在的复本是内在的意义上，梦是内在的，在所有不是世界的地方，梦都是在可感的一边的——这是弗洛伊德所说的那种“场景”，那种“剧场”，即我们的梦的信仰之所在，——而不是“意识”及其想象性疯狂。

梦的(以及焦虑的、整个生命的)“主体”，就是人们，也就是说，被包围着的身体。——

我们就是出自这个被包围的身体的，因为身体是可见的，是“一种反思”。

交织——可逆性

1960 年 11 月 16 日

言语极有可能是静静地进入儿童之中的,——通过静默、作为静默(也就是说,只是作为被知觉的事物——语词意义与语词被知觉的区别)钻进儿童脑子——静默 = 试图表达之言语的缺席。正是这种丰富的否定是由肉身及其分裂所构成的——否定、虚无,就是一分为二,就是身体的两个部分,就是内外的相互连接——虚无更多地是一致的差异——

可逆性:翻过来的手套——不需要能从两边看的观察者。我只需要从一面看与手套的正面相接的反面,我只需要通过另一面而触及这一面(一个点或者一个面的双重"呈现")。交错就是这:可逆性——

只有通过可逆性,才可能有从"自为"走向他为的通道——事实上并没有实证的、实证客观的自我或他人。他们是两个入口、两个开放、两个舞台,某种事情将要在其中发生——这两者都属于同一个世界,属于存在的舞台

没有自为和他为。这两者是互为表里的。所以它们相互吸纳:投映-互映——我面前的某种距离处就有这种线、这种界面,自我-他人、他人-自我的互转就在其中形成——

唯一给定的中轴——手套指头的一端是虚无,——但这是人们能够倒转的虚无,而且在这种虚无中,人们看到了事物——否定性唯一真正存在的"地点"是褶皱,是内和外相互实施,是倒转的

点——

交错　自我-世界

　　　自我-他人——

我的身体-事物的交织，是通过我的身体的内和外之对应的复本，——以及事物的对应的复本（它们的内和它们的外）而实现的

是因为有了这两个对应的复本，才可能有：世界进入我的身体的两个部分之间，我的身体进入每一个事物和世界的两个部分之间

这并不是人本主义：通过研究上述的两个部分，人们应该能够发现存在的结构——

从这里出发：不存在同一，也不存在非同一，也没有非重合性，存在的是相互倒转的内和外——

我之“中心的”虚无，就像频闪螺旋点那样，是一种人们知道在哪儿的，是一种“无人”

我-我的身体之交织：我知道[被确定的?]身体是预知觉的（Wahrnehmungsberreit），它是向……展示的，是朝向……的，是近距离的观者，是有负载的场——

立场、否定、否定之否定：这一面，另一面，另一面的另一面。

我带到同一和他者问题中的究竟是什么呢？就是这个：同一就是另一个的另一个、差异之差异的同一性——这同一个 1. 没有实现超越，没有实现黑格尔哲学意义上的辩证；2. 它通过侵越、厚度、空间性而被即刻地实现——

1960 年 11 月

主动性：被动性——目的论

交错，可逆性，就是说一切知觉都被一种反知觉所重叠（康德的真正对立），是双面的行为，人们不再知道究竟是谁在说，谁在听。说与听的循环性、看与被看的循环性、知觉与被知觉的循环性（是它让我们觉得知觉是在事物之中形成的）——主动性＝被动性

自然，当人们思考虚无是什么时，人们也就在思考乌有是什么。这个乌有怎样才能成为主动的，有效的呢？主体性是否不是虚无，而是虚无＋我的身体呢？主体性的活动怎么能不由身体目的论所承载呢？

那么，面对目的论，我的境遇是怎样的呢？我不是目的论者，因为身体的内在性（＝ 内面和外面的契合、它们的相互重叠）不是由这两方面的集合所构造的某种事实物：这两方面从来就不曾是分开的——

（我对进化论的观点提出疑问，我在下面的意义上用可见的宇宙论来代替进化论，即思考内时间和内空间对我来说不再是起源问题，不再是界限问题，也不是走向第一原因的事件系列的问题，

而是一种永远存在的存在之唯一爆炸的问题。描写这个超出了永恒或观念系列的两者择一的“世界之线”的世界——提出存在的永恒——永恒的身体)。

我不是目的论者,因为存在着断裂,因为——通过身体的目的性——并没有一个人肯定的生成,我们的知觉和思想将会扩延他的目的论的构成。

人不是身体的目的,组成的身体也不是组成部分的目的:毋宁说,人是每次进入新的开放维度的空白中的附属物,附属物和主要之物相互吸引,就像上与下互为上下一样(一面-另一面关系的变体)——说到底,我把高-低之分引入了旋涡之中,在这种旋流中,高-低之分和一面-另一面之分联接在一起,而这两种区分又与存在之所是的那种普遍维度性(海德格尔)相融合

除了肉体、形象和基质以外没有其他的意义——意义=肉体、形象、基质等的散与聚(就是我在 Ph. P. * 中称之为“溢出”的那种东西)。

政治——哲学——文学

1960 年 11 月

……交织的观念,也就是说:一切与存在的联系同时是把握和

* 《知觉现象学》,同前。

被把握，把握就是被把握，把握就是记载，就是被记载在他所把握的那个存在中。

从这里出发，构设一个哲学观念：它不可能被完全地和主动地把握、精神的把握，因为存在要被把握的东西就是一种缺失——它不是在生命之上的、悬在上面的。它是在下面的。它是一切领域中把握与被把握之同时性的经验。它之所说、它的意义，都不是绝对的不可见：它通过词语使之成为可见的。就像所有的文学一样。它不是驻于可见的之反面：它同时是两面。

所以，在哲学或先验与经验之间（更恰当地说：在本体层次和存在者层次之间）没有绝对的差异，——没有绝对纯粹的哲学语言。比如，当涉及一个宣言时，就没有纯粹哲学意义上的政治，也没有哲学意义上的严格。

不过，哲学并不直接就是非哲学——它抛弃非哲学中实证论的东西，非行动哲学的东西——它们以更好地遵循历史为借口，把历史还原为可见的，并正好剥夺历史的深度：非理性主义、生命哲学、法西斯主义和共产主义，它们确实有哲学意义，但这些意义是向它们隐藏着的

想象物

1960 年 11 月

对于萨特来说，想象物是一种否定的否定，是一个领域，在其中，虚无化被应用到自身之上，由此又具有存在的设定的价值，尽

管它和存在绝对不是等值的，尽管真实、超越存在的一点碎片都会立刻还原想象物。

因此，这假设了一种二重分析：作为观察，织的很密、没有任何“空隙”的织物，以及简单或即时的虚无化的场所的知觉；作为自我否定的场所的想象物。

对于萨特来说，存在和想象物都是“对象”，都是“实在”——

对于我来说，它们都是“元素”（在巴什拉的意义上），也就是说，它们不是对象，而是一些场，是柔软的存在（être doux），是自发的存在，是存在前的存在，——此外，它们的“主观相关物”由于包含着它们的自动记载，所以就是它们的组成部分。知觉（Rotempfindung）是知觉到（Rotemfundene）的组成部分——这不是重合，而是自知其为断裂的“断裂”

自然

1960年11月

“自然存在于创世第一天”：它在今天创始的第一天中。这里的意思不是说：轮回那样原初的未区分和重合的神话。

最初（Urtümlich），原始（Ursprünglich）不属于过去。

重要的是在现在（而不是在过去）找到世界的肉身，找到一种“总是新的”又“总是同样的”——一种处于睡眠状态的时间（即柏格森的最初绵延，它总是新的又是不变的）。可感的、自然超越了过去与现在的区别，从内部实现了从一个到另一个的过渡存在的永恒性。不可摧毁的,原始的要素。

对自然做一个精神分析:就是肉身,母体。

"肉身的哲学"是一个条件,没有这个条件,精神分析就仍然停留在人类学阶段

在什么意义上我眼前的可见的景色不是外在于时间的其他时刻以及过去,并且综合地与时间的其它时刻及过去相连,而是同时地将时刻及过去置于自己之后,置于自己之中,而不是它和它们并列于时间之"中"

时间与交织

1960 年 11 月

从人们将时间理解为交织的时刻起时间之一点上的创造就能够在心理上无"连续"、无"保存"、无虚拟"载体"地被传送到其他的创造中。

那么,过去和现在是交织的(Ineinander),每一个包含就是被包含,——这本身就是肉身

1960 年 11 月

可感的肉质(pulpe)和它的不可定义性正是"内"和"外"在可

感的中的融合，正是自我与自我的厚实接触——“可感的”之绝对存在，就是这种持续的爆发，也就是说包含着回返

（我的身体-可感的）循环性之间的关系不引起“层次”之间或线性次序之间的关系（以及内在-超验的二择一）所引起的难题。

在《观念 II》，胡塞尔，“澄清”、“整理”被弄乱了的东西

交织和交错的观念与一切**使问**题变得不可理解的澄清的分析的观念相反——这与问题的意义本身相关联，而这个问题不要求陈述式的答案——

重要的是创造一种新的可理解性（通过世界和存在所是的样子的可理解性，——“垂直的”和非“横向的”）

知觉的沉默
沉默的言语，
没有明确表达的意义但却充满意义——语言——事物

1960 年 11 月

知觉的沉默＝对铁丝构成的对象我不知道说它是什么，我也不知道它有多少个方面，等等，不过它确实在那儿（按照在此受到抵制的萨特的观点，这正是可观察的标准，——而按照涉足知觉问题的阿兰的观点，这是想象物的标准）——

存在着与此相似的语言的沉默，也就是说，不像这种知觉那样包含被激活的意义行为的语言——但这种语言仍然在发挥作用，而且创造性地参与到一本书的构造中——

“他者”

1960年11月

有意思的是，这并不是为解决“他者问题”而采取的迂回办法——

这是这个问题的变形。

如果人们从可见的和观看出发，从可感的和感觉出发，人们就会获得一种全新的“主体性”观念：就不再存在“综合”，而是存在一种通过其变动和起伏而与存在保持的联系——

他者不再是从外面看好像是命运和宿命那样的自由，不再是和另一个主体相敌对的主体，但他处于将他与世界联系在一起的循环之中，就像我们处于将我们与世界联系在一起的循环中那样，我们因此也处于将他和我们联系在一起的循环之中——还有，这个世界对于我们来说是共同的，是一个交互世界(inter-monde)——还有一种普遍的可传递性——甚至，自由也有其普遍性，自由是被当作普遍性来理解的：主动性不再是被动性的反面

由此引出肉体的联系，这种联系既来自下面又来自高处，缠绕

由此引出主要问题＝不是在从无之中创造共同境遇的，创造共同事件的意义上构成共同的东西＋通过过去进行的干预，而是在言说的意义上构成——语言——

他者是一个突出的形象，就像我是一个突出的形象一样，而不是一个绝对纵向的存在

身体和肉身——
情欲——
弗洛伊德主义的哲学

1960 年 11 月

对弗洛伊德主义的肤浅理解：他是一位雕刻家，因为他是一位肛欲分析家，因为粪便已经成了粘土、制作，等等。

然而，粪便不是起因，如果粪便是起因，那么每个人都可以是雕刻家

粪便只在主体这样经历它们，即要在其中发现一种存在的维度时才造成一种特性（恶心）——

重要的不是更新一种经验主义（粪便能造成儿童的某种性格）。重要的是懂得，对儿童来说，和粪便的关系是一种具体本体论。不是做一种存在主义的精神分析，而是做一种本体论的精神分析

多因决定（＝循环性，交织）＝能够作为存在之象征来强调的一切存在（＝性格）→应该这样来阅读

换句话说，是肛欲分析家不能解释任何东西，因为要是如此的分析家，就应该具有本体的能力（＝将一个存在作为存在的表达来对待的能力）——

因此，弗洛伊德想指出的，不是这些因果性的链条，而是从多

态形或无定形出发，而与乱交(promiscuité)和感觉互易(transitivisme)存在的联系，以及向存在开放的单元实体填充而构成的"性格"固着，——这种固着从此就经由这个实体

所以，弗洛伊德的哲学不是身体的哲学，而是肉身的哲学——

所谓本我，就是无意识，——以及(相关的)自我应该在肉身的基础上被理解

当人们停止将心理学的概念(知觉、观念，——爱、愉悦、欲念、爱情、情欲)思考为肯定的(或多或少精神的)，以便不将它们思考为否定的或消极性(négatités)(因为这将带来同样的困难)，而是将它们思考为那唯一的和实在的向存在的融入的各种差异(也许思考为"边饰")，而这个存在就是肉身，这时心理学的整个概念系统，这些所有的陈词滥调就突然被清楚地显现出来了——于是，一些论题，例如舍勒的论题(如何理解意向性和它与之横向地交叉的情感之间的关系，如何理解与快乐与痛苦的波动横向交叉的爱→人格主义)就消失了：因为不存在总是建立在个体-本质区分之上的范畴、或层次、或层面的等级，而存在所有事实的维度性和所有维度的事实性——这依照的是"本体论差异"——

世界中的身体，镜像——相似性

1960年11月

可见中的我的身体。这不仅仅是说：我的身体是可见的一部分，在那里有可见的，在这里(作为与那里的区别)有我的身体。不对。我的身体是被可见的包围着的。这不发生在我的身体将只是

它的一个点缀的面上，身体真的是被包围着的，被围绕着的。这个意思是说：它自看，它是一个可见的，——而且它看到自己在看，发现身体在那里的我的目光，知道它在这里，就在自己的旁边——这样，身体就站立在世界前面，世界也站立在它的前面，在它们之间有一种拥抱关系。还有，在这两个垂直存在之间有的不是一种边界，而是一种接触面——

肉身＝这个事实：我的身体是被动-主动的（可见的-看者），是自在的质体和动作——

世界之肉身＝其视域的粘连（内部和外部视域）围绕着存在于这两个视域之间的严格可见的薄膜——

肉身＝这个事实：我所是的可见的是看者（目光），或者，它具有一种内在，这是一回事，再加上这样一个事实，外部可见的也被看，也就是说，它延伸到我的身体的内部，而我的身体则是其存在的组成部分。

镜像、记忆、相似性：基本结构（事物与被看之物的相似性）。因为这是直接来自于身体-世界的关系的结构——反射和被反射者相似＝看始于事物中，某些事物或事物的联合呼唤着看——指出：我们所有的表达和精神的概念化都来自于这些结构的：例如：反思。

“垂直”与存在

1960年11月

萨特：解释的循环不是不可解释的，它可通过它尾端的线的旋转得到解释——可是同时，这种循环又并不存在——存在是不可解释的……

我称之为垂直的东西，就是萨特称之为存在的那种东西，——不过它对他来说马上就变成了使世界出现的虚无的闪光(fulguration)，成了自为的活动。

事实上，循环是存在的，而存在并不是人。当我不仅考虑循环-对象，而且考虑这种可见的循环，考虑这种任何理智的发生、任何物理的因果都无法解释，并且有我尚未认识的所有特性的循环的时，循环就是存在的，但却是不可解释的。

应该唤醒的就是这个"垂直"的场。萨特的存在不是"垂直的"，不是"直立的"：它横穿了各种存在的面，萨特的存在与存在的面是横向交叉的，不过正是因为它实在太有别于存在者的面了，所以人们能说它是"直立的"。受到重量威胁的存在、走出了客观存在之面的存在是直立的，但它是带着它曾带入存在的面中的所有敌意和善意。

身体总是从"同一边"呈现自己——(原则上如此，因为这明显地和可逆性相反)。

这是因为可逆性不是触和被触的现实同一。可逆性是它们原则同一(总是缺失的)——不过这不是观念性，因为身体不简单地是可见的之中的一个事实的可见的，它还是可见的看或目光。换句话说，遮住了外部可见的，使正在看的身体看不见的可能性的结构使外部可见的和身体之间保持着某种距离。但这种距离不是空无。它被肉身充满了，成为目光涌现的场所，这种目光是被动的但

带有主动性——同样,构成了世界的填充物的外部可见的和身体之间的距离也是如此

通过说身体总是从同一边呈现自己(或:我们总是处在身体的某一边——身体有内部和外部)而进行描述是错误的,因为这种片面性不简单地是对身体现象的事实抵抗:它有一个存在的理由:身体的片面呈现是为了使它成为看,也就是说,使它成为不是可见的之中的一个可见的。它不是一个被修剪过的可见的。它是可见的-原型(visible-archétype),——如果它是一览无余的,那么它就不可能是这样的可见的。

笛卡尔

1961年3月

研究前方法论的笛卡尔,研究非反思(les spontaneane fruges),研究"总是先于习得的"自然思维——以及研究方法论后的笛卡尔,也就是第六沉思后的笛卡尔,他在对世界做了方法论的探索之后,生活在世界之中——灵魂和身体的"垂直的"的笛卡尔,而不是精神直观的笛卡尔——研究他选择其样本(如"光线"等)和最终超越这些样本的方法,研究理性范畴前和理性范畴后的笛卡尔、我思之前的我思的笛卡尔,我思的笛卡尔总是知道自己在思考,并且知道这种知道是终极的,不需要阐明的——思考这种自发思维的明证性是什么,思考自我观照(sui ipsius contemplatio reflexa)，思考拒绝构成精神(Psyché)意味着什么，思考比所有构成都要清晰而且是他所依赖的这种知是什么。

笛卡尔——精神直观

1961年3月

精神直观的定义建立在与观看相似性的基础上(观看本身被理解为不能与工匠们看的细节区分开的视觉的思想)。——对"大海"的把捉(作为元素而不是作为个体的事物)被当作是不完善的观看，由此产生确定的思想的观念。

需要彻底地重新审视这种对观看的分析(它假设问题涉及的是事物本身)——它看不出观看是有距离的视(télé-vision)、是超越、是不可能性的结晶。

接下来，也需要对精神直观进行重新分析：不存在思想的不可分割，不存在纯粹自然的不可分割——纯粹自然，"自然的"知识(我思的明证，比人们所能加在它之上的明证更具明证性)，这种知识要么被完全的掌握，要么完全不被掌握，所有这些，都是思想的"形象"，它没有考虑到"基质"或"境遇"——只有当人们通过对看(sehen)的分析开始时，基质或境遇才是可进入的——和看一样，思(Denken)不是同一性，而是非差异(non-différence)，不是区别，而是原初之看的清晰。

肉身

1961年3月

奇怪的是，说身体是看者只不过是说：它是可见的。当我思考我说是身体在看意味着什么时，我只发现：在看的行为中，它是从“某处”（从他者的视点——或者：从我的镜子中，比如在三面镜子中）看到的可见的——

更确切地说，当我说我的身体是看者时，在我具有这样的经验中就有某种东西，这种东西奠定和宣告他者对之所具有的视角，或者镜子给予它的视角。也就是说，对于我来说，身体原则上是可见的，或者至少它处在我的可见的是其碎片之一的那种可见的之中，也即，我的可见的转向它，以便“理解”它——可是，如果不是因为我的可见的完全不是我的“表象”，而是肉身，即我的可见的能够拥抱我的身体，能够“看”我的身体，我怎么能知道我的可见的为了理解它而转向了它呢？——我首先是通过世界而被看或被思考

我的计划：I. 可见的
II. 自然
III. 逻各斯

1961年3月

我的计划应该呈现为与人本主义没有任何妥协，与自然主义，

最后，与神学也没有任何妥协——问题正在于指出，哲学不再能根据这种区分进行思考：上帝、人、造物，—— 这是斯宾诺莎的区分。

那么，我们就不像笛卡尔那样从人开始(ab homine)(第一部分不是"反思")，我们不在经院哲学的意义上理解自然(第二部分不是论自在的自然，不是自然的哲学，而是对人-动物性交织的描述)，我们也不从圣言(Verbe)的意义上理解逻各斯和真理(第三部分既不是论逻各斯，也不是论意识的目的性，而是对人所具有的语言进行研究)

应该将可见的描述为通过人得以实现的某种东西，但这完全不是人类学的东西(所以反对马克思 1844 年之费尔巴哈提纲)

把自然描述为人的另一面(肉身，而不是"物质")

把逻各斯也描述为在人之中实现的，但它完全不是人的属性。

因此，人们将要达至的历史观完全不像萨特的历史观那样是伦理的。人们达至的这种历史观更接近马克思的历史观：资本作为事物(不是萨特呈现的部分的经验研究的部分对象)，作为历史的"秘密"，表达了黑格尔逻辑之"思辨的秘密"。(作为商品"拜物教"的"秘密")(一切历史的东西都是偶像)。

物质-加工过-人＝交织。

索　　引

1959 年 1 月

真理的根源,204 页

真理的根源,206 页

真理的根源的第一卷,207 页

存在与无限,209 页

原初的或原始的存在(=被知觉的世界)及其与作为构造物的逻辑推断(λσγos προφορίχos)的关联,与我们构造出的“逻辑”的关联,210 页

沉默的我思,211 页

1959 年 2 月

还原——超越的真——显现方式之谜——世界,213 页

流入——反思,215 页

本质(言语的)——历史的本质,216 页

沉默的我思和言说的主体,218 页

逻辑的系谱、存在的历史、意义的历史,220 页

精神的世界性——“不可见的世界”,客体-存在(Être-objet)中的非存在:存有(Seyn),224 页

科学与哲学,226 页

写第一部分:本体论的初步纲要,228 页

时间,229 页

1959 年 8 月

1959 年 9 月

1959 年 10 月

1959 年 11 月

1959 年 12 月

1960 年 1 月

292 页

1960 年 2 月

人的身体,笛卡尔,298 页

胡塞尔:思想和历史性的达成(Erzirken),思想的垂直观念,298 页

本质——否定性,300 页

否定与概念问题,梯度,301 页

“表象”行为与他人——意识与存在,303 页

1960 年 3 月

言语的哲学和文化的烦恼,305 页

过去之线,世界之线,305 页

“世界之线”的概念(胡塞尔——未发表)[或宇宙之线],307 页

1960 年 4 月

可见的与不可见的,308 页

“不可摧毁的”过去和意向性分析,——以及本体论,309 页

心灵感应(télépathie)——为他的存在——身体性,312 页

自我与他人(’Eγω et οὔτιs),313 页。

1960 年 5 月

可见的——不可见的,314 页

1960 年 6 月

1960 年 11 月

1960 年 12 月

1961 年 3 月

跋

失去一位亲人或朋友，无论是否在意料之中，都是十分令人悲伤的。更何况噩耗传来时，事先没有任何征兆，既不是因病，也不是高龄，也不是因为某种不测，特别是，正当我们习惯于将我们的思想的来源归于他的思想，在他的思想中寻找我们所缺乏的力量，从中获得我们研究事业的最可靠依据的关键时刻，他却离去了。莫里斯·梅洛-庞蒂的去世、他的人格魅力，使所有的朋友经历了一生中最悲伤的考验。然而，也是在这个时刻，朋友们仍然能听到一个静静的声音，这个声音带着他那特别的语调，传到了朋友们的耳旁，似乎他一直就在那里言说，永远不会停歇。

中断了的谈话把我们抛入了一种奇特的静默中；在这种静默中，我们忘记了这位作家的辞世，以便以另一种方式来悼念他的离去。这部作品已到了它的预产期，仅仅是因为这本著作里的一切都已说清，我们突然地置于它的面前。可是我们又觉得，这个预产期来得太早了些，虽然这种遗憾丝毫不会影响这样一个明确的事实：这部作品正是在它被合上的时刻诞生的。于是它从此就是它所言说的那个样子，而不是任何别的；它是只与它自身相关的丰富言语，它只置身于它自身当中，在其中，它抹去了自己原初的记忆。作家离去了，从此我们只能读他的著作了。我们对他的希望就只在他的著作中，而不再是在他的人身之上。这个转变太大了，不过我们并不怀疑这部作品中包含的意义能够满足我们对它的关注和耐心。现在，所有的东西都导向这种意义，其中包括我们曾经认为是最有争议的那些思想，因为，它们以其特有的方式给予我们话语的真实。我们以为，不久前，这位作家还只是回答我们向自己提出的那些问题，或者提出我们在世界的共同境遇中出现的那些问题。他眼中的事物和我们从我们所处的位置所曾经看到或可能看到的是一样的。他的经验毫无疑问是独特的，但他的经验与我们的经验是在同一境域中发展着的，都是孕育于对传统真理同样的拒绝和对未来同样的不确定。无论在我们的眼里他拥有什么样的威望，我们都清楚地知道，他的功能不是任何权力；他只是冒着给现时还没有名称的东西命名的危险，他的脚下出现的道路，也和我们想要前进的时候，我们脚下出现的道路一样。所以我们惊奇地发现他的作品因为它是全新的，但我们从来没有在我们最欣赏的东西面前放弃过自己的保留意见，当我们对他的作品提出的问题没有把握的时候，对这些文字在我们身上发展的结果没有信心的时候，当我们意识到这位作者自己也不知道自己要向何处去的时候。我们是无法和他比肩的，我们接近他，因为我们被置于与他相同的世界节奏中，经历同样的时光、同样的无助。于是这部作品与其作者就不再有关，它在它和我们之间造成了新的距离，我们则成了另一类读者。这并不是说我们的批判权力变弱了。有可能是因为我们识出了这些文字的不确定性、空隙、不一致性，甚至矛盾性。总之，我们感觉得到他的思想的多样性和它们的缘起，比方说，我们将测定使其后期文字和早期文字分离的差异。但批评界丝毫没有怀疑这一作品的存在，而且这种差异还是连贯其所有著作的一个工具，因为这两部分作品之间的过程，这些距离，甚至我们看到的那些矛盾都正是从属于这种连贯的。这部作品的晦涩之处和作者

意欲毫无遮掩地表达出的明晰之处一样明显。更加概括地说，这部作品中没有任何离题的和不表明其特性的东西——也就是他宣称的东西，他在缄默中传达出的东西，他的命题的内容和他的风格，他奔向其目标的方式和他的婉言及离题话。引起注意的一切都指出了一条通向这部作品之路，它又是通向这部作品之所是的入口。

作者去世后，读者从何处看到这种目光的改变呢？现在，这个目光已经变成作品了，作家的经验不再只有使在其眼前形成的那种现实变成可理解的那种功能。无疑，作品仍然是一个中介，我们在它之中寻找一条进入现实和过去世界之入口的道路，我们向它学习判定我们知识的使命；然而，这个中介有了这样一个独特之处，它成为它引向的世界的一部分。从中看不到作者的作品成了其他作品中的一部，成了我们的文化环境中的一部分，并使我们与它处于相关联的状况，因为它只有在这个文化的境域中才有意义，我们在它展示出独特形象的时刻让它呈现。这是一种由于其自身而得以存在的事物，无疑，如果它在其作者中没有其源泉，它就将什么也不是；如果读者对其不再有兴趣，它就将被忘记；但是，只要对作者的记忆仍然是通过作品来继续，只要人们只是被作品所引导而走向作品所处的思想领域才发现作品的话，作品就既不依赖于作家，也不依赖于读者。这一事物在作家探究过的精神世界的中心赢得了自己的空间，就像我们随后的探究那样，这一事物与精神世界有着千丝万缕的联系，在过去和未来的所有方向发光辉，当它显示为一种既没有来源也没有终点的思想的流变、一种总是在

重新开始的话语内部的关联时，会最终获得其真正的意义。于是作品就存在于外部。作品就像自然事物一样，就像历史事实一样，是一个外部存在，它激起同样的好奇，要求同样的关注，同样的目光考查，以其唯一的在场允诺一种不同于封闭在陈述中的意义的另一种意义。它不像其余一切那样属于世界，因为它只是为了命名存在的东西以及我们与这些东西的联系才存在。但是在命名的同时，它把它的在场换成了事物的在场，假借了事物的客观性：它将自己印在了它所表达的东西中。只是因为作品将所有的事物都转换成思想之物，思想与事物联结在一起，承载着事物的重量，任由事物的运动、绵延和外在性侵袭自己，而且只有通过与自己的根源相分离，才将事物据为己有，我们才被迫从作品中看世界。无疑，这种分裂在每部作品写完时已经显现出来了，但只有在作者不再的时候才彻底完成。因为从这时候起，在他生命中的标志性事件、个人历史中的标志性事件——读者或多或少有所了解的个人历史，因为哪怕是最谨慎的作者也不可能做到完全地隐居，或者他的活动的历史、他的学术发现的历史、他和同代人之瓜葛的历史——以及公共的历史事件——我们承受这种历史的后果，同时这种历史又在不断地失去我们赋予它的那种有效性——不再左右人们的目光，转变为了趣闻轶事般的东西，以便让位于只保留了这些事件的意义的作品的实在。上述这些事件失去了它们原先的形象和它们原来的权力，它们在一种新的时间性中注册，为一种新的历史服务；它们被改变成新的历史的意义，它们从此和我们知道生活于过去作品深处的另一些事件保持着一种神秘的一致；它们被改变成一种普遍的力量，它们使一种存在领域依附于它们，在这个

领域中,既没有其明显标志的日期,也没有其明显标志的地点。

这样,事物从世界的隐退就伴随着对这些事物进行思考的思考者的隐退,而作品只在依据这种双重缺席时才存在。所有的事物变成思想和所有的思想变成事物时,它似乎突然从自我中抽出了整个存在,仅仅将自己作为意义的源泉。

只说作品比作者活得更长,只说我们忘记了这部作品的未完成时我们会发现其意义的完整是不够的。原作意义的完整是原则的完整,作品显得独自拥有一种肯定的存在,因为尽管它的命运是由未来读者决定,看他是否让它讲话,但至少,每当人们转向作品时,作品都会像开头那样置于读者和读者所在的世界之间,读者所在的世界强迫读者在作品中探究世界,将世界的思想带入作品之所是。

这是已完成的作品对其读者所产生的诱惑,以至于作品有时会把对作者之死的非难变得毫无意义。作者在准备新的开端的时候就消失了,创造被中断了,永远定格在了作品陈述出来的表达上,永远应该从中获得其最后的辩护;但是,无论考虑这种可叹的结局的人的感觉是怎样的,——尤其是,那被给予了进入作者的作品的片断之中,给予了以自己的目光评判这个被抛弃的工地、这些笔记、这些写作计划,以及这些到处带着激情的思想之明显痕迹的、几乎找到自己的形式的草稿的悲伤的特权的人的感觉,——它仍然是和对作者的回忆相联系的,而作者继续从事其使命被突然禁止了。人们让自己相信,这种回忆消失后,知道作者是什么时候去世的,在什么情况下去世的,作者是否有能力继续这一研究并不重要。因为,正像我们不能想象,我们没有必要想象伴随其创作的

那些思想活动，他内部的各种混乱、他的各种犹豫不决，使他陷入困境，付出许多代价，无功而返的那些企图，他的语言在其中形成的摸索的言说，同样，我们也不能在他的事业陷入其中的最终的失败中发现反思他的作品的东西。

可是，一部作品变得局外于其创作境况意味着什么呢？是否应该理解为它既不是完成了的也不是没有完成的呢？而事实上，在一般意义上说，一部作品如何是永久地完成了的呢？为了这样思考，应该假设作品的意义是严格地确定了的：它有朝一日会通过某些命题的陈述而获得一种连贯性，所有新的言说会显得是多余的，应该在这部作品中看到一种旨在在其最后证明中发现其终点的长长的展示链条。可是，承认它拥有的能无限地激起未来读者思考的能力，它拥有将未来读者向它提出的，以及产生自读者的自身经验的问题整合入同一个探究的能力，将立刻成为不可理解的。一部已完成了的作品将是一部其作者成为作品主宰的作品，由于同样理由，读者将只能从自己这里成为作品的主宰，因此，将只能通过读该著作的所有人而这所有的人最终是一个读者而拥有作品。于是我们将不能说，尽管这部作品在创作之后已经过去了一些时间，但它仍然需要向人们呈现；这不是因为已被发现的真理应该不再具有真理的效力，而是因为，这些真理一劳永逸地被固定于总是可以重复的知识的操作中，因而将构成一种简单的获得物，回到这种获得物是无用的。

我们说过，这部著作是迷人的；当作者去世后，它从他之中脱离出来，迫使我们以未来读者的眼光来看它；但这并不意味着它获

得了一种超越时间的确定身份。它远未从我们的时代中撤退，它没有从任何时代中撤退，它就在我们的眼皮底下入侵到了过去和未来的场之中，它提前呈现在未然之中，而这种呈现的意义部分地为我们所不知。我们毫不怀疑，连我们也不再听它说话时，它还将言说——就像离它们的作者和第一批读者已经非常遥远的作品仍然在言说那样——而且我们也知道人们将在它之中读到我们没有能力读到的东西，我们还知道，对它的最好的解释也不会穷尽它的意义。如果说这部作品构成的时间不同于真实历史的时间，但它又不局外于真实历史的时间，因为它在任何时候都存在于现在、过去和未来的三维之中；如果说它始终是同一的，那么它就始终期待着它自身的意义。不仅仅是它的形象会更新，它本身就是绵延变化的，对它来说，绵延变化是本质的，因为它本来就是为接受世界之改变和他者的思想之改变的检验而写的。仅从这个观点出发，它就有了一种肯定的存在——这并不是因为它一劳永逸地是其所是，而是因为它永远让人思考，它不会没有探究者，在明天和在今天一样，它都会牵连到我们和世界的关联之中。

作者的工作是否显得达到了他的目标并不很重要：只要我们在这部作品面前，我们就面临同一个不确定；而且我们越是深入到它的领域，我们的知识就越是增加，我们就越无能力给我们的问题设置一个界限。最终我们必须承认，我们只是由于这种不确定才和它交流的，我们只是由于这份礼物并没有名称，由于它自身并没有自主处置其思想的权利，而是停留在对它想传达的意义的依赖中，所以我们才能真正接收它让人们思考的东西。

于是我们就不得不重新考虑这部作品的命运。我们认为我们已经将这部作品中由创作活动的中断而带来的不幸换成了完整作品的安全和宁静。我们在它之中发现了意义的完满和存在的可靠。这部作品的呈现的确是令人放心的,因为它没有各种界限,因为它在过去的作品中有其正当的地位,而且放射得如此之远,以至于我们很高兴在未来的方向想象它,因为它有朝一日可能淡出人们的记忆的观念并不与这样的确定性相对立,即因为只要文学仍承载我们对我们与世界之关系的探究,这部作品将始终是富有生命力的方位标。但是这个呈现又显得像是一个谜,因为这部作品引起对它的关注只是为了让人们感觉到某种存在的不可能性呼吁回到它自身。它将一种特别的形象给了这种不可能性,不过它没有超越这种不可能性。对于它来说,主要的是要正视这种不可能性,并与自身保持分离状态,就像它和它试图抓住其意义的世界保持分离状态那样。

这样,我们就在这部作品中还发现了死亡。因为这部作品的权力是和它的最终无能相联系的,因为它开辟的和总是保持其开放的道路是和将是没有尽头的。我们徒劳地企图消除这种死亡的威胁:我们想象这部作品没能讲的其他人会在未来讲的,而且它所没有讲的本来是属于它的,它所唤醒的那些思想将在离它很远的将来的一部新作中作为新的开端出现。它所给予的意义一直是悬而未决的,它所圈定的范围确定了某种空无和某种缺席。

也许,这就是我们在这部未完成作品面前感到困惑的理由;这种困惑将我们突然放在了一种我们通常希望绕过去的本质的模糊性面前。令人困惑的不是我们无法看到这部讲稿的最后一部分,也不是作者所接近的目标将是不可企及的,因为这个目标事实上是作者永远难以达到的；而是我们发现了这部著作中的必然性——它的深层的运动，通过这种运动，它得以在言语中安身，为的是向对世界的无尽的解释开放，以及它到达了一种存在的领域，它似乎永远地被建立在这种领域中了——而同时使作品没有能达至其目标的暗然的停止，将作品扔到了它的事实表达的边界上，使人突然对它的事业的合法性表示怀疑。我们完全能够确信它将我们抛入其中的不确定性激发和保持着我们对世界的探究，确信当它沉默时也在说话，因为它能指出那些是并将总是超出可表达的东西，然而它仍然注定要对意义进行不断的揭示，它的真理就存在于意义的揭示中，而且如果没有遮蔽物反过来遮掩着它，如果它没有迷失在晦暗中，它就不能达至其目的。

面对莫里斯·梅洛-庞蒂的最后作品，将要走向他去的人一般不会忘记这些思想，就像他清楚地知道这些思想是梅洛-庞蒂的思想，而且他仍然从梅洛-庞蒂那里了解这些思想将他引向何处那样。比如说，如果人们重读“哲学家和他的影子”、“间接的语言与沉默的声音”、为《著名哲学家们》所写的东西，或者仅仅读作者去世后留给我们的那些手稿，人们就能看到他从来没有停止过对哲学著作之精髓的追问。对他来说，这已经是理解他的哲学事业和前人的哲学事业之关联的问题了，而且，他比任何哲学家都更清楚地揭示了既向我们揭示又向我们掩盖真理的关系的模糊性，这种真理曾被他人思考，它揭示了我们身后的大量的意义，同时还揭示了现在与过去之间的一种不可逾越的距离，传统哲学的意义就迷失在这种距离中，从这种距离还产生出一种要求，即在没有任何外援的情况下孤独地重新进行表达的工作。当他转向哲学的未来，试图确定他的言语之范围时，他在过去向自己提出的问题如何不再吸引他了呢？承认过去的作品无论有多么丰富的意义，都不是完全地不可解，都不会剥夺我们思考世界的必要性，就像起初世界必须被思考那样，这和承认我们之后的人们有权用新的眼光进行观看，至少有权把哲学探究之中心带向别处是一回事。与此同时，他反对哲学家的事业与系统构造是重合的，由于同样动机，他拒绝将自己的经验上升为绝对并在其中寻找所有可能经验的法则。他相信这部作品只是由于以下原因才会继续保持其意义源泉的地位：作者在他所处的时代中，能够思考现在让他思考的东西；他相信正是通过重新拥有先前的现在(le présent ancien)我们才与这部作品进行交流，但是，只要我们自己必须从我们的视点来设想所有的事物，这种交流就总是会受到阻挠；他同样相信他的探索的合法性，相信他向不知道他的境遇人言说的权力的合法性，但是他也同样相信他不能使那给予他的问题以他的价值以及基本上持有他的真理观念的人以后也处于同一种光明[1]之下。因此，他曾以为，我们的表达工作只能通过并不由我们主宰的道路才可以和其他人的表达工作相遇，我们始终都应该怀疑其他人会在表达中寻找我们自己通过一种在我们看来正是哲学真理的运动来探寻的东西。肯定的是，这种怀疑没有在他的头脑中摧毁哲学统一的观念。这正是因为哲学在他看来是一种持续的探究，因为哲学每一

① 光明(Lumière)意为“启蒙”，被启蒙之光照耀，指某一种指导人看事物的方法论或意识形态。——译者

次都要求不带先入之见、忽视已获得的东西和敢于冒开辟一条不通向任何地方的道路的危险。根据同一种必要性，每一项事业都不可避免地是单独的，但同时又是和前面所有的事业相连并且将作为其后续的。于是，尽管是表面的，但仍然有一个宏大的话语在发展，其中深藏着每个言语，因为如果说这些言语从来不构成一种符合逻辑地讲出的历史，那么它们至少是在同一种语言推力中被获得并指向同一种意义的。但是这样一种话语的确在支持着我们不会使作品与作品之间的边界消失，不会使我们相信当我们在我们的经验中发现促成对它进行思考的东西时，我们是忠实于它的。模糊性永远是不能消除掉的，因为我们任何时候都不能使探究脱离它在其中找到了自己形式的作品，因为正是通过深入到这些作品的周遭，我们才真正地进入作品之中，最后，因为由我们来进行探究，这仍然是在语言中谈论、寻找我们的研究范围。因此，我们总是遇到作品的事实和它的晦暗，我们对世界的一切疑问，我们认为是通过阅读前人的作品所发现的疑问，和我们认为是从我们自身中得出的疑问，都必然被关于语言和作品的存在问题所超越：这个问题不会消除意义被给予了我们的信念，相反只要这个意义的基础以及作品与其所是的关系仍然是晦暗的，这个问题就会同信念一同扩大。

梅洛-庞蒂去世了，我们就应该把他的作品看作是其他作品中之一种作品，就像他看待其他作品，以及他教我们看待其他作品时那样。在某种意义上说，这样说对我们没有任何帮助。并不是因为他禁止把意义还原到世界现时给予他让他思考的东西之中，并不是因为他提前指出我们的自由的位置，所以我们才能很容易地承受它，并确定在哲学中他的任务之所是和我们的任务之所是。当这部作品的构成性矛盾在我们面前变得明显时——就是说，它想按存在之所是命名存在，它承认在自己的存在中重复了它遇到的谜，承认要求探究的整体，但又没能比开辟一条道路做得更好，而且这条道路的方向对于他人来说永远是不确定的——，当我们和作品的关系的模糊性被揭示出来时——就是说我们学着站在它的角度来思考，在不能拥有它的领域的情况下，必须将我们的思想带向别处——，我们的不确定只能不断增加。也许由我们来重新回忆这些曾是我们的哲学家的问题，我们就能更好地接纳他的思想，尤其是他最后的仅仅才开始的文字，就能更好地评判这最后的开始，他的事业在这最后的开始中可能会找到自己的目标，最后，就能更好地理解他的话语的意义是怎样在其作品的存在中得到证明的。

去世前，梅洛-庞蒂就在为写这部著作而工作，可是，《可见的与不可见的》只是写了第一部分。这证明了他想为他的思想寻找一种新的表达方式。这只需要读他在《符号》中汇集的一些论文，和他放在这些论文前面的“前言”，以及《眼与心》——这些作品全都属于他的后期之作——就可以确信，他的早期著作虽然很有名，但却远没有构成他的哲学的确定状态，而只是为他的哲学事业打下了基础，在他之中创造了走得更远的必要性。然而《可见的与不可见的》则应该将对唯心论和经验论的双重批判使他走向新大陆以来所走过的道路完全地展示出来。在我们现有的手稿和伴随这些手稿的研究笔记中，这样一个意图变得明显了，即重新研究过去

对事物、身体、看者与可见的关系的分析，以便消除这些分析的模糊性，以及表明这些分析只有在心理解释之外，只有与一种新的本体论相连，才能获得它们的所有意义。现在，唯有这种本体论才能给予这些分析以合法性，就像唯有它才能通过揭示我们从此不再能持有意识的观点使对反思哲学，对辩证法，对现象学的批判——这些批判是分散的、明显从属于经验的描述——联接在一起。

毫无疑问，当梅洛-庞蒂着手进行这项工作时，他认为他的作品在前面而不是在后面。他不打算给他此前的著作带去褒奖或修改，让它们变得更能为公众所接受，或仅仅为它们辩护，反击那些针对它们的攻击，好像这些作品在他看来已经有了确定的特性。他已做了的事仅仅在于他在其中发现了一个任务的目的；目的获得的价值仅仅在于它给予了继续前进的力量，而这种力量只能以颠覆先前的工作为代价，并且按照新维度进行重组才能实施。他最初的尝试不是徒劳的，只是因为有这样一种必然性，即这些尝试让他转回去再去思考它们，承认它们的要求。

读者不一定完全同意这种看法，这是肯定的。上述这些对于他来说，具有将作者拉向它们、将我们引向它们的引力。当读者读梅洛-庞蒂的第一批作品时，就已经发现了一种哲学。当这些作品在读者那里唤起许许多多使他期望下文的问题时，甚至当这种期望使读者处于——就像我们所说过的那样——和作者相同的时间中时，读者仍然发现了——即使不是发现了一些论断——一些观念，这些观念的可靠性在他看来是毋庸置疑的。正是由于这些观念，他将面对作家的言语，以便寻找这些观念的确证，或者相反，寻找这些观念的多样性，甚至寻找一种反证。然而对于作者来说，

被说出的东西(dit)具有另一种重量，它对言语构成了一种隐约的压力，所言是作者应该负担起的东西，是他总是应该依靠的东西，而不是肯定的实在。作者背后的观念是空洞的，这些观念在这一点上非常有效，它们缺乏它们叫人们思考的东西。正是这种非常确定的空无承载着他的事业。而且无疑的是，任何东西都不能使作者的视角和读者的视角相重合，因为他们的幻觉来自于一些互补的动机。正如人们经常看到的那样，他们中的一个不能看到他所写的，而他写作是因为他看不到；另一个却相反只能看。作者不能观看的作品在作者看来就好像不存在一样，而且他总是在写作中寻找写作所应是的确证，然而，当面向我们这些读者的目光时，作品则促使读者将它看成是其他事物之中的一个事物，一种存在的事物，因为它被看见了，因为只有它的属性需要被认识。这种从一种视角到另一种视角的距离由于作者的去世而突然无限地扩大了。因为正是他的作品整个地转变成了被说出之物，并从此给出一种客体的显象。当我们将来再读作者的个人日记，发现他所构设的他的未来工作的形象时，这个形象也不会动摇我们确信我们面对的是一部著作，而且他最后这些文字——尽管未完成——仍然提供了判断这部作品和更好地把握它的机会，因为它拥有作品本质的最终信息。不过我们发现最后这些文字的时候，也是我们的幻觉动摇的时候。我们越是觉得在他的作品中寻找他的——如果不是寻找终极意义的话——至少是赋予其前期作品以意义者的事情是多么地自然，那么，就越是难以承认这个工作是在一篇充满了各种问题的引言中完成的；在这篇引言中，所有的答案都被延迟了(différées)，思想则依赖于未来的、从那时起就被禁止的话语。

事实上，这就是《可见的与不可见的》被还原到其中的这一百五十多页手稿的功能：即引言。问题在于，将读者引向一个他的思维习惯尚未使他立刻就能进入的领域，尤其是使读者相信他经常使用的现代哲学的基本概念——比方说主体与客体的区分，本质与现象的区分，存在与虚无的区分，以及意识、形象、事物等概念——已经含有一种对世界的特有的解释，当我们的目的正是要使我们面对我们的经验，以便在其中寻找意义的诞生时，这些概念就不能声称具有特殊的地位。为什么有必要重新开始，为什么我们不再能在旧体系的范畴内思考，也不能在我们看到方向各异的旧体系在其中扎根的基础上进行思考。这就是作者力图首先说明的。他呼吁我们对我们的状况进行一次检验，检验它在科学和哲学根据其各自的语言对之做了翻译之前的样子，而我们曾一度忘记了科学和哲学本身也有需要寻找其自身起源的任务。不过这种检验不是被呈现的，而仅仅是被宣告的；只有一些标识点使人隐约看到了什么是忠实于经验的经验描述。话语的形式本身就是一种宣告。一些持续的保留、一些对将来会被说出的东西的暗示，以及条件式的表达方式都不允许将思想封闭在现在的陈述中。作者总结性地指出，当时机成熟时，这种宣告的真正意义也将显露；他还补充说，如果不是急于首先指出其探索的主线的话，这一争论将被进一步地扩展。不过，将这种预先警告当成是一些策略计谋来看是错误的，应该按照作者希望的那样来阅读他留给我们的这些手稿，就是说，手稿里面所说的全都还是暂时性的，因为我们对下文的期望不能被满足了，应该按作品的本来的样子，与它所缺的那些书页关联起来去阅读它:无论我们怎么想在话语的在场中去寻找一个自足的意义,我们都不能无视他带入作品中心的那种空白。这部作品如此敞开着,它在我们面前只是采取了指出什么对它来说变得不可言说的形式。无疑,对它最公道的就是以它呈现出的那个样子去看它,认识它将我们置于其中的缺失状态,测定它使其显示出来的缺失,最后是知道,这种缺失是不能被补偿的,没有任何东西能表达对它来说是不可表达的东西。

不过,如果我们由此相信《可见的与不可见的》的第一部分具有引言的价值的话,也许我们会犯更严重的错误,我们会想得出结论说这部作品没有达到本质的。这也许就已经误解了思想作品的性质了,因为在作品中,原初性一直是最重要的,过程的真理总是在最初的一步中已被预期了;更重要的是:在话语的某一阶段,出现了一种已说出的和未说出的东西之间的关系,这种关系使所有陈述成为两倍的,并在观念的连续之外,使意义的深度得以出现,这些观念在意义的深处共处,并被证实为实质联结(consubstantielles),而且在不断地被记入时间之中的同时被印记在同一个场中——以至于这种维度一旦开启,我们就被置于作品的面前,作品就逃离了命运加给它的减缩。然而在特殊情况下,这很有可能使人认识不到作者的意图,他在其作品中一开始就想让人感觉到所有哲学问题之间的联系、之间的相互牵扯,以及哲学问题由之而来的探究的必然性,他也远不是完全专注于最初的一些考虑中,在最初的草案中汇集所有他随后企图讨论和再讨论的主题。比方说,这部作品的第一部分为我们提供的就不是一种方法论的陈述:它更多地是包含着对人们称之为方法的东西的警惕,也就是说,警惕

试图定义一种证明的范畴,这种范畴独立于思想的有效发展自身就是有效的。它要求意义从经验描述和经验描述具有的困难中显现出来,只要我们想根据过去的哲学范畴来对经验进行思考,或者对经验进行一般的思考,这种困难马上就存在。它不想提出一个或者一些允许重构经验的原则,而是提出从不同的方向来探索经验,同时探究我们与我们认为在其中朴素地生活着的世界的关系,以及探究这种关系处于其中,并有其确定地位的文化境遇。然而,为了使这个计划得以实现,我们就应该先对我们的境遇有一个判断;我们应该——这正是梅洛-庞蒂在这部作品开头给自己制定的任务——考察使我们加入到事物和他人之中的活动,以及活动显示出的模糊性;为什么活动是不可抗拒的,而且,为什么只要我们一想思考它,它就会变得不可捉摸;我们应该将作者称之为我们的“知觉信念”的东西与科学真理相对照;我们应该揭示出,从自身的定义出发,并且按照它的理想构建自己的对象,似乎完全地支配着它的对象的科学没有能力阐明世界的经验,而科学不用说是来自于这种经验的,而且,最终当科学在其活动中碰到知识主体与真实相牵涉的痕迹时,它就显得和普通意识一样不能给予这种牵涉以地位;最后应该重新审视现代哲学的那种反思道路——根据它,一切问题都似乎解决了,因为现在思想在它的整个范围之上重复了知觉生活,将真与伪、真实与想象的区别原则带到了这种知觉生活中——并且看这种“解决”是在什么样的条件下达到的,以受到什么程度的歪曲为代价我们的境遇被转变成知识的简单对象,我们的身体被转变成像其他事物一样的事物,知觉被转变成知觉思想,言语被转变成纯粹的意义,以及哲学家通过什么方法成功地向自己掩饰了其内在于世界，内在于历史和语言中。

这最初的阐释已经预设了经验的描述与哲学知识批判之间的一种循环，这不是说我们应该面对存在之所是来指出理论的错误，而是因为我们远不是为了建立全新的体系而抛弃过去的哲学，我们是从过去的哲学中学习更好地看，而且，我们通过承担过去哲学的事业，并一心将其进行到底，我们就从我们的境遇使我们思考的东西（关于世界的）出发来阐明我们的境遇。这样，当我们以为仅仅开始起步的时候，我们就已完全地处于研究状态了，我们已经忙于在我们的问题之田里耕耘，忙于从相互关联的角度来讲述它们，忙于发现主宰它们的那种必然性。

从某种意义上说，确实有一个开端，但从另一种意义上说，这种形象又误导我们。这是因为作者在呼吁重新开始的同时却又禁止自己寻找一个原初之点，而这原初之点允许开辟绝对知识之路。也许他的事业与前人的事业最深刻的差异就在于此。他如此坚信哲学不可能把自己建立为意义之纯粹的源泉，以至于他想首先揭露哲学的幻觉。这样，在序言的前面部分，他是以这样的观察开始的，我们不可能在上帝、自然和人那里发现一种源泉，这样一些企图事实上会聚在对世界的总体解释的神话中，会聚在思想和存在完全一致的神话中，而这种神话完全不考虑我们所说的我们对存在的嵌入，而且，在我们的时代，这种神话已不再支撑任何有生命力的研究，消除这种神话并不是重新回到怀疑主义和非理性主义，而是第一次认识我们的境遇之真理。这是他如此恒定的信念，我们在他去世前两个月写的最后的研究笔记中又发现了：“我的写作计划……应该呈现为，”他写道，“与人本主义没有任何妥协，与自

然主义，最后，与神学也没有任何妥协。问题正在于指出，哲学不再能根据这种区分进行思考：上帝、人、造物——这是斯宾诺莎的区分。”

如果有重新开始的必要，那么在某种意义上说，这个开端就是完全新的。要打一个新的基础并不是要除去所有的旧地基，更重要的是，不管我们对存在可能言说什么，我们整个地处于存在之中，我们的表述工作仍然安身于存在之中；由于同样的理由，我们的探究最终是没有起点和终点的，因为我们的问题总是起源于更古老的问题，因为没有任何答案能消除我们与存在之间的神秘。

卡夫卡已经说过，事物“不是通过其根而是通过某个朝向其境遇的点”而向他展示的。无疑，卡夫卡这样是为了表明他的悲伤，但是，挣脱“根”之神话的哲学家却坚定地接受置身于这个境遇之中，并从这“某个点”出发。这种受限是其附属的象征，又因为他将自己置于这种附属中，所以他有了从这一领域到达另一领域的希望，到达了可见的边界在其中消失了的内在的迷宫，在这个迷宫中，所有自然的问题都走向历史的问题，所有这类问题都走向自然或历史哲学的问题，所有存在的问题都走向语言的问题。在这样一项事业中，人们能够看到各种阶段，但是不能区分准备工作和探索过程本身。谈到其研究，梅洛-庞蒂有一次曾说这种研究涉及一种“就地提升”；但最经常的情况是，他认为这种研究是描述一个领域，为的是经由同样站点通过并且重新通过这一领域。无论其形象如何，这种研究都禁止我们认为我们从一开始就和本质相关。完全相反，我们应该承认，引言就是穿越这个领域的第一步，承认这部作品最终将不会超越所有的界限，不会终结研究活动，因为他

确信正是在这些界限内，并通过这个活动，作品发现了其表达能力。

这样，《可见的与不可见的》现在被还原到其上的这一百五十多页的手稿的确构成了一个开端，而且仍然是作为一个引言呈现给我们的，但这一百五十多页的手稿又不只是这些，它们带来了这部作品的意义，呼唤我们在它们中来发现这个意义，这就是：不论这部作品的后续与其第一部分中出现的观念的阐释或评论多么地不同，这第一部分也预期了后续的存在，并且允许人们谈及它。

不过，如果我们看到这种矛盾怎样建立在作品的语言之上，建立在作者构想的写作活动之上，我们对这种矛盾的惊讶也许会少一些。一个值得注意的事实是，如果我们企图重构作者准备了的这部作品的主要构成，我们会发现实际上这是不可能的。确实，一些研究笔记、一些原来的草稿，以及一些少见的简短的写作计划提示之间都不完全一致，从这之中人们可以瞥见其研究的丰富。但是，知道应该重新回到知觉的问题，尤其是关注实验心理学和完形心理学最近的研究；知道自然概念的分析可能要求对人体结构、动物行为的描述以及对进化现象的检验；知道这些研究本身可能要求对作者称之为“西方哲学情结”的东西进行批判，而这种批判自身也应当在新的历史观念和新的自然-历史关系的观念中找到自己结果；最后，知道——这是最没有疑问的假设——这部作品将会通过对语言和语言的特殊形式，即哲学话语进行反思而完成，并由此以它的话语回到它的始源的神秘之上，这仍可能使我们不知道可能走的道路、思想的各种阶段或各种变革。那么，我们怎么能相

信梅洛-庞蒂不愿意勾画写作计划，不愿意概要地说出他打算说的东西，以及不愿意遵守他的计划是一种性格特点呢？更加真实的是，他作为哲学家的人的经验与他作为作家的经验是相重合的，这禁止他像那些人想象自己支配着自己的研究的人那样支配自己的研究——对这些人来说，意义可以一次性地完全获得。从这个意义上说，他就应该在写作中进行证明。由于他确信自己不是处于全景地揭示自然、历史、存在的优先地位，或者，正如他经常说的那样，鸟瞰式的思维使我们脱离了我们境遇的真实，他同时就应该放弃将他的作品当作实在的图像的幻想，他不得不在半黑暗的状态中摸索前进，以便找出他那些问题的内在联系，并且完全服从此时此地要求被言说的东西，而绝不陷于已被指出、已被思考的意义之安全中。这样，由于唯一的和同样的理由，我们就被引向在已经写的东西中寻找这部作品的本质，就被禁止将话语的后续想象为它的开端的简单延伸。哲学家的语言告诉了我们一个不是逻辑的，而是本体的必然性，因此我们在它之中找到了一种比意义更多的意义，意义之意义，而且，一旦我们没有它，我们就会失去与那给予观念以深度、运动及生命的东西的联系。我们在怎样的程度上关注作家的言语，怎样对待它在它驻于其中的空间中的所有反响，我们就在怎样的程度上被禁止超越这个空间的界限，被禁止侵入包裹着这个空间的沉默区域。正是这种言语和这种沉默应该被整体地考虑——这种在言语之后的沉默不是乌有，因为它还在依赖于言语，而且从此一直支持着言语。

梅洛-庞蒂已经在思索言语与沉默之间的关系了。他在一篇研究笔记中写道："应该有一种沉默，它在人们认识到言语包裹着心理重合声称的那种沉默之后包裹言语。这种沉默会是什么呢？就像对胡塞尔来说还原最终不是先验的内在性，而是世界论旨(Weltthesis)的揭示那样，这种沉默将不是语言的反面。”这是让我们明白言语是处在两个沉默之间的：言语给予沉默的、不知其自身意义的经验一种表达，但这仅仅是为了让经验纯粹地显现出来；言语只在使我们认识到事物呈现的真理，使事物的形象以及我们与事物之间的联系成为明显可感的时候，才打破我们和事物之间的联系，才把我们从我们和事物混淆在一起的状态中拽出来。至少按照其本质进行言说的言语是如此，而且如果涉及哲学话语，涉及不会向华丽词藻让步的言语，涉及不愿意自我满足，不愿意封闭在自己之中和自己意义之中，而是向外部开放并走向外部的言语，事情也是如此。但是，如果产生自沉默的言语能够在沉默中找到其完成，能够使沉默不再是其反面的话，这是因为，从原则上说，在经验和语言之间存在着交流；这是因为经验不是人们可以与之重合的某种东西，因为经验带着超越，因为经验在自身之中已经是差异、连接、结构，因为从某种意义上说，它已经在呼唤语言；这是由于语言也是经验，就像梅洛-庞蒂很好地写的那样，由于有语言的存在，在这种存在中存在之谜被重复着，而且在纯粹意义的活动之外存在着话语的沉默(la masse silencieuse du discours)，这种沉默不属于可言说的领域，由于表达的最高价值在于揭示从言语到存在、从存在到言语的连续的通道或者这两者之间的双向开放。思考这种交流无疑是《可见的与不可见的》要专心致志地做的事。但使人困惑的是，作者是在最后几行文字中提醒这一点的。梅洛-庞蒂写道：“从某种意义上说，就像胡塞尔说的那样，整个哲学都

在于恢复意指的力量、一种意义或者原始意义的生成、一种以特别地照亮了言语特殊领域的经验来进行的经验的表达。此外，在某种意义上，就像瓦雷里说的那样，语言就是一切，因为它不是任何个人的声音，因为它是事物的声音本身，是水波的声音，是树林的声音。我们应该理解的是，上述观点之间不存在辩证的颠倒，我们没有必要把它们汇集在一种综合中：它们是最终真理的可逆性的两个方面。”

尽管命运使这本书在最终真理方面保持沉默，尽管这本书远没有达到它所期望的，而是封闭在一种思想中，这种思想是本书的预兆，读者不会在其中看不到一种征象——这是本书在没有人的情况下能被理解的痕迹。但是这个征象不会使人忘记意义，而且，人们还应该认识到，在这里，在最后时刻所说的东西实质上是要阐明哲学著作的问题——一般哲学著作和我们所读的这部哲学著作的问题。因为，经验和语言的可逆性正是在这部著作中显现出来的。因为它把或试图把表达的任务带至其极限处，因为它想获得被以词语表达之前的经验的真理，与此同时，因为它想在它之中集中并用尽言语的一切力量，因此发现这两种意愿都是不可能的，看到自己的活动在两个方向中互逆，最后因为它被迫表明构成了其存在的不确定性。哲学家所谈论的可逆性是在他以著作的形式命名它之前被提出的。更恰当地说：他在命名它时只是忠实地表达了他的事业的意义。因为他的事业如果不是毫无意义的，那么它就预设了我们不能在经验中发现一种绝对，也不能将语言构成为一种绝对，预设了我们称之为经验或语言的匿名力量不是一种自足的肯定实在，预设了在存在中有言语的需要，在言语中有存在的

需要，两者是不可分的，预设了言说和生活同是问题的源泉，而且这些问题是相互关联的。这样，《可见的与不可见的》在其上而完成的“最终真理”也是这部著作从之获得其开端的真理；这种真理不构成一个停顿点，它不让思想休息，它更多地是指出了过程的点，这个点对于这部作品来说是其持续构建中的一个点。

我们过去问过：怎样理解言语之后的沉默？如果我们能够理解言语之后的沉默，这是因为言语永远不会消除这个沉默，因为言语任何时候都通向它自身之外，并禁止我们退回到当下意义的范围内。最终的沉默只能由这些汇集的沉默构成，它超出话语之外，因为它一直是言语的基础；以至于倾听这种话语和这种沉默是一回事，知道在所言之边界停下和认识到语言与世界之间无边界也是一回事。

同样真实的是，如果《可见的与不可见的》给予了一种倾听的能力，那是因为我们对这部作品提出的问题、这部作品的未完成性与作者在迫使自己用适合于这部作品的方式写作时所提出的问题会合了，我们说的不是言语突如其来的、不可预见的停止，我们说的是他的事业的终结，无论这种终结是什么，都不应当仅仅是一种终结，而且也应该是指示一切终结的缺失。在某个时刻，当他在作品写作过程中思考哲学表达能够是什么时，他使人瞥见了这一任务的意义：“……最承载哲学的言语不必然地是包含着它所说的东西的言语，而更多地是最有力地向存在开放的言语，因为它们更接近地传达着整个生命，因为它们使我们习惯了的明证性震荡直至消散。因此，问题就成为，要达至原初或原始存在的哲学是否能够

通过雄辩的语言来完成，或者哲学是否不应以这样一种方式使用语言，它使哲学失去了它当下或直接意义的力量，以便与它总想说的东西相等。”无疑，这是一段谜语般的话。答案没有伴随问题。它没有说什么是一部没有雄辩言语手段的作品，什么是——这里借用作者在另一种情况下的惯用语——哲学的“间接语言”。我们仅仅知道，他从来没有停止为这部作品谋求一种独特的表达方式，但从来没有想用艺术的和诗的语言来代替它。不过，当我们读这位作家的作品时，这种内情就明朗了，因为很明显，他自己的言语没有把它们所说的封闭起来，因为言语的意义总是超出当下的或直接的意义，因为，最终它们向存在开放的力量是与激活这些言语的探究力量相联的。我们是否应当认为哲学语言就是探究的语言呢？如果这都不能以肯定的词语被断定，那是因为没有任何形式可以使人理解探究是什么。梅洛-庞蒂能够——好几次地——命名探究，能够说出探究不是什么——就像所有知识问题一样，探究是要在答案面前消失的问题命题——以及探究为什么会在和我们的经验的接触中被无限地更新；不过，所有的定义都会使我们离开它，因为定义使我们忘记探究正是在生命和语言中展开的，或者更恰当地说，它只是生命和语言，只是这种被设定的生命和语言。为了正确地对待探究，仅仅由哲学家声明探究不可穷尽、人永远不会停止追问他在世界上的境遇是不够的，因为尽管这种观念是真实的，但它太一般了，以至于没有坚实性，哲学家还应该有效地引导探究，为它找出一条道路，使人知道在作品中，由问题引出的答案绝不是要终结思考，从一种经验领域到另一种经验领域的道路总是存在着，意义在这样的不可能性中显现，即我们不能驻于任何地点，最后，全部话语是一个唯一的和同一的句子，在这个句子中，人们确实能够区分时刻、节点和停顿，但是这个句子的所有内容在每个命题中都是和句子的总体运动不可分离。

事实上，《可见的与不可见的》从头至尾都试图保持开放式探究。这不是一种系统的和方法论的怀疑练习——主体会从这种练习中得出脱离一切事物的幻觉，这种练习又会为恢复肯定自己权力的思想做准备——而是对我们的知觉生命和知识生命的持续探索；不是否定共同的确信，不是摧毁我们相信事物和他者存在的信念，而是支持这些确信、这种信念，直至达到这种支持本身揭示出这些确信不可分割地既是确定的，又是非确定的，揭示出信念又是非信念；这是通过意见去融入到作品发现的模糊性中的某种道路；不是对哲学家的理论的反驳，而是回到始源的东西，以便发现这些理论导向它们带来的答案之外；最后，这是总与自身相关的探究，它不会忽略追问者的境遇，它自知被困于存在之中，却专心于表达它。

如果说哲学通过这种语言发现了“等于它实际上想表达的东西”的方法，那是因为我们时间性的秘密是由作品的时间性来表达的，因为作品让我们认识到经验的持续性和不可分，经验的每一时刻都是和其他所有时刻在同一种时间推动下获得的，同时让我们认识到禁止固定可见的或不可见的事物的意义的运动，它让所予世界潜在的内容在现在的所予之外不断地显现出来。

然而，当这部作品达到这种自身意识时，当它知道它是且仅是探究的地点时，它不就与其目的暗合了吗？因为一直追问到底者只能发现并使我们发现言语的偶然性。对他来说，直面他的思想从之而来的那个晦暗区和直面思想注定要在其中消失的那个区域是一回事。对于我们来说，无论在什么地方，读到它的在场和感到它明显的缺席都是一回事儿。真正的探究是死神的拜访，所以，哲学家在其最后的作品中很少命名的这种探究居然有使我们转向它的力量，我们对此一点也不惊讶。

克劳德·勒弗

图书在版编目(CIP)数据

可见的与不可见的/(法)莫里斯·梅洛-庞蒂著;罗国祥译.—北京:商务印书馆,2017
(汉译世界学术名著丛书:120年纪念版:珍藏本)
ISBN 978-7-100-14702-6

Ⅰ.①可… Ⅱ.①莫… ②罗… Ⅲ.①哲学—研究—法国—现代 Ⅳ.①B565.59

中国版本图书馆CIP数据核字(2017)第158039号

汉译世界学术名著丛书
(120年纪念版·珍藏本)
可见的与不可见的
〔法〕莫里斯·梅洛-庞蒂 著
罗国祥 译

商 务 印 书 馆 出 版
(北京王府井大街36号 邮政编码100710)
商 务 印 书 馆 发 行
北 京 冠 中 印 刷 厂 印 刷
ISBN 978-7-100-14702-6

2017年12月第1版　　开本710×1000 1/16
2017年12月北京第1次印刷　　印张24¾
定价:122.00元